职业技术教育名家文库

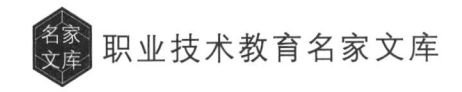

教育部职业技术教育中心研究所 2020 年度公益基金课题
"'双高'咨询指导服务研究"（编号：ZG202011）成果

"双高"建设引领技能社会

SHUANGGAO JIANSHE YINLING JINENG SHEHUI

曾天山 汤霓 / 著

zjfs.bnup.com ｜ www.bnupg.com

北京师范大学出版集团
BEIJING NORMAL UNIVERSITY PUBLISHING GROUP
北京师范大学出版社

图书在版编目(CIP)数据

"双高"建设引领技能社会 / 曾天山，汤霓著．— 北京：北京师范大学出版社，2021.8（2021.11重印）
ISBN 978-7-303-27097-2

Ⅰ．①双…　Ⅱ．①曾…　②汤…　Ⅲ．①高等职业教育—教学管理—研究—中国　Ⅳ．①G718.5

中国版本图书馆CIP数据核字(2021)第126452号

营销中心电话　010-58802755　010-58800035
北师大出版社职业教育分社网　http://zjfs.bnup.com
电子信箱　zhijiao@bnupg.com

出版发行：北京师范大学出版社　www.bnup.com
　　　　　北京市西城区新街口外大街12-3号
　　　　　邮政编码：100088

印　　　刷：天津旭非印刷有限公司
经　　　销：全国新华书店
开　　　本：787 mm×1092 mm　1/16
印　　　张：12.75
字　　　数：236千字
版　　　次：2021年8月第1版
印　　　次：2021年11月第2次印刷
定　　　价：38.80元

策划编辑：姚贵平　黄　通　　责任编辑：罗佩珍　黄　通
美术编辑：焦　丽　　　　　　装帧设计：焦　丽
责任校对：段立超　包冀萌　　责任印制：马　洁

版权所有　侵权必究
反盗版、侵权举报电话：010-58800697
北京读者服务部电话：010-58808104
外埠邮购电话：010-58808284
本书如有印装质量问题，请与印制管理部联系调换。
印制管理部电话：010-58805079

前　　言

一流职业教育支撑一流国家

　　职业教育虽有着悠久的过去，但却只有很短暂的历史。职业教育起源于人类生产生活，以传授生存生活技能为主，主要以社会教育的"学徒制"形式存在，其出现早于以教授学术为主的普通教育，但进入学校教育系统却相对较晚。世界范围内，英国、俄罗斯、法国、德国等欧洲国家在工业革命推动下，率先发展学校职业教育。相对于起步早、发展快、成体系的学校普通教育，职业教育通常是国家教育体系的短板。

　　我国职业教育筚路蓝缕，发展历程曲折艰难，深受经济、政治、教育等因素影响。从19世纪60年代的实业教育起步，我国的学校职业教育已经有150多年的历史。清末的职业教育以学习西方技艺、培养实用人才为主要内容，1902年颁布的《壬寅学制》规定了一套较为系统的实业教育制度。1917年成立的"中华职教社"则开了与实业界联合举办职业教育的先河。旧中国由于战乱频发，工业不发达，经济发展缓慢，职业教育发展滞后。1949年以前，全国只有中等技术学校561所，在校生7.7万人；技工学校3所，在校生2700人，整个中等职业学校在校生数占中等学校在校生总数的4.2%。[①] 中华人民共和国成立的70多年来，职业教育经历了调整、整顿、充实、改革、完善、提高，不断发展壮大。20世纪50年代，为了适应大规模经济建设的需要，我国发展了上千所中等专业学校和技工学校。60年代，为加速培养各地各业急需的人才，半工半读的大学和其他职业中学发展迅速。60年代中后期，受"文化大革命"影响，职业教育严重受挫。1980年，国务院批转教育部、国家劳动总局《关于中等教育结构改革的报告》，提出要改革我国中等教育结构，发展职业技术教育，促进高中阶段的教育更加适应社会主义现代化建设的需要。

---

① 祁永芳，李龙田. 职业教育，中国60年发展的推动力[J]. 职业，2009(29)：7-8.

1985年,《中共中央关于教育体制改革的决定》明确指出:"逐步建立起一个从初级到高级、行业配套、结构合理又能与普通教育相互沟通的职业技术教育体系"。1991年,国务院发布《关于大力发展职业技术教育的决定》,明确了职业教育进一步发展的目标、任务。1993年,中共中央、国务院印发《中国教育改革和发展纲要》,指出"各级政府要高度重视,统筹规划,贯彻积极发展的方针,充分调动各部门、企事业单位和社会各界的积极性,形成全社会兴办多形式、多层次职业技术教育的局面"。1996年,我国第一部《职业教育法》正式颁布和实施,为职业教育的发展和完善提供了法律保障。1999年,《中共中央 国务院关于深化教育改革全面推进素质教育的决定》强调指出,要"构建与社会主义市场经济体制和教育内在规律相适应、不同类型教育相互沟通相互衔接的教育体制""大力发展高等职业教育""积极发展包括普通教育和职业教育在内的高中阶段教育"。2010年,《国家中长期教育改革和发展规划纲要(2010—2020年)》明确提出:"到2020年,形成适应经济发展方式转变和产业结构调整要求、体现终身教育理念、中等和高等职业教育协调发展的现代职业教育体系,满足人民群众接受职业教育的需求,满足经济社会对高素质劳动者和技能型人才的需要。"2018年,《中国教育现代化2035》提出,使"职业教育服务能力显著提升,健全职业教育人才培养质量标准,制定紧跟时代发展的多样化高等教育人才培养质量标准。加快发展现代职业教育,不断优化职业教育结构与布局;推进中等职业教育和普通高中教育协调发展;推动职业教育与产业发展有机衔接、深度融合,集中力量建成一批中国特色高水平职业院校和专业;优化人才培养结构,综合运用招生计划、就业反馈、拨款、标准、评估等方式,引导高等学校和职业学校及时调整学科专业结构"。

职业教育必须逐步从规模扩张转向质量提高。推进职业教育质量型扩招,为全国人民提供更好更公平的职业教育服务。从立起来、大起来到强起来,其发展路径仿照普通教育办学(实施重点学校政策),借鉴国外职业教育经验(英国、美国、德国、日本等),实施示范校(骨干校)计划(2006年)、优质校计划(2015年)。2019年,《国家职业教育改革实施方案》正式颁布,提出高职教育"双高计划",这是以质图强工作方针的重要体现,是对传统重点学校政策的突破,是经济高质量发展和提升国际竞争力的需要。"双高"建设带动职业教育整体走向一流,标志着职业教育迈入高质量发展时代。

"双高"建设舞起提质培优、增值赋能的龙头,媲美"双一流",探索攀登世界技能之巅道路。入选的197所学校都是基础比较好、贡献突出、社会知名度高的学校。"双高"与"双一流"双轨并行,显示出职业教育与普通教育同等重要、同样一流。但目前入选"双高计划"的学校,与世界职业教育先进水平相比,还存在着相当大的差距。"双高计划"重在建设，以五年为一个周期，预计到 2035 年完成建设目标，支撑我国经济高质量发展，实现我国劳动力更高质量、更充分就业。"双高"建设是中国职业教育史上前所未有的新生事物，建设目标、建设方案、建设路径都不同于"双一流"，既不能直接借鉴，也无现成的国外经验可循，必须集思广益、群策群力，在"无人区"研究、探索、试验。

受教育部职业教育与成人教育司委托，教育部职业技术教育中心研究所参与"双高"建设指导咨询工作，参加了北京、顺德、温州三次会议，对 56 所"双高"学校进行了画像会诊，实地考察了部分"双高"学校（北京电子科技职业学院、广东轻工职业技术学院、浙江机电职业技术学院、顺德职业技术学院、陕西工业职业技术学院等），参加了海南经贸职业技术学院、江苏海事职业技术学院等"双高"学校的指导咨询工作，增强了感性认识。在此过程中，我们学习吸收了有关领导、专家和校长的建议。目前这份研究成果还是初步的，希望对"双高"建设有借鉴作用，不足之处请批评指正。再次感谢相关学校和出版社的支持。

教育部职业技术教育中心研究所研究员　曾天山

目 录

第一章 "双高"建设的意义

一、服务现代化经济体系 /3
二、支撑更高质量更充分就业 /8
三、提高中国产业国际竞争力 /11
四、促进职业教育现代化 /14

第二章 "双高"建设的历程

一、高职学校促进职业教育重心上移 /23
二、示范校(骨干校)、优质校建设"在平原上立旗杆" /29
三、"双高"建设"在高原上树高峰" /32
四、"双高"建设站在历史新起点上 /35

第三章 "双高"学校(专业)的关键特征

一、"双高"学校办学水平上的前期基础 /44
二、"双高"学校区域分布上的优势积累 /49
三、"双高"学校专业分布上的高精尖缺 /57
四、"双高"学校历史文化上的长期积淀 /59

第四章 "双高"学校的精准画像

一、定位准确 /64
二、继承发展 /70
三、优势突出 /72
四、彰显特色 /73

第五章 "双高"建设目标

一、行业品牌 /78
二、区域支撑 /82
三、国内领先 /91
四、世界水平 /93

第六章 "双高"建设方案

一、带动持续深化改革 /98
二、发挥示范引领作用 /103
三、支撑经济高质量发展 /110
四、对标世界先进水平 /112

第七章 "双高"建设发展路径

一、强基础 /118
二、抓重点 /121
三、扬优势 /122
四、补短板 /124
五、增活力 /125
六、促提升 /128

第八章 "双高"建设支持体系

一、激励政策连续支持 /132
二、高质量发展持续推动 /135
三、科研引领破解发展难题 /137
四、质量文化促进提质培优 /139
五、良好环境协同推进增值赋能 /142
六、有利国际环境促进对外开放 /145

第九章 "双高"学校办学能力评价

一、我国高职学校的评价制度 /150
二、"双高"学校绩效评价 /160
三、以评促改、以评促建 /171

第十章 全面提升中国职业教育国际竞争力

一、逐步提升职业教育的国际地位和影响 /176
二、应对国际高端技能人才竞争 /177
三、开展与一流国际职业教育资源的交流合作 /178

附录 中国特色高水平高职学校和高水平专业建设计划建设单位名单/187
后记/194

第一章 "双高"建设的意义

"双高"建设引领技能社会

一流教育，一流国家，没有职业教育的现代化就没有国家教育的现代化。职业教育直接关系国计民生，随着技术进步、产业升级和社会发展，我国职业教育逐步从中等教育阶段发展到20世纪90年代的高等教育阶段[①]。职业教育仍是国家教育体系的短板，中等职业学校长期存在生源危机，高等职业学校普遍"身胖体弱"，与教育现代化的目标相比、与建设教育强国的要求相比、与服务建设现代化经济体系的使命相比，仍存在一些突出的问题。职业教育水平整体还不高，人才培养能力仍显薄弱，职业教育国际化水平与职业教育规模极不相称。面对百年未有之大变局，在工业化、信息化、市场化、城镇化、国际化进程加速的新形势下，为促进我国经济由高速增长转向高质量发展，集中力量建设一批具有引领作用的高职学校和专业，大幅提升新时代职业教育现代化水平，是党中央、国务院作出的重要决策部署。作为《国家职业教育改革实施方案》的龙头项目，中国特色高水平高职学校和专业建设计划（简称"双高计划"）比肩普通高等教育"双一流"建设[②]，是体现"职业教育与普通教育是两种不同教育类型，具有同等重要地位"的重要制度设计，也是国家职业教育大改革大发展的"先手棋"。2019年4月以来，教育部、财政部协力推动项目落地，完成了顶层设计，坚持"扶优扶强、质量为先"的遴选原则，提出"总量控制、动态管理、年度评价、期满考核，有进有出、优胜劣汰"的建设机制。按照公开、公平、公正原则，经过学校申报、省级推荐、遴选确定三个环节，最终确定第一批"双高"建设学校和专业名单，共计有56所高职学校入选高水平学校建设，141所高职学校入选高水平专业群建设。这些学校大多是"地方离不开、业内都认同、国际可交流"的高职学校，经过15年的努力，真正建成引领改革、支撑发展、中国特色、世界水平的高职学校和专业群，引领新时代中国职业教育高质量发展。"双高"是时代赋予高职教育的新使命，也是继示范校、骨干校、优质校计划之后，国家支持高职教育内涵式发展的又一重大举措，这既有政策的连贯性，又有创新性。不同于以往的重点学校制度设计，"双高"一方面体现"扶优扶强、质量为先"的遴选原则，不搞平衡照顾；另一方面明确目标，重在建设发展，不搞终身制，动态调整。"双高"是体现类型教育发展要求、形成高技能人才培养体系的重大制度设计。

"一石激起千层浪"，"双高计划"成为人们关注的焦点。为什么要搞"双高计划"？高水平学校和高水平专业群"高"在哪里？项目学校和专业能否如期建成？高水平学校和专业群建设将对整个职业教育的发展产生何种影响？"双高计划"的主题是高质量发展，主调是引

[①] 20世纪末，国家对专科层次的全日制普通高等学校进行了调整，除了师范、医学、公安类的仍然称为"高等专科学校"（即高专）外，非师范、非医学、非公安类的专科层次的全日制普通高校都一律称为"职业技术学院"或"职业学院"，这就是"高职"的由来。2012年起，为响应教育部构建现代职业教育体系的规划，部分国家示范性高等职业院校开始试办本科层次的专业，学位为专业学士。

[②] 为提升中国高等教育综合实力和国际竞争力，为实现"两个一百年"奋斗目标和中华民族伟大复兴的中国梦提供有力支撑，2017年9月21日，教育部、财政部、国家发展和改革委员会印发《关于公布世界一流大学和一流学科建设高校及建设学科名单的通知》，公布42所世界一流大学和95所一流学科建设高校及建设学科名单。42所高校分为A类和B类。其中，A类36所，B类6所。世界一流大学重在一流学科基础上的学校整体建设、重点建设，全面提升人才培养水平和创新能力，一流学科建设高校重在优势学科建设，促进特色发展。

领改革和创新,重在建设方案,实在行动逻辑,贵在职教特色,难在革故鼎新,亮在引领示范,高质量发展是核心追求,深化改革是主要担当,协同推进是必要生态。[①]"双高计划"是新时代高职教育高质量发展的行动指南,是破解高层次技术技能人才短缺的治本良方,是提升职业教育吸引力的品牌工程。高原上起高峰,强化服务产业能力的新要求,聚力关键突破,舞好改革龙头,切实推动高水平建设和高质量发展。"双高计划"是中国高等职业教育发展史上又一个里程碑式的战略举措,对于未来高职教育发展有着"四两拨千斤"的作用,对下好职业教育这盘大棋,实现职业教育现代化具有划时代的重大意义。

一、服务现代化经济体系

(一)我国经济处在由高速增长转向高质量发展阶段

党的十九大报告中首次提出要建设现代化经济体系,这是党中央从党和国家事业全局出发,着眼于实现"两个一百年"奋斗目标、顺应中国特色社会主义进入新时代的新要求作出的重大决策部署,是中国特色社会主义进入新时代背景下我国经济发展的战略目标。党的十九届五中全会提出2035年建成现代化经济体系,首次明确提出了建成现代化经济体系的时间点。现代化经济体系是以政府宏观调控为主导,大众创业、万众创新为基础,大健康产业为核心,通过产业融合实现产业升级、经济可持续高速发展的智慧经济理论体系与智慧经济形态。建设现代化经济体系是紧扣新时代中国社会主要矛盾转化、落实中国特色社会主义经济建设布局的内在要求,是决胜全面建成小康社会、开启全面建设社会主义现代化国家新征程的基本途径,也是适应中国经济由高速增长阶段转向高质量发展阶段,优化经济结构、转变经济发展方式、转换经济增长动力和全面均衡发展的迫切需要,意义深远而重大。当前,我国经济处在由高速增长转向高质量发展的阶段,正面临着诸多挑战。

一是人口红利减少,受老龄化、少子化的双重挑战,经济增长不可持续。老龄化和少子化已经成为最重要的中国人口基本国情,劳动力年龄结构、人口抚养比例、代际关系发生重大变化,将对经济、政治、社会发展带来深刻影响。进入21世纪以来,中国在发展中国家中率先进入老龄化社会。[②] 根据国家统计局公布的第七次人口普查数据,截至2020年11月1日,我国60岁及以上老年人口达到2.64亿人,老年人口占比达到18.7%;65岁及以上老年人口1.9亿人,占比13.5%。从60岁及以上老年人口数量来看,2020年11月1日较2019年底增加1000万人,高于2015年至2019年年均增加老年人口800万人的速度,说明我国人口老龄化已经进入加速阶段。按照这一发展趋势,到"十四五"期末,我国老年人口数量将突破3亿人,届时我国老年人口占比将超过20%,我国将成为深度老龄

---

① 邢晖."双高计划":追求高质量发展,引领职业教育改革创新[EB/OL].
② 老龄化社会是指65岁以上的人口占总人口的比例大于7%,当这个比例大于14%是严重的老龄化,如果大于20%或者25%是超老龄化。

化国家。从远景来看，我国60岁及以上老年人口增长速度预计在2035年到2050年有所放缓，2052年老年人口数量4.9亿人，达到顶峰。[1] 除了老龄化程度不断加深，我国少子化也在加剧，新出生人口大幅下降。2020年出生人口1200万，比2019年下降265万，降幅为18%，多数城市出生人口较2019年下降10%到30%，未来仍将继续下降。2010年至2020年，0～14岁人口占比上升1.35个百分点，可能和2016年全面放开二胎有关。从长期趋势看，受生育堆积效应逐渐消失、育龄妇女规模持续下滑、新一代年轻人观念改变、抚养成本上升等因素影响，我国出生人口数量仍将处于快速下滑期，预计2030年将少于1100万。[2]

二是资源环境状况持续恶化，经济增长不可持续。良好的环境是社会经济快速发展的基础，我国人均资源短缺，能源对外依存度高，生态环境脆弱，要实现社会经济的可持续发展，就应彻底地解决环境破坏问题，使其不再成为制约社会经济持续增长的因素。在我国多年的经济发展中，过度依赖资源消耗和不惜破坏环境的发展模式，造成不可持续的发展。我国资源环境与生态恶化趋势尚未得到逆转，生态问题已严重制约经济社会的可持续发展。以牺牲环境为代价，这样的发展是不可持续的。

三是消费升级不可避免，粗放式经济增长难以为继。经济正在从高速增长向高质量发展转型，不仅对供给侧结构性改革提出了更高要求，也使需求端产生了新的变化。2019年中国GDP接近100万亿元，人均GDP已经突破1万美元，中等收入群体有4亿多，高于中等偏上收入国家平均水平；全国居民收入和消费支出稳定增长，人均可支配收入超过3万元，农村居民收入增长继续快于城镇居民，城乡居民收入差距进一步缩小；全国居民人均消费支出21559元，首次超过2万元。[3] 居民服务性消费增长较快，恩格尔系数继续下降，人民对美好生活的需求日益品质化、个性化、高端化，居民生活质量不断提高。从温饱型消费逐步转变为享受型消费，服务性消费逐渐取代商品性消费的主导地位。从"三驾马车"来看，经历投资和外贸驱动，消费已成为拉动中国经济增长的"首驾马车"。但是，居民消费虽保持了相对平稳的增长，高品质商品和服务业有效供给仍相对不足。

现代化经济体系要求中国的经济要转型升级，经济发展的格局将从高速增长转向高质量的发展，主要的特征是转变发展方式、优化经济结构、转换增长动力，以供给侧结构性改革为主线，最终建设实体经济、科技创新、现代金融和人力资源协同发展的产业体系。其中，实体经济是主体、是根本，其他几个方面都是为实体经济服务的。具体地讲，实体经济与现代金融是相互融合、相互促进的。在现代经济条件下，实体经济离不开金融，金融更离不开实体经济。实体经济离开金融就等于失去了灵魂，而金融离开了实体经济就成为无源之水、无本之木。金融为实体经济服务，实体经济则进一步促进金融发展。无论是实体经济还是现代金融的发展，离开科技创新都寸步难行，而人力资源则为其他几个方面，特别是科技创新提供人才支撑，这就是现代产业体系构成的四大要素和内在逻辑关

---

[1] 李璐. 从七普数据看我国人口老龄化[J]. 中国经贸导刊, 2021(10): 62-64.
[2] 任泽平. 从七普数据看大国人口形势: 老龄化、少子化、不婚化[EB/OL].
[3] 国家统计局. 中国统计年鉴2020[M]. 北京: 中国统计出版社, 2020.

系。这主要依靠质量变革、效率变革、动力变革和全要素生产率的提高。现代化经济体系发展最终的落脚点，就是要把中国从一个经济大国变成一个经济强国。为此，一方面，中国需要技术创新的支撑，必须能够占住科技创新的前沿阵地，成为世界科技强国；另一方面，作为有14亿人口的大国，需要把实体经济做强，尤其是要把制造业做大做强，强大的制造业是我国的立国之本。[①]

70多年来，从封闭落后迈向开放进步，从温饱不足迈向全面小康，从积贫积弱迈向繁荣富强，我国创造了一个又一个人类发展史上的伟大奇迹，中华民族迎来了从站起来、富起来到强起来的伟大飞跃。按不变价计算，1952—2018年，GDP从679.1亿元跃升至90.03万亿元，实际增长174倍，年均增长8.1%，2010年居世界第二位。人均GDP从119元提高到6.46万元，实际增长70倍，排在世界第72位。[②]

我国已经从传统农业国转变为现代工业国，取得了辉煌的成果。我国拥有联合国产业分类中全部工业门类。第一、第二、第三产业增加值比例从1952年的50.5∶20.8∶28.7变化为2018年的7.2∶40.7∶52.2（2019年，三大产业增加值占GDP的比重分别为7.1%、39.0%和53.9%）[③]，200多种工业品产量居世界第一，制造业增加值自2010年起稳居世界首位。数字经济规模占GDP比重的34.8%。[④]

职业教育对于推动一个国家和地区经济发展、产业转型升级具有不可替代的重要作用。我国高职教育从无到有、从小到大、从弱到强，一批又一批高素质技术技能人才输送到生产建设管理服务第一线，加速了中国经济社会发展进程。"双高计划"响应产业升级和经济结构调整要求，面向高端产业和产业高端，服务新时代经济高质量发展，打造技术技能人才培养高地，服务中国产业走向全球产业中高端；引领职业教育服务国家战略、融入区域发展、促进产业升级，助力产业升级，服务经济高质量发展。

迈向高质量发展，要从"重视数量"转向"提升质量"。迈向高质量发展，要从"规模扩张"转向"结构升级"。迈向高质量发展，还要从"要素驱动"转向"创新驱动"。当前我国正在积极推进"互联网+""大众创业、万众创新""一带一路""两化融合"和创新驱动发展，这些战略任务的落地实施急需大量既精通操作又会改进创新的复合型人才。而"双高计划"的实施，使高职学校肩负起"为促进经济社会发展和提高国家竞争力提供优质人才资源支撑"的重任，为迈向高质量发展提供了人才保障。

(二) 推动产业中低端向产业中高端发展

一方面，要以实体经济为经济发展的着力点，推动制造业、基础设施产业升级。实体经济是现代经济体系的主体和根本，由工业、农业和部分服务业构成。其中，工业特别是制造业，是实体经济的典型产业。在科技创新方面，为鼓励大众创业、万众创新，要把整个现代化创新体系构建起来，与我们的现代化经济体系相匹配，成为现代化经济体系重

[①] 陈希琳，许亚岚，于佳乐. 何谓"现代化经济体系"？[J]. 经济，2017(23)：22-25.
[②] 徐芸茜. 建国70年伟大成就：GDP增长174倍 财政收入增长3000倍[N]. 华夏时报，2019-09-28.
[③] 国家统计局. 中华人民共和国2019年国民经济和社会发展统计公报[R]. 北京，2020.
[④] 国家互联网信息办公室. 数字中国建设发展报告(2018年)[R]. 北京，2019.

要、关键的支撑。另一方面，推动经济转型升级，目前中国仍然是一个产业结构比较滞后、产业的先进性还不够的发展中国家，因此要提升产业结构的层次，尤其是要提升先进制造业的水平。

2019年8月26日，中央财经委员会第五次会议召开，研究推动提升产业基础能力和产业链水平等问题，指出要充分发挥集中力量办大事的制度优势和超大规模的市场优势，打好产业基础高级化、产业链现代化的攻坚战。坚持应用牵引和问题导向，围绕各领域产业基础能力的薄弱环节，整合资源，补齐发展短板。引导市场进行产业链要素集中投入，解决"下游不信任上游、上游找不到下游"的难题。健全知识、技能、管理等创新要素参与利益分配的机制建设。

纵向看，通过承接劳动力密集型的加工制造业，我国迅速融入国际产业分工体系，一跃成为世界制造业大国。这一工业化过程在部分领域实现了关键设备和技术的国产化替代，产业基础能力大幅提升。横向看，借势新一代信息技术发展浪潮，我国新技术新产业突飞猛进。目前在量子通信、5G等领域，基础理论研究和应用能力已世界领先，为下一步的具体产业化和占据世界产业链高端奠定了雄厚基础。相关数据显示，我国在核心基础零部件、关键基础材料、基础技术和工业等产业上对外技术依存度达50%以上。工业领域的核心基础元器件、关键基础材料、先进基础工艺、产业技术基础，这"四基"是制约我国工业发展的最大瓶颈。产业基础能力提升面临着创新引领意识不足、科技创新体系不完善和研发投入中基础研究持续偏低等问题。

多年来，我国的产业方式经历了从代工贴牌到自主知识产权、自主品牌和自主营销渠道的转变；经历了产业结构从全球产业链的低端到中高端的转变和产业动能从"汗水驱动"到创新驱动的转型。增强关键和核心技术供给能力，牢牢掌握产业发展的基础，是构筑新的比较优势和竞争优势，提升产业可持续发展能力和国际竞争力的战略选择。

党的十九大指出，要促进我国产业迈向全球价值链中高端，培育若干世界级先进制造业集群，我国经济已由高速增长阶段转向高质量发展阶段。产业链现代化是占有先进技术(互联网、大数据、人工智能等)，控制价值增值能力的自主权，实现流程最优化、价值最大化的过程。目前我国处于工业化中后期，企业"低小散"占比大，产业增值率低于发达国家和世界平均水平10~20个百分点，成为产业存在的最大矛盾和痛点。因此，需要弥补产业链现代化短板：补技术短板，使制造业技术与信息技术深度融合，推进智能制造；补人力资源短板，培养高素质复合型人才；补品牌短板，建设世界500强龙头企业；补标准短板，中国标准兼容世界标准，并成为世界标准；补体制机制短板，改革组织方式和治理体系。

我国还面临着技能人才供求结构型短缺。有研究表明，2018年，中国技能劳动者约1.7亿人，占就业人员总量的21.3%，但其中高技能人才只有0.5亿人，仅占就业人员总量的6.2%，与发达国家高级技工占40%的水平相差甚远，高级技工缺口高达上千万。而技能劳动者的求人倍率一直在1.5∶1以上，高级技工的求人倍率达到2∶1以上，供需矛盾突出。① 据世界经济论坛预测,到 2022 年,全球将裁减 7500 万个工作岗位,同时创造 1.33 亿个新工作岗位。② 目前在校学习的 65% 的学生未来会从事今天并不存在的工作,社会正进入技术性失业阶段。

因此,关于职业教育以及职业教育体系的认识需不断深化,推动职教发展重心上移,层次由低到高,范围由小到大,形成纵向贯通、横向融通的"双通"制职业教育体系。以往把职业教育定义为就业教育,现在扩大为服务就业和人的发展的教育。以往对中等职业教育的定位,就是在九年义务教育的基础上培养数以亿计的高素质劳动者;高等职业教育的定位,就是在高中阶段教育的基础上培养数以千万计的高技能专门人才。③ 我国职业教育正经历从强调一技之长到强调综合职业发展能力,从确定中职为主体到现在强调中职为基础、高职为龙头的现代职业教育体系的转变。发展战略从中职为主体,上移到加强高职(扩招 100 万,实施"双高计划"),壮大高等职业教育本科(在应用技术型大学基础上开展本科层次职业教育试点),发展专业学位研究生教育,培养高层次技能人才(图 1-1)。发展专科层次的高等教育由来已久,定位在专科不是本科的低层次教育,不是本科不合格降下来的层次,而是培养有独立功能的一种类型的人才。④ 作为工作在第一线比较擅长应用的人才,在社会主义现代化建设中有重要性和不可替代性,因此在高等教育事业发展中具有战略意义。高职教育涉及普通高等教育的专科部分(师专除外),是职业教育、成人教育的主体(80% 是专科),它们之间有很大的共性。高职教育是与普通高教相并行的培养一线应用型人才的有自己独立特色的高等教育。⑤ 高等职业教育就是要培养应用型白领、高级蓝领,最好叫"银领",定位在高技能应用型人才培养,它与本科院校培养的应用型人才有很大区别。⑥

图 1-1 职业教育体系框架图

---

① 艾媒未来教育产业研究中心. 2019 中国职业发展教育现状与细分领域研究报告[R]. 广州,2019.
② 世界经济论坛. 2018 未来就业[R]. 天津,2018.
③ 周济. 办好人民满意教育,建设人力资源强国[M]. 北京:人民教育出版社,2014:209.
④ 何东昌. 何东昌论教育[M]. 北京:人民教育出版社,2009:439.
⑤ 何东昌. 何东昌论教育[M]. 北京:人民教育出版社,2009:444.
⑥ 周济. 办好人民满意教育,建设人力资源强国[M]. 北京:人民教育出版社,2014:209.

二、支撑更高质量更充分就业

就业①是民生之本、财富之源、稳定之器。古人云:"民之为道也,有恒产者有恒心,无恒产者无恒心。"(《孟子·滕文公上》)就业既是经济的"晴雨表",又是民生的"温度计"。经济总量扩张、结构调整、创业创新持续发挥效应,是目前在经济下行压力较大的背景下,就业仍然保持稳定的重要原因。经济每增长1个百分点,带动就业在200万人左右,6.2%的增速能够带动1100万到1200万人的就业总量。②

我国是人口大国,劳动力资源丰富,劳动年龄人口总量近9亿人,就业压力大,就业人员7.7471亿人(2019年年末),其中城镇就业人数占城乡就业总量的比重达到57.1%。全国城镇调查失业率走势平稳,全年保持在5.0%至5.3%之间,其中25岁至59岁主要劳动年龄群体失业率各月均在5.0%以下。③为保持高就业率低失业率,每年需解决1300万人就业。根据人力资源和社会保障部数据,2019年全年城镇新增就业1352万人④,大学生成为重要的就业群体。

经济下行压力仍然较大,就业结构性矛盾仍较突出。2019年年末,我国人口总量达到14亿人,受出生人口减少影响(出生人口为1465万人),人口总量增长略有放缓。城镇人口比重超过60%,城镇化水平继续提升。劳动年龄人口有所减少,劳动力资源依然丰富。因此,急需充分发挥好现有劳动年龄人口和就业人口的作用,通过加大教育投入力度,不断优化和提升人口素质,把人口红利转化为人才红利。尤其是1.7亿受过高等教育和职业教育的高素质人才,以及每年约800万的大学毕业生。

职业教育是广大青年打开通往成功成才大门的重要途径,能够促进就业创业、增进民生福祉。我国职业教育经过几十年的发展,2019年,全国共有高职院校1423所,高职在校生达到1281万人,5.8万个专业点覆盖了国民经济的主要领域。2019年高职毕业生就业率为92%;中职毕业生就业率为97.07%⑤,但中职毕业生就业质量并不高,专业对口率较低;200万地方普通高等院校毕业生难就业。由此可见,高职成为更高质量、更充分就业的希望所在。

(一)大学生就业难与技工荒并存

职校毕业生以本地就业为主,成为地方产业大军的主要来源和经济社会发展的重要人才支撑。如2016年,从就业地域分布看,中职毕业生中,185.48万人在本地就业,占直

---

① 就业的含义是指在法定年龄内的有劳动能力和劳动愿望的人们所从事的为获取报酬或经营收入进行的活动。就业界定:一是就业条件,指在法定劳动年龄内(在我国是指在16周岁以上,特殊职业需要18周岁以上),有劳动能力和劳动愿望;二是收入条件,指获得一定的劳动报酬或经营收入;三是时间条件,即每周工作时间的长度。

② 王优玲,樊曦,侯雪静,谢佼,黄兴,姜刚,齐中熙.超1100万新增就业提前达标怎么看?——2019年中国就业形势观察[EB/OL].

③ 国家统计局.中国统计年鉴2020[M].北京:中国统计出版社,2020.

④ 国家统计局.中华人民共和国2019年国民经济和社会发展统计公报[R].北京,2020.

⑤ 赵婀娜,张烁,吴月.职教为高质量发展提供人才支撑(新数据 新看点)[N].人民日报,2020-10-29.

接就业人数的67.26%；0.94万人在境外就业，占直接就业人数的0.34%；89.37万人在异地就业，占直接就业人数的32.40%，比上年增加了3.49个百分点。①

职业院校专业设置由轻变重，技术含量越高，专业对口就业率越高。从职业院校专业大类看，能源与新能源类、加工制造类、教育类、医药卫生类、旅游服务类、轻纺食品类、交通运输类、石油化工类、休闲保健类九大类专业对口就业率均超过平均对口就业率，其中能源与新能源类专业对口就业率高达80%以上。② 2019年11月，中国就业培训技术指导中心发布了《2019年第三季度全国招聘求职100个短缺职业排行》，营销员、收银员、餐厅服务员、保安员、保洁员、商品营业员、家政服务员、车工、焊工、装卸搬运工排名前十。劳动力市场不仅缺乏高技能人才，中低技能的人才同样不可或缺。100个短缺职业中42个与生活服务紧密相关，36个与生产制造紧密相关。"短缺职业"既反映出当前就业的结构性矛盾，也预示着就业市场的空间潜力。近年来，我国产业结构逐步由工业主导向服务业主导转变，服务业对劳动力的吸纳能力更强，能够提供更多的就业机会。

(二)推动"大众创业、万众创新"

近年来，"大众创业、万众创新"在社会上掀起了一股浪潮，成为推动经济发展的新动力、新引擎。"双创"催生了量大面广的市场主体，创造了大量就业岗位。在"新冠"疫情和世界经济衰退的冲击下，我国经济能够稳住基本盘，较快实现恢复性增长，上亿市场主体的强大韧性发挥了基础支撑作用。尤其在2020年，我国控制疫情后，经济逐步恢复常态的过程中，新增市场主体、初创企业大幅增长，有力支撑了就业，其中"双创"发挥了重要作用。"双创"培育了接续有力的新动能，中小微企业蓬勃发展，很多大企业也通过"双创"汇聚各方资源加速升级。"双创"以鼎新推动革故，促进了"放管服"等改革，成为提升创新效率和能力的重要抓手。

创业创新是国家赢得未来的基础和关键。双创由"众"而积厚成势，因"创"而破茧成蝶。在2020年"职业教育活动周"的全国启动仪式上，李克强总理作出重要批示，指出加快发展现代职业教育，是发挥我国巨大人力优势，促进大众创业、万众创新的战略之举。可以说，职业教育是实现"大众创业、万众创新"的重要途径，职业院校在培养创新创业人才方面具有先天的优势。

一是职业教育注重应用技术人才的培养。创业不是纸上谈兵，而是提供实实在在的产品或服务，并且被市场接受，这就要求创业者具有专业的技术水平和丰富的实践经验。职业院校以专业技术、技能的培养为主，基础文化知识的教育为辅，更加注重学生的实践技能和实际工作能力。这与对创业者的素质要求不谋而合。

二是职业院校与企业的联系密切。应用技术的学习、实践能力的培养不能脱离市场的需求，因此职业教育要紧跟当地产业的发展，校企合作频繁密切。职业院校的专家为企业员工提供培训、进行技术指导，企业为学校提供实验场所、实习基地，形成双赢的合作关

---

① 教育部. 2016年中职毕业生就业率达96.72%[EB/OL].
② 教育部. 2016年中职毕业生就业率达96.72%[EB/OL].

系。这样的模式让学生真正走进企业，学习前沿的技术、了解市场的需求，为创新创业打下一定的基础。

三是职业院校的教师有企业工作、实习经验。职业院校要求教师不仅要有理论知识，还要有较强的实践能力，部分教师曾在企业从业多年，是某个领域的专家。职业院校要求教师必须每年深入企业学习，其实践经历和经验能为创业实践或创业活动提供可靠指导。

四是职业院校学生创业意愿较强。麦可思研究院的调查数据显示，高职高专毕业生创业比例为3.8%，高于本科毕业生创业率。虽然职业院校就业率高于本科院校，但毕业薪资待遇水平低于本科毕业生，使得职业院校的学生具有更强烈的创业意识，为职业院校培养创业人才提供了先天的有利条件。[①]

创新创业，既是时代的号召，也是社会的需求。在国家政策的指导和支持下，职业院校迅速投入"大众创业、万众创新"的实施中。"双高"院校作为职业院校中的排头兵，如何把这支队伍变成创新创业的重要生力军，是时代赋予的任务。从"看客"到"创客"，职业教育正用其无法比拟的技术技能优势，将一次次看似不可能的想法化为实践，推动国家、社会的转型发展。而"双高"的建设，也必将为实现中国经济提质增效升级、促进大众创新创业提供更加有力的人才保障。

(三)民众期盼体面工作

"体面就业"是国际用语，指的是获得平等的对待、工作场所的尊严、足够的薪水、八小时工作制和结社自由。每个人必须提高自己的"可就业性"，意味着人人都要争取掌握两项或两项以上的专业和技能。就业是国际劳工组织(1919年6月6日成立)的优先关注事项，该组织专注为所有人提供体面工作的未来。英国等国家认为经济全球化已经在很大程度上灭绝了"终生职业"的观念，强调技能促进经济增长。[②] 党的十九届四中全会提出"促进广大劳动者实现体面劳动、全面发展"。

稳定和扩大就业是社会发展的驱动力。联合国呼吁各国将民众享有体面工作作为发展战略重点，关注"无就业经济增长现象"，以遏制不断加剧的不平等状况。目前，世界各国都把扩大就业作为经济社会发展的优先目标，实施有利于促进就业的发展战略和宏观经济政策。对此，要大力加强职业培训，不断提高劳动者的综合素质和就业能力，尤其要加强针对年轻人的就业指导和服务。

党的十九大报告明确指出，要进一步"破除妨碍劳动力、人才社会性流动的体制机制弊端"，"使绝大多数城乡新增劳动力接受高中阶段教育、更多接受高等教育"，以"实现更高质量和更充分就业"，这为劳动力供给侧结构性改革指明了方向，也为职业教育改革发展指明了方向。

就业是民生之本，是政府的首要工作，发展职业教育成为首选的政策工具，改变安置性就业为技能型就业、发展型创业。历年的政府工作都强调多管齐下稳定和扩大就业，扎

---

① 李畅. 职业教育如何瞄准大众创业[N]. 光明日报，2015-10-01.
② 鲁昕等, 译. 技能促进增长——英国国家技能战略[M]. 北京：高等教育出版社，2010：9.

实做好高校毕业生、退役军人、外来务工人员等重点群体的就业工作，加强对城镇各类就业困难人员的就业帮扶。根据中央经济工作会议和2019年《政府工作报告》部署，就业优先政策是宏观经济政策的重要组成部分，稳就业是"六稳"的首要任务，职业教育单列宏观经济政策。2019年4月30日召开的国务院常务会议，确定使用1000亿元失业保险基金结余实施职业技能提升行动的措施，提高劳动者素质和就业创业能力；讨论通过高职院校扩招100万人实施方案，加快培养各类技术技能人才，促进扩大就业。实施大规模职业技能培训和高职扩招，既是保持就业稳定、缓解就业结构性矛盾的关键举措，也是经济转型升级和高质量发展的重要支撑。会议确定了实施2019年《政府工作报告》提出的职业技能提升行动的具体措施：一是大规模开展职业技能培训，2019年培训1500万人次以上，三年内培训5000万人次以上。培训重点面向职工，兼顾就业重点群体和贫困劳动力，支持帮助企业特别是小微企业开展职工技能培训和困难企业职工转岗培训，加大高危行业从业人员安全技能培训力度。二是从失业保险基金结余中拿出1000亿元，设立专项账户，统筹用于职业技能提升行动。强化资金监管和使用情况公开，对以虚假培训等套取、骗取资金的依法严惩。三是支持地方调整完善职业培训补贴政策，符合条件的劳动者均可参加培训并获得补贴。四是深化"放管服"改革，推动职业院校扩大培训规模，支持企业、社会培训机构开展技能培训，民办机构在政府购买服务等方面与公办同类机构享受同等待遇。同时加强培训质量监管，提高培训的针对性、实效性。

高校毕业生是"稳就业"的重点群体。2020届高校毕业生再创历史新高，扩大研究生和专升本的招生规模以延迟就业成为缓冲就业压力的重要手段。2020年2月25日，国务院召开常务会议，明确2020年将扩大硕士研究生和专升本招生规模，增加基层医疗、社会服务等岗位招募。受疫情影响，经济下行，不仅各类考试延迟，而且中小微企业也接二连三遭受重创，使得2020年毕业生的就业形势异常严峻。全国研究生扩招，是国家针对疫情进行宏观调控，缓解应届高校毕业生就业问题的有效措施。根据教育部2020年2月12日发布的信息，2020年应届高校毕业生有874万，比前一年增加40万，同比增长4.8%，创历史新高。近些年研究生考试报考人数不断刷新纪录，2020年研究生考试报名人数为341万，而2017年研究生考试人数才第一次突破200万，增长势头异常迅猛。从好的方面看，这说明学生对自己的要求不断提高，希望通过进一步的深造，拥有更高的起点和更广阔的平台。但是，这也从侧面反映现如今的就业压力逐渐增大，就业门槛不断提高。此次扩招或许暂时解决了部分应届毕业生的就业问题，但是在他们毕业的那一年，所面临的就业压力将是前所未有的。

三、提高中国产业国际竞争力

改革开放以来，特别是在加入世界贸易组织之后，我国积极参与国际分工，充分发挥劳动力资源等优势，逐步发展为"世界工厂"。与此同时，"中国制造"也正在快速走向"中国创造"，高等职业教育被赋予了新的使命和责任。在这样的时间节点，我国高等职业教育必须要瞄准世界最高标准，主动适应新形势，关注产业发展的最新动态，吸收、消化、传递最新产业技术，积极回应社会关切，引领职业教育实现现代化，在服务社会经济发展的同时打造世界一流的职业教育体系，形成中国制造品牌，稳固世界工厂地位。同时，打响中国职业教育国际品牌，为国际职教发展贡献"中国方案"。

(一)稳固我国世界工厂地位

广阔的世界市场空间是我国经济稳定发展的有力支撑。主动融入世界市场体系，统筹利用国际国内两个市场、两种资源，是我国经济持续健康发展的一条重要经验。瞄准国际标准，提高自身水平，培育若干世界级先进制造业集群，为中国产业走向全球产业中高端提供高素质技术技能人才支撑。

"世界工厂"是指为世界市场大规模提供工业品的生产制造基地。"世界工厂"的标准是，该国工业具有较高的生产能力，有一系列重要生产部门在世界市场上的份额位居前列，有一大批工业企业成为世界制造业领域的排头兵，生产经营活动对世界市场的供求关系和发展趋势能够产生重大影响。

在近几百年间，世界工厂经历了英国、美国、日本到中国的迁移过程。从工业发展的历史进程看，英国在18世纪完成工业革命后，机器大工业代替了手工工业生产方式，大大提高了工业生产效率，开辟了新的工业生产门类。在殖民主义炮舰政策配合下，英国向世界各地输出工业品，成为当时的世界工厂。19世纪后期到20世纪中叶，美国取代英国成为新的世界工业强国，在钢铁、汽车、化工、机器设备、飞机制造、电气产品、医药以及军事装备等制造业的各个领域，其生产规模和出口份额都位居世界前列。美国自1894年以来持续保持世界第一大经济体地位，其经济总量占全球的比重从未低于20%。20世纪60年代到80年代，日本工业从以出口重化工业产品为主，逐步转向以出口附加价值高的机械电子产品为核心，成为机电设备、汽车、家用电器、半导体等技术密集型产品的生产和出口大国(1995年GDP达美国的69.2%)。

从21世纪初开始，中国开始被外国称为"世界工厂"，在服装、电子机器、家电、摩托车等领域拥有全球最大生产规模，并成为最大出口国。全世界粗钢的23%、彩电的25%、手机的27%、水泥的37%、汽车的40%、计算机的45%、摩托车的50%、电话机的53%、相机的72%、纺织品的85%产自中国，且生产规模均为全球最大。2018年，中国GDP总量首次突破90万亿元，按照年平均汇率折算为13.46万亿美元，达到美国的66%以上，占全世界的16.1%。中国通常被认为是世界第二大经济体，但按购买力平价计算，其GDP占全球GDP的比例为18.6%，已经是世界第一大经济体，超过了欧洲(17%)和美国(15%)。但是，中国人均收入仅有欧洲人均收入水平的40%(见表1-1)。

我国制造业规模居全球首位，是全世界唯一拥有全部工业门类的国家。我国现有的7.7亿多就业人口中，从事制造业的人员达2亿多，高居世界第一。我国拥有全球最完整的产业体系和不断增强的科技创新能力，220多种工业品产量居世界第一，近年来在新能源汽车、工业机器人、集成电路等领域的势头强劲，平台经济和数字经济等领域的发展日新月异。根据联合国产业分类目录，中国是全世界唯一拥有该目录中全部41个工业大类、

表 1-1 2018 年各国 GDP 总量(按照世界银行购买力平价排序)

排名	国家	GDP(购买力平价)	占全球百分比
1	中国	25.4 万亿美元	18.6%
2	美国	20.5 万亿美元	15.0%
3	印度	10.5 万亿美元	7.7%
4	日本	5.5 万亿美元	4.0%
5	德国	4.5 万亿美元	3.3%
6	俄罗斯	4.0 万亿美元	2.9%
7	印度尼西亚	3.5 万亿美元	2.6%
8	巴西	3.4 万亿美元	2.5%
9	英国	3.1 万亿美元	2.3%
10	法国	3.1 万亿美元	2.3%

(数据来源：世界银行网站数据)

191 个中类、525 个小类的国家，能够生产从服装鞋袜到航空航天设备，从原料矿产到工业母机的一切工业产品。

中国成为"世界工厂"，最大的挑战在人才。目前，我国企业技术工人存在总量不足、技术等级偏低、技能单一等问题，高级技能人才整体年龄偏高，技师、高级技师数量严重不足。一方面，我国用工需求量巨大。2019 年全年，城镇新增就业 1352 万人，全国外来务工人员总量 29077 万人。[①] 另一方面，用工荒现象突出。用工荒实质是技工荒，这个声音最早从珠三角、长三角传出，逐步蔓延至环渤海圈，甚至技工的大本营——东北老工业基地。智联招聘发布的《2019 年度职业教育人才就业景气度报告》显示，中高职毕业生分别对应 2.3 个和 3.7 个就业岗位。"技工荒"正成为制约我国工业区发展的软瓶颈。新型技术人才的紧缺成为政府和企业挥之不去的"心病"。

可见，世界工厂需要规模宏大、体系完善的职教支撑。100 多年来，我国职业教育从无到有，占据了初中后教育的"半壁江山"，成为终身教育体系的主体部分。其规模从小到大，类型从少到多，贡献由微到著。我国职业教育基本覆盖了国民经济各领域技能人才需要，提供了 70% 的一线新增劳动力，年技术培训上亿人次，培养了数以亿计的高素质劳动者和技术技能人才。目前，我国拥有 1.65 亿接受了良好的职业教育的熟练技术工人，他们是支撑我国世界工厂地位的重要力量。

(二)助力"一带一路"国际产能合作

改革开放 40 多年的持续快速发展，使我国拥有了资金、技术和市场优势，包括"一带一路"参与国家在内的新兴市场国家和发展中国家正在成为我国对外贸易投资新的增长点。

---

① 国家统计局. 2019 年农民工监测调查报告[R]. 北京，2020.

为响应习近平总书记提出的"一带一路"倡议，落实教育部《推进共建"一带一路"教育行动》，天津市在国家职业教育改革创新示范区建设目标的统领下，在国内率先创办"鲁班工坊"，为"一带一路"沿线国家培养最紧缺的技能型人才。"鲁班工坊"是天津市把优秀职业教育成果输出国门，实施海外和国际合作办学的独特形式，可以说是职业教育领域的"孔子学院"。天津市作为现代职业教育改革创新示范区，从2016年开始在"一带一路"沿线国家搭建"鲁班工坊"平台，把优秀职业教育成果输出国门与世界分享，成为我国职业教育服务"一带一路"倡议，与世界对话、交流的实体桥梁。

改革开放40多年的实践表明，随着经济发展和产业结构调整升级，职业教育必须加强与产业的深度融合。"一带一路"沿线国家大多数是发展中国家，教育与产业结合不紧密，人才培养"两张皮"现象较普遍。"鲁班工坊"学校与企业联手走出去或与当地中资企业建立联盟，开展订单培养，提供了产教融合和校企合作的典范，在当地引起了强烈反响，有效引导了当地教育与产业、企业和学校的合作，成为政府、学校、企业国际化交流合作的新纽带。"鲁班工坊"服务于"一带一路"沿线国家的经济社会发展，促进了就业，增进了世界生产力和福祉；服务于国际产能合作，助力中国企业走出去，彰显了中国改革开放教育领域取得的成就，进一步提高了中国国际影响力。无论是我国还是"一带一路"沿线国家的政府和企业，都非常重视"鲁班工坊"的建设。"鲁班工坊"的建设也加强了政府之间的沟通与对话、企业之间的合作与交流，促进了各国职业院校和政府、企业之间的交流与协作。发达国家职业教育国际化是教育理念、教育模式、课程教学资源的国际化，是发展中国家主动去学习、被动去接受的国际化。而"鲁班工坊"的国际化与发达国家职业教育国际化不同，它是"一带一路"的产物，是与企业一起走出去主动服务沿线国家、培养本土化技术技能人才的国际化。"鲁班工坊"是带着先进技术和装备以及教育教学理念模式到发展中国家建设实体教育机构，按照"五共"原则，与发展中国家共享中国经济和职业教育40多年所取得的成就，是"服务发展，促进就业"办学理念的国际化，是发展中国家先富带后富的国际化，是发展中国家携手共建人类命运共同体的国际化。[1]

可见，服务"一带一路"建设，助力企业"走出去"，能够充分发挥职业教育在中外双边、多边人文交流中的作用，实现"一带一路"沿线国家政策互通、设施联通、贸易畅通、民心相通。职业教育在合作中能不断助力我国经济的竞争能力和资源整合能力的提升。

四、促进职业教育现代化

"双高计划"以问题导向强化职业教育类型特色，舞起新时代职业教育发展的"龙头"，支持一批优质高职学校和专业群率先发展。目前，我国职业教育类型特色还不够鲜明，体量大而不强，校企合而不深，质量有待提高，体系还需完善。[2] 为继续完善职业教育和培

---

[1] 曹晔."鲁班工坊"，共享中国职教改革成就[N].中国教育报，2019-01-29.
[2] 高志研."双高计划"引领新时代职业教育高质量发展[N].中国教育报，2019-04-09.

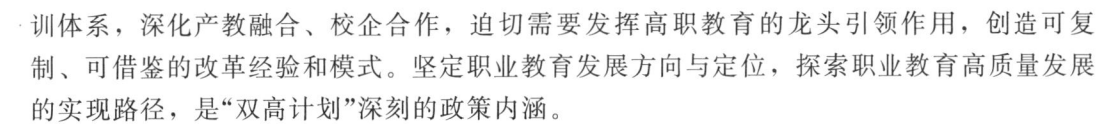

训体系，深化产教融合、校企合作，迫切需要发挥高职教育的龙头引领作用，创造可复制、可借鉴的改革经验和模式。坚定职业教育发展方向与定位，探索职业教育高质量发展的实现路径，是"双高计划"深刻的政策内涵。

(一)行业人才需求预测反映职业教育转型升级发展趋势

职业教育本质上是技能教育，最接近经济社会生活，最直接体现大众就业需求。当前，我国职业教育进入历史上最好的发展时期，为打赢产业升级攻坚战，促进经济高质量发展，加快职业教育供给侧改革势在必行。关键在对接产业办专业，前提是精准把握行业人才现状，准确预测未来需求走向，调整学校布局和专业设置，优化专业人才培养方案，推动职业教育高质量发展，实现更高质量、更充分的就业。

行业人才需求是职业教育改革的风向标。需求决定供给，行业人才的存量、变量和职业院校的培养量之间形成了产业链、人才链、教育链的互动关系。行业人才需求预测是提升产教融合能力的重要举措，是职业院校科学合理设置专业的重要依据。2014年以来，教育部职业教育与成人教育司委托教育部职业技术教育中心研究所组织全国行业职业教育教学指导委员会，多次开展《行业人才需求与职业院校专业设置指导报告》(以下简称《报告》)研制工作，48个行指委完成了74个行业《报告》，重点围绕现代农业、先进制造业、现代服务业和战略性新兴产业，优先选取人才需求量大面广、经济社会发展急需的行业开展研究。2018年，聚焦14个行业领域，涵盖了现代农业中的现代渔业，先进制造业中的智能制造机械、模具、高分子，现代服务业中的会展、数字出版、冬季体育、医学检验，以及战略性新兴产业中的硅材料、云计算与大数据、互联网金融等行业，深入分析了行业规模布局、业态变革、技术进步等发展现状和趋势，掌握了行业产业链和技术链构成、职业岗位和人力资源结构，重点剖析了代表性企业技术技能型岗位群的工作职责新变化，呈现了行业人才需求在规模层次、类型结构和素质能力等方面的新要求。基于全面的数据调查支撑，围绕教育与产业、学校与企业、专业设置与职业岗位紧密对接的关系，结合目标岗位群人才需求层次规模要求与职业院校相关专业建设和人才培养状况，对人才供给情况进行准确的匹配分析，并初步完成了部分行业人才供求分析谱系图绘制。《报告》的研制旨在促进教育链、专业链与产业链、人才链的有机衔接，同步规划职业教育与经济社会发展，优化学校和专业布局，健全专业随产业发展的动态调整机制，有效发挥了行业在人才需求预测中的重要作用。

行业人才需求反映最突出的问题是技能人才的结构性矛盾。行业人才需求预测反映，随着城镇化、工业化和老龄化的发展，支撑世界工厂的技术技能人才供给总量不足、结构失衡(类型、层次、区域)、能力不足等问题突出。

第一，人才供给总体不足，存在供求总量与结构失衡问题。一是不同行业人才供求数量匹配度不同。多数行业人才供给缺口很大，有发展态势迅猛的云计算与大数据等新兴行业，也有工作特殊或艰苦的渔业等传统行业，后者还面临专业招生下降和在校生规模较小的问题。模具、数字出版等少数行业人才供给总量基本平衡。二是部分行业人才供求层次结构不匹配。按照本科及以上、高职、中职划分，不同行业技术技能岗人才学历结构分别呈"橄榄型""金字塔型""倒金字塔型"等类型，且总体趋势是未来人才需求学历层次上移，高职、本科需求比例持续增大，与目前中高职层次相关专业培养规模不完全匹配。如医学检验行业本科、高职人才供求基本平衡，中职供大于求。三是部分行业人才供求规模出现专业结构失衡，如渔业、水利等人才培养主要集中在一些专业，其他专业开设点数少、规模小，与相关岗位需求存在结构性错位。

第二，多数专业结构布局与产业结构布局基本匹配，少数有一定偏差。一是专业结构体系和企业岗位群需求不匹配。如适应渔业、硅材料、冬季体育等行业产业链延伸和拓展，院校现有专业群覆盖不了相关岗位群需求。二是区域专业布局与产业布局不相适应，有的区域供大于求，有的供小于求，有的持平。如城市轨道交通行业在华北、华东和华南地区人才缺口较大，供不应求态势明显；东北、西南和西北地区供需基本平衡。北上广深等云计算大数据发达地区人才供给较多，但贵阳、合肥、天津等大数据市场活跃地区人才供给不足。

第三，培养目标总体明确，定位还不够精准。当前职业岗位呈现新技术新工艺多、复合性增强、重迁移能力等特点，对专业培养目标提出新要求。一是互联网金融等新兴行业的新职业岗位能力要求逐步清晰，相关新设专业（方向）定位还待明确，培养方案还待建立。二是适应传统产业转型升级，有的专业定位未紧密对接岗位职责及时调整。如对接现代渔业"技术服务＋营销"的新模式，有关专业培养目标还待转向培养水产养殖与技术服务能力为主的技术服务型人才。三是企业更关注学生的职业素养、通用能力和应用能力。如高分子行业认为相关专业培养目标缺少适应岗位转型升级变化的能力素质新要求，包括新材料技术的获取与应用、现代管理与营销、大数据应用等职业能力，以及绿色化工、行业文化认同等职业素质。

第四，多数专业课程体系支撑度较好，少数针对性不够。部分职业院校专业课程体系与职业岗位要求有差距，不适应岗位新变化：一是针对智能制造机械、数字出版等行业新设专业（方向）的课程体系还不成熟，其专业核心能力培养与岗位需求存在较大偏差，"拼盘式"专业核心课程较多。二是不适应岗位专业性和复合性发展需求，相关课程比例偏低。如为满足渔业行业转型升级对复合型人才的需求，企业认为应增加电子商务、市场营销、水产品流通管理等营销类课程。三是课程适时调整和更新不够，新技术、新工艺、新规范等内容尚未进入课程。如城市轨道交通专业课程缺少轨道交通新技术新设备应用等内容；医疗器械专业课程缺少人工智能、可穿戴式设备、增材制造、机器人等医疗新技术内容。

第五，专业建设保障条件不足，实践教学效果达不到要求。一是实训条件落后或数量不足，无法满足实践能力培养要求。如48.39％已建轨道交通实训室的职业院校的实训室已落后，且所购设备台套数较少，实训室规模与水平都无法满足课程教学和技能训练要求。二是工学结合有难度，不能有效开展实训教学。如因资金、场地、安全等原因，许多职业院校的理论教学比重较大，企业现场实习和实际业务实训的频次和总课时太少，不利于培养学生解决实际问题的能力和综合实践技能。三是职业院校师资力量亟待加强。教师的实践技能及专业知识跟不上企业实际要求，企业也不愿意对教师进行深层次培训，限制了教师"双师"素质提高。如互联网金融专业教师缺乏必备的互联网金融专业知识和技能，而企业因为技术保密和知识产权等因素，不愿意对院校教师进行深层次培训。

因此，依据行业人才需求需要加快职业教育供给侧改革。职业教育要服务建设现代化经济体系和实现更高质量更充分就业的需求，对接科技发展趋势和市场需求，优化学校、专业布局，及时调整专业设置，优化人才培养方案，有效提升职业教育办学效益和人才培养质量，着力培养高素质劳动者和技术技能人才。将提升职业教育面向现代农业、先进制造业、现代服务业、战略性新兴产业和社会管理、生态文明建设等领域的人才培养能力，促进职业教育适度超前发展，实现与经济社会发展的良性互动。

各地教育行政部门、职业院校可结合《报告》中的行业人才需求分析，以及优化专业设置的建议，围绕区域产业发展实际需要，科学合理设置专业，更有效配置职业教育资源，不断提高职业教育人才培养的针对性和适用性。

第一，适应行业发展态势，动态调整专业培养规模。针对硅材料、互联网金融等新兴行业或新业态出现的新职业岗位需求，增设新专业。针对渔业、高分子等艰苦行业招生萎缩的现状，适应岗位绿色环保、智能化与自动化等新变化，优化专业内涵；同时加大学生资助力度，扩大定向培养规模，提升专业吸引力。结合云计算与大数据、数字出版等行业的区域人才供给匹配情况，合理调整区域院校布局和人才培养规模。

第二，对接职业岗位群需求，合理构建专业体系。对接现代渔业、智能制造机械等行业产业链延伸，扩大专业群覆盖面，优化专业体系，合理定位各级培养目标，通过中职的基础性、高职的技术性、应用本科的工程性，系统构建培养技术技能人才的专业体系，在学历提升的同时保证能力的提升，满足行业企业对高层次和复合型人才的需求。

第三，结合国家战略和区域特点，优化专业结构布局。根据水利、模具、冬季体育等各行业国家发展战略，依托区域行业资源优势，按照优先发展、重点支持、适当限制的思路，通过支持重点区域和扶持薄弱地区相结合的方式，服务区域产业定位，合理规划各层次专业布局、结构规模和目标定位，建设适应需求、特色鲜明、效益显著的专业群。

第四，深化产教融合，健全专业动态调整机制。加强校企合作共办专业机制。强化行业指导，推动企业深度参与，通过课程共建、资源共享、师资互补、技术服务、项目合作等方式，不断创新订单培养、现代学徒制等合作育人模式。对接行业用人需求，充分发挥专业设置管理系统和人才需求信息平台作用，健全专业动态调整机制。构建多元主体参与的质量评价机制，推动行业协会、用人机构等第三方开展职业院校人才培养质量评估。

第五，对接职业岗位要求，强化专业内涵建设。加强行业文化和职业素养培养，提升学生对行业的热爱度、专业的认可度、工作的敬业度。对接职业岗位新变化，动态更新专业教学标准体系，扩大引进国外优质职业教育资源，加强数字化资源共建共享，广泛应用虚拟仿真技术，优化课程结构和内容。加强工学结合，强化实习实训，开展好企业认知实习、跟岗实习和顶岗实习的实施和考核工作。落实"1+X"证书制度，加强复合型技术技能人才培养，引导学生获得多种职业技能等级证书。

第六，优化资源配置，提升专业人才培养质量。增加专业建设投入，改善教学条件，提高教学设施设备水平，建立集教学、培训、职业技能鉴定和社会服务等为一体的开放式、合作型的实训基地。加强师资队伍建设，加强培训力度，落实专业教师企业实践制度，提升"双师"能力；加大聘用兼职教师数量，优化专兼队伍结构。搭建校企合作有效平台，鼓励引导行业企业从职业指导、资源共享、师资培训、实训实习等方面给予职业院校支持。

行业人才需求发生如此大的变化，职业学校必须做出及时反应和有效衔接，才能培养适应市场需要的高素质复合型人才。①

(二)带动职业教育由弱变强、整体提质培优行动

"双高计划"以目标导向促进职业教育现代化加快实现。高职教育是具有中国特色的办学形式，是我国教育改革的活跃因素，没有职业教育的现代化，就没有教育的现代化。《中国教育现代化2035》开启了我国教育现代化新征程，对教育理念、体系、制度、内容、方法、治理等提出了一系列新目标，对职业教育现代化也作出了工作部署。虽然职业教育现代化的时间表和任务书已经明确，但实现路径仍需深入探索，尤其需要高职教育先行先试、率先发展。凝聚职业教育现代化的思想共识与行动共识，是"双高计划"鲜明的政策指向。近年来，国家实施一系列引领项目，示范校主要创新工学结合人才培养模式，骨干校重点完善校企合作体制机制，优质校着力深化产教融合、校企合作，通过扶优扶强、率先突破、带动整体的建设模式，加快了职业教育改革步伐。站在新的起点上，"双高计划"扎根中国、放眼世界、面向未来，支持一批高职学校和专业群先行先试，形成有效支撑职业教育高质量发展的政策、制度、标准，为职业教育改革发展和培养千万计的高素质技术技能人才发挥示范引领作用。

一是打造技术技能人才培养高地。落实立德树人根本任务，将社会主义核心价值观教育贯穿技术技能人才培养全过程。坚持工学结合、知行合一，加强学生认知能力、合作能力、创新能力和职业能力培养。加强劳动教育，以劳树德、以劳增智、以劳强体、以劳育美。培育和传承工匠精神，引导学生养成严谨专注、敬业专业、精益求精和追求卓越的品质。深化复合型技术技能人才培养培训模式改革，率先开展"学历证书＋若干职业技能等级证书"制度试点。在全面提高质量的基础上，着力培养一批产业急需、技艺高超的高素质技术技能人才。

二是打造技术技能创新服务平台。对接科技发展趋势，以技术技能积累为纽带，建设集人才培养、团队建设、技术服务于一体，资源共享、机制灵活、产出高效的人才培养与技术创新平台，促进创新成果与核心技术产业化，重点服务企业特别是中小微企业的技术研发和产品升级。加强与地方政府、产业园区、行业深度合作，建设兼具科技攻关、智库咨询、英才培养、创新创业功能，体现学校特色的产教融合平台，服务区域发展和产业转型升级。进一步提高专业群集聚度和配套供给服务能力，与行业领先企业深度合作，建设兼具产品研发、工艺开发、技术推广、大师培育功能的技术技能平台，服务重点行业和支

---

① 曾天山. 行业人才需求，职业院校怎样衔接、如何满足？[N].光明日报，2020-02-04.

柱产业发展。

三是打造高水平专业群。面向区域或行业重点产业，依托优势特色专业，健全对接产业、动态调整、自我完善的专业群建设发展机制，促进专业资源整合和结构优化，发挥专业群的集聚效应和服务功能，实现人才培养供给侧和产业需求侧结构要素全方位融合。校企共同研制科学规范、国际可借鉴的人才培养方案和课程标准，将新技术、新工艺、新规范等产业先进元素纳入教学标准和教学内容，建设开放共享的专业群课程教学资源和实践教学基地。组建高水平、结构化教师教学创新团队，探索教师分工协作的模块化教学模式，深化教材与教法改革，推动课堂革命。建立健全多方协同的专业群可持续发展保障机制。

通过实施"双高计划"，探索支撑高职教育高质量发展的政策、制度、标准，将引领我国高职教育走向世界舞台的中央，真正形成中国特色职业教育发展模式。

(三)比翼"双一流"培养两类优秀人才

"双高计划"是推进中国教育现代化的重要决策，计划旨在集中力量建设一批引领改革、支撑发展、中国特色、世界水平的高职学校和专业群；引领职业教育服务国家战略、融入区域发展、促进产业升级，为建设教育强国、人才强国作出重要贡献。"双高计划"是继高职示范校(骨干校)项目之后，面对以人工智能、"互联网＋"、大数据为主的新经济、新技术、新业态的新一轮产业革命挑战下的中国高等职业教育的重要战略部署，对于职业教育向类型教育发展具有重要的历史和战略意义。[①]

"双高"也被誉为职业教育领域的"双一流"，与"双一流"携手，为我国培养高水平学术人才、工程人才、技能人才、艺术人才链(图1-2)。在中国职业教育领域，也有不同的层次，也有很优秀的学校。在建设过程中，首先要坚持职业教育的发展方向，坚持服务发展、促进就业的基本办学指导思想，办学方向不动摇，不能走老路，要走改革之路，要走新路。"双高"的目标是通过这个项目的建设，找出职业教育发展的方向，找出一条有特色的道路，形成中国自己的方案。因为高等职业技术学院这样的办学形式，在世界上没有第二例，所以没有用"一流"这个概念。这跟本科的"双一流"建设不同，本科"双一流"建设还

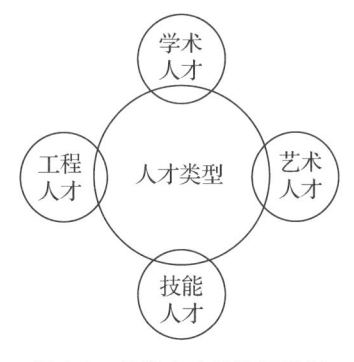

图 1-2 各类人才结构示意图

[①] 潘海生."双高计划"引领职业教育向类型教育发展[N].中国教育报，2019-05-07.

"双高"建设引领技能社会

有一些相关的参照,"双高"建设就是中国的,中国建好了就是世界一流,所以叫"双高"。①

"双高计划"对于高职学校的意义重大。对于普通高校而言,自20世纪80年代就有重点学科建设、"211"工程、"985"工程、"双一流"建设等一系列高强度重点建设项目的投入。但是对于高职学校来说,在此之前只有2006年由教育部、财政部联合实施的国家高职示范(骨干)校项目。从实施效果来看,该项目很好地拉动了地方对高职教育的投入,调动了高职学校改革建设的动力,提升了一批高职学校的办学水平,提高了高职教育的社会影响力。②

广聚天下英才而用之,让"智者尽其谋,勇者竭其力,仁者播其惠,信者效其忠",形成人人渴望成才、人人努力成才、人人皆可成才、人人尽展其才的良好局面,各类人才的创造活力竞相迸发、聪明才智充分涌流,铸就伟大新时代。

---

① 教育部.中国能否建成一批职业教育的清华北大?教育部回应[EB/OL].
② 晋浩天."双高计划"的现在与未来——专访"双高计划"建设咨询委员会主任委员黄达人[N]. 光明日报,2019-10-26.

第二章 "双高"建设的历程

"双高"建设引领技能社会

　　职业教育是近现代教育的重要组成部分,它体现了工业化过程的客观要求,是生产商品化、社会化、现代化的重要支柱,是国际化的摇篮,是国家振兴的法宝。职业教育面广、量大、门类多,关系国计民生。我国职业教育历史漫长,但职业学校不过百多年历史(如果从1866年福建船政学堂算起,已超过150年),长期以初级职业学校和培训为主,初始称为实业教育,学校称作"实业学堂",后称为职业教育,学校称作职业学校。

　　中华人民共和国成立后,为适应国家工业化和计划经济体制的需要,学习苏联经验,在对旧中国职业学校改造的基础上,建立了以中等专业学校和技工学校为主体的中等职业教育体系,与国家招工招干制度相配套(技工学校采用证书制度,把技工进行分级,中专采用文凭制度,毕业生纳入干部系列,包就业分配)。改革开放后为适应经济建设需要调整教育结构,部分普通高中转型为职业高中,部分成人教育学校转型为职业学校,面向市场开放发展。我国中职在校生数量从1978年的仅占5%增长到1989年的42%,再发展到目前的"半壁江山"。高职教育诞生于20世纪90年代,历史比较短暂,是经过"三改一补"发展而来,把原有的普通专科学校和成人高校改制为高等职业学校,定位为高等教育层次、职业教育性质,着重培养既有一定理论水平又有实际操作能力的实用人才。部分国家示范性高等职业院校从2012年起开始试办本科层次的专业,2019年国家开始本科层次的职业教育试点,目前批准了27所职业本科试点学校。[①]

　　几十年来,高等职业教育[②]经历了从无到有、从少到多、从低到高的发展历程,通过达标、示范(骨干)、优质校、"双高计划"等系列工程的持续建设,成为职业教育体系的龙头,占据高等教育的"半壁江山",实现了从新建校到"双高"校的历史性跨越。教育部、财政部联合印发《教育部、财政部关于实施中国特色高水平高职学校和专业建设计划的意见》,这是落实《国家职业教育改革实施方案》的重要举措,也是职业教育"下好一盘大棋、

[①] 数据截至2021年1月15日,27所本科层次职业院校分别是泉州职业技术大学、南昌职业大学、江西软件职业技术大学、山东外国语职业技术大学、山东工程职业技术大学、山东外事职业技术大学、河南科技职业大学、广东工商职业技术大学、广州科技职业技术大学、广西城市职业大学、海南科技职业大学、重庆机电职业技术大学、成都艺术职业大学、西安信息职业大学、西安汽车职业大学、辽宁理工职业大学、运城职业技术大学、浙江广厦建设职业技术大学、南京工业职业技术大学、新疆天山职业技术大学、上海中侨职业技术大学、湖南软件职业学院(本科)、景德镇艺术职业大学、山西工程科技职业大学、河北工业职业技术大学、河北科技工程职业大学、河北石油职业技术大学。

[②] "高等职业教育"是"高等"与"职业教育"两个概念的复合。复合的结果导致三种理解:第一种将它归入"高等教育"范畴,认为高等职业教育是高等教育中具有较强职业性和应用性的一种特定的教育;第二种认为它只是"职业教育"范畴中处于高层次的那一部分,并不属于高等教育,从而将"高等教育"与"职业教育"视为两个并列的、互不交迭的教育范畴;第三种则把它泛化地理解为,凡是培养处于较高层次的职业技术人才(不管其属何种系列)的教育都属于高等职业教育,如把培养技术工人系列人才中的高级技工教育也看作高等职业教育,从而将"高等"与"高级"等同起来。根据《教育大辞典》中的有关条目解释:高等职业教育"属于第三级教育层次",而第三级教育"一般认为与'高等教育'同义"。从总体上看,高等职业教育与普通高等教育一样,应包括学历教育和非学历教育两大部分。按照国际教育标准分类(ISCED)1976年公布的初版《国际教育标准分类》,高等职业教育(5B)作为第三级教育中"更加定向于实际工作,并更加体现职业特殊性"(more practically oriented and occupationally specific)的一种特定类型,与普通高等教育(5A)相对,便有了分类标准上的依据。由于新版ISCED第5层次将原版中的专科、本科及硕士几个层次合一,故高等职业教育也应同普通高等教育一样,根据不同的学习年限而有多个学历层次,至少应包括本科和专科两个层次在内,而不是仅仅局限于单一的专科层次,更不是比普通专科再低一层次的补充学制。

打一场翻身仗"的重要支柱,将带动中国职业教育新一轮改革发展。通过国家"双高计划",撬动省域的高水平高职学校和专业群建设,从而提高优质高职建设的覆盖面。

一、高职学校促进职业教育重心上移

高职学校是现代社会高新技术发展的必然产物。根据教育部相关规定,从20世纪末起,除师范、医学、公安类以外,专科层次全日制普通高等学校逐步规范校名为"职业技术学院",而师范、医学、公安类专科层次全日制普通高等学校则应规范校名为"高等专科学校"。

(一)高职教育是新生事物

我国高等职业教育包括本科和专科两个学历教育层次,是高等教育体系的重要组成部分。高等职业技术学院是在完成中等教育的基础上培养出一批具有大学知识,而又有一定专业技术和技能的高等人才,其知识的讲授是以够用为度,实用为本。国际上所公认的人才结构及分类理论,是西方国家常用的"职业带(occupational spectrum)"理论,这一理论以工业职业领域为例,将各类工业技术人才的知识和技能结构用一个连续的职业带来表述。如图2-1所示,工业技术人才按其各自不同的职业性质、工作对象和管理范围被划分为技术工人(craftsman或skilled worker)、工程师(engineer)、技术员(technician)三个系列,分别称为C系列、E系列、T系列。图中A、B为技术工人(C系列人才)区域,C、D为技术员(T系列人才)区域,E、F为工程师(E系列人才)区域。斜线上方代表手工操作和机械操作技能所占比重,下方代表科学理论和工程技术理论知识所占比重。由此说明:对技术工人的要求主要是操作技能,对工程师的要求主要是理论知识,对技术员则在两个方面均有一定的要求。

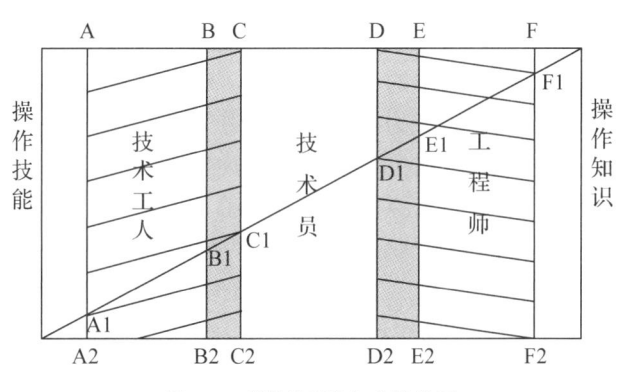

图2-1 "职业带"人才结构图

"职业带"理论除了可以解释技术工人(C)、技术员(T)、工程师(E)三个系列人才的地位和特点外,还可以解释社会人才结构随着科技进步与生产技术发展的演变及其与教育的关系。在手工业生产阶段,整个职业带上的人才类型是单一的,而在大工业出现初期,职业带上出现了技术工人和工程师两类人才,且二者在职业带上的交界处有部分交叉。20世纪上半叶,工程师为适应科技发展需要而必须提高理论知识,于是便在职业带上大幅度右移,与技术工人(仅有稍许右移)的交叉消失并拉开距离,由此出现的空隙需要由一种新型人才来填补,这样就产生了技术员这种"中间人才"(middle man)。到20世纪下半叶,由于高新科技和生产技术体系的不断发展,工程师区域继续右移,技术员区域进一步扩大并出现了层次上的分化,从而诞生了高级技术员(或称工艺师、技术师、技术工程师等,对此各国称谓有所不同但本质上是一致的)这种新型的高层次职业技术人才。因它原属于T系列人才范畴,但又与E系列有部分交叉,故有人将其称之为TE系列人才。技术员类人才的多层化,也对职业教育的培养方式产生了影响,出现了培养目标的分化。作为TE系列人才的高级技术员必须具备较高理论水平,故其所接受的教育内容已跨入高等教育领域。20世纪60年代以来,各国高等教育相继在培养目标上分化出专门培养这类人才的学制,例如美国招收2年制专科毕业生(技术员)培养"技术师"(1967年)、法国培养"高级技术员"的短期技术学院(1966年)、英国培养"技术工程师"的多科技术学院(1969年)、德国培养"应用型工程师"的专科大学(1970年)和职业学院(1974年)等。这种新型学制就是"高等职业教育"(实质上是高等"技术教育"),高等职业教育的出现顺应了职业教育高移化这一世界性趋势。而随着高科技产业的迅猛发展,职业教育高移化的结果必将使高等职业教育在数量上、层次上进一步扩展。如中国台湾已有了培养工业类"技术教育"的硕士(1979年)和博士(1983年)的学制①,这种高层次研究生阶段的高等职业教育究竟是与普通高等教育殊途同归还是自成系列还有待继续探讨。例如,在医疗卫生系统,除了受过类似工程教育(医学高等教育)的医师(相当于E系列人才)和受过狭义职业教育(一般护理技术培训)的普通护理人员(相当于C系列人才)外,还需要大量受过技术教育(医药卫生类中专教育)的护士(相当于T系列人才)作为"中间人才",而T系列中的高层次人才——护师(高级护士)则只有通过高等技术教育来培养。国内一些医科大学已出现了许多护理专业的专科和本科学制,其高等职业教育的性质是不言而喻的。

  高等职业教育是高等教育发展中的一个新类型,具有明显的中国特色和时代特征。它既有高等教育的属性,又有职业教育的特色;既区别于国外的专科教育,又比国外的职业技术教育更有优势。高等职业教育肩负着大批量培养高技能专门人才的使命,在我国加快现代化建设的人才培养中具有特别重要的地位和作用。② 高等职业教育的培养目标是培养具备某一特定职业或职业群所需综合职业能力的,为生产和管理第一线服务的应用型、技术型人才,主要是培养面向生产和社会实践第一线的实用型高技能人才,不能办成本科教育的"压缩饼干"。③ 高等职业教育要在政府统筹下,面向社会、联合企业自主办学,将育人与生产劳动和社会实践紧密结合,以服务为宗旨,在贡献中发展,将设计、规划、决策转化为现实产品等物质形态,或对社会产生具体作用。这种培养目标直接决定高等职业教

---

① 彭志武. 人力资本理论与高等职业教育流变[J]. 职业技术教育, 2008, 29(31): 17-19.
② 周济. 办好人民满意教育, 建设人力资源强国[M]. 北京: 人民教育出版社, 2014: 239.
③ 周济. 办好人民满意教育, 建设人力资源强国[M]. 北京: 人民教育出版社, 2014: 214.

育的课程内容和课程标准选择。

> **专栏 2-1　1996 年《职业教育法》**
>
> 　　第十三条规定：职业学校教育分为初等、中等、高等职业学校教育。初等、中等职业学校教育分别由初等、中等职业学校实施；高等职业学校教育根据需要和条件由高等职业学校实施，或者由普通高等学校实施。其他学校按照教育行政部门的统筹规划，可以实施同层次的职业学校教育。

> **专栏 2-2　《中华人民共和国职业教育法修订草案（征求意见稿）》**
>
> 　　2018 年，十三届全国人大常委会将《中华人民共和国职业教育法》修订列入立法规划，教育部在此前工作基础上，加快修法工作，并最终形成"征求意见稿"。
> 　　"征求意见稿"明确了现代职业教育体系框架，打通职业学校教育发展通道，向上包括专科、本科层次的职业高等学校；向下融入义务教育，加强职业启蒙教育。推进中等、高等学历职业教育的贯通培养，实行弹性学制。取消初等职业学校教育。为落实类型教育的定位，用职业高等学校的概念替代高等职业学校概念。职业教育从中职、高职、应用本科到研究生都有，通过纵向衔接打通技术技能人才成长通道，学历层级向上延伸，底部抬高，并通过法律的层面界定下来。

（二）高职院校通过"三改一补"途径建设

　　高职教育是培养适应生产、建设、管理、服务第一线需要的高等技术应用型专门人才的高等教育，培养目标定位于工程型和技能型之间的技术型人才。高职院校诞生于 20 世纪 80 年代由地方举办的短期职工大学。1996 年全国职教工作会议，明确"三改一补"途径建设的高职院校（20 世纪 90 年代初期，通过对职业大学、专科学校和成人高校进行改革、改组和改制来发展高等职业教育，在仍不能满足需要时，经批准可利用少数具备条件的重点中专升格作为补充[①]统称为"职业技术学院"。1999 年，《中共中央国务院关于深化教育改革，全面推进素质教育的决定》中也明确指出，高等职业教育是高等教育的重要组成部分。要大力发展高等职业教育，培养一大批具有必要的理论知识和较强实践能力，生产、建设、管理、服务第一线和农村急需的专门人才。现有的职业大学、独立设置的成人高校和部分高等专科学校要通过改革、改组和改制，逐步调整为职业技术学院（或职业学院）。支持本科高等学校举办或与企业合作举办职业技术学院（或职业学院）。省、自治区、直辖市人民政府在对当地教育资源的统筹下，可以举办综合性、社区性的职业技术学院（或职业学院）。由此形成省政府批准、教育部备案的高职院校设置机制。

　　一是对现有高等学校改革、改组、改制。根据公开信息，2018 年各地共筹备新建或调整 284 所高职院校。

　　二是重点中专升格。中华人民共和国成立初期学习苏联模式设立中专学校，定位于培养技术员。中专学校通过独立或合并升格成为高职院校，带来办学定位、领导体制、服务功能等多方面的转变。

[①] 李岚清. 李岚清教育访谈录[M]. 北京：人民教育出版社，2003：420.

> **专栏 2-3　天津医学高等专科学校的前世今生**
>
> 始建于 1908 年，始称天津公立女医局附设女医学堂（亦称北洋女医学堂、长芦女医学堂），开近代中国公立护理教育之先河，是近代中国第一所公立护士学校。1949 年天津解放时改称私立天津女医院附设高级护士职业学校，并入天津市护士学校（时称天津市立高级护士职业学校）。1949 年至 1955 年，先后又有多所护士及助产学校并入天津市护士学校（1950 年并入了天津市立总医院附设高级护士职业学校，1952 年并入了中国红十字会分会附属护校和天津市立儿童医院附设护士学校，1953 年并入了天津市人民医院附设护士学校，1954 年并入了天津市立高级护士助产职业学校，1955 年并入了天津市立第二护士学校）。1998 年，天津市护士学校与天津市职工医学院合并，于 2002 年经教育部同意，天津市批准，建立天津医学高等专科学校，2007 年将天津市卫生局技工学校并入。学校是全国百所"国家示范性"高等职业院校，于 2019 年年底被评为"中国特色高水平高职学校和专业建设计划"高水平学校建设单位，成为 56 所高水平学校建设单位中唯一的卫生类学校。

三是本科高等学校举办或与企业合作举办职业技术学院（或职业学院），如天津职业大学等院校。

> **专栏 2-4　天津职业大学的由来**
>
> 天津职业大学始建于 1978 年，前身为南开大学第二分校、天津大学化工分校，是全国最早举办职业教育的高等职业院校之一，也是天津市办学规模最大的一所综合性高职院校。学校为首批 28 所"国家示范性高等职业院校建设计划"立项建设单位，是全国重点建设职业教育师资培养培训基地、天津市滨海新区技能型紧缺人才培养基地。

四是新建。根据区域经济发展需要，一些经济发达地区新建高等职业技术学院，如深圳市人民政府 20 世纪 90 年代创建的深圳职业技术学院。

> **专栏 2-5　崛起的深圳职业技术学院**
>
> 1992 年 2 月，中共深圳市委常委会议决定，成立深圳高等职业技术学院。
> 1992 年 7 月，深圳市人民政府任命俞仲文为深圳高等职业技术学院筹备组组长。
> 1994 年 4 月，深圳高等职业技术学院正式挂牌，西丽湖校区教学大楼奠基。
> 1997 年 10 月，深圳高等职业技术学院更名为深圳职业技术学院。
> 2000 年 4 月，深圳市职业技术学校并入深圳职业技术学院，成为华侨城校区。
> 2001 年，成为首家通过国家示范性高职院校实践教学基地优秀评估的学校。
> 2003 年 9 月，深圳职业技术学院以全优成绩通过教育部高职高专人才培养工作水平评估。
> 2004 年 9 月，深圳市卫生学校并入深圳职业技术学院。
> 2006 年 12 月，深圳职业技术学院被确定为"国家示范性高等职业院校建设计划"首批立项建设院校。
> 2009 年 12 月，入选首批国家示范性高等职业院校。
> 2012 年 8 月，学校首次在 2A 批次与深圳大学联合培养招收应用本科学生 234 名。
> 2016 年 7 月，深圳职业技术学院入选首批"全国创新创业典型经验高校"。
> 2018 年 8 月，学校向深圳市委市政府上报了中国特色世界一流职业院校建设方案，努力为世界职业教育发展贡献"深圳模式"。
> 2019 年 1 月 6 日，新时代中国职业教育研究院揭牌仪式在学校举行，中国职业技术教育学会联络处同时落户学校。10 月 11 日，孙春兰副总理来校调研，充分肯定了学校的办学模式和办学成果。11 月，国务院推进全国职业教育高质量发展现场会在学校成功举办。12 月，学校入选"中国特色高水平高职学校和专业建设计划"A 档建设单位（全国 10 所，广东省唯一）。

五是划转。1994年至1996年，国家教委召开了3次高教管理体制改革座谈会，规范地提出了在实践中形成的五种改革形式，即"共建""合作""合并""协作"和"划转"。1995年7月19日，国务院办公厅转发国家教委《关于深化高等教育体制改革的若干意见》（以下简称《意见》）。《意见》提出，要着重抓好高等教育管理体制的改革。其目标是，争取到2000年或稍长一点时间，基本形成举办者、管理者和办学者职责分明，以财政拨款为主多渠道经费投入，中央和省、自治区、直辖市人民政府两级管理、分工负责，以省、自治区、直辖市人民政府统筹为主，条块有机结合的体制框架。这项改革覆盖面广，涉及900多所高校。有597所高等学校合并组建为267所高等学校，有利于学科的交叉综合和资源的优化配置。原来国务院有关部门直接管理的367所普通高校，改革后有近250所高校实行了省级政府管理、地方与中央共建的体制，克服了部门和地方条块分割、重复办学、资源浪费的弊病。中央和省级政府两级管理，以省级政府管理为主的我国高等教育管理的新体制已经形成。

引导部分地方本科院校向应用型转型发展是党中央、国务院作出的重大决策部署。应用型高校成为构筑现代职业教育体系的关键一环。2014年，《国务院关于加快发展现代职业教育的决定》首次提出，要引导一批普通本科高等学校向应用技术类型高等学校转型发展，奠定了应用型高校在现代职业教育体系中的龙头定位。2015年，教育部、国家发展改革委、财政部联合印发了《教育部 国家发展改革委 财政部关于引导部分地方普通本科高校向应用型转变的指导意见》，从破解高等教育结构性矛盾、提升教育服务经济和产业发展能力的高度，明确了地方普通本科高校向应用型转型的方向路径。2019年，国务院发布《国家职业教育改革实施方案》，明确了职业教育类型教育的战略定位，提出要推动一大批普通本科高校向应用型转变的发展目标，再次深化了应用型高校发展高层次应用型人才培养体系、完善发展现代职业教育体系的战略定位，坚定了应用型高校转型发展的道路信心。进入新时代，在国家政策红利和内驱动力的双轮驱动下，广东、河南等20多个省（自治区、直辖市）出台了引导部分普通本科高校向应用型转变的文件，300所地方本科高校加入转型改革的试点。应用型高校转型的路径不断明晰，办学定位不断深化，发展底气更加充足，在服务战略性新兴产业崛起、服务产业转型升级、服务乡村振兴战略、服务"一带一路"倡议中彰显出强大的生命力，高等教育分类发展的新格局正在加速形成。河南省是应用型本科高校转型发展的"先行军"和"探路者"。一大批应用型转型标杆院校勇立潮头，成为优化区域高等教育结构、服务区域产业发展的生力军，应用型高校建设取得了阶段性成果。与此同时，应用型本科作为整个高等教育体系的"腰、身"，也必然将承担起新的时代使命，要加快向高水平冲刺，在支撑经济高质量发展、满足人民更加美好教育需求、建设中国特色世界水平的现代职业教育体系中，贡献新的重要力量。

近些年来，随着高职学校的发展，高等职业教育在诸多方面发生了变化。一是招生体制的变化。2006年起，开展了示范高职院校单独考试招生改革试点；2013年，明确了基于高考的"知识＋技能"招生、单独考试招生、综合评价招生、对口招生、中高职贯通招生、技能拔尖人才免试招生六种招生方式；2018年，全国高职院校分类考试招生计划数占当年高职招生计划总数的54%，避免了"千军万马挤独木桥"现象，为学生接受高职教育提供了多种入学渠道。

二是管理体制的变化。为了更好地顺应构建中国特色现代职业教育体系的需要，2011年年初，教育部对内部司局职能进行了调整，高职高专处和继续教育处从高等教育司划入职业教育与成人教育司管理，高职高专尤其是高等职业教育由高教序列调整归口至职业教育序列。

三是办学定位的变化。高职高专教育是我国高等教育的重要组成部分，培养拥护党的基本路线，适应生产、建设、管理、服务第一线需要的，德、智、体、美等方面全面发展的高等技术应用性专门人才；学生应在具有必备的基础理论知识和专门知识的基础上，重点掌握从事本专业领域实际工作的基本能力和基本技能，具有良好的职业道德和敬业精神。

四是组织使命的变化。2011年8月，《教育部关于推进高等职业教育改革创新引领职业教育科学发展的若干意见》发布，明确规定高等职业教育具有高等教育和职业教育双重属性，必须在职业教育体系中发挥引领作用，首次提出了高职教育的"引领"命题。至于如何引领，该文件则语焉不详。

五是运行模式的变化。2011年6月，《教育部关于充分发挥职业教育行业指导作用的意见》发布，明确提出进一步提高对职业教育行业指导重要性的认识；依靠行业，充分发挥行业对职业教育的指导作用；突出重点，在行业的指导下全面推进教育教学改革。与此同时，2010年以来教育部与行业（协会）已举办20余次对话活动，大力营造职业教育与行业对接的舆论氛围，这与21世纪初推行的将大部分行业院校从行业剥离的教育体制改革形成了鲜明的对比。

六是运行机制的变化。2011年8月，《教育部关于推进中等和高等职业教育协调发展的意见》发布，围绕培养目标、专业设置、课程教材、教学过程、信息技术、招生考试、评价模式、师资队伍、产教合作、职教集团十个方面对中高职协调发展勾勒了初步的政策框架，由此推动全国范围内的"3+2"和"五年一贯制"职业教育模式再次升温。

七是办学任务的变化。2011年9月，教育部、财政部发布《教育部 财政部关于支持高等职业学校提升专业服务产业发展能力的通知》，启动"支持高等职业学校提升专业服务能力"项目，面向全国近千所公办高职院校申报，赋予了高职院校服务产业体系建设的职能。

《教育部关于加强高职高专教育人才培养工作的意见》明确指出，自20世纪90年代以来，我国高等专科教育、高等职业教育和成人高等教育（以下简称高职高专教育）有了很大的发展，为社会主义现代化建设事业培养了大批急需的各类专门人才，提高了劳动者的素质，对于建设社会主义精神文明，促进社会进步和经济发展起到了重要作用。同时，涌现出一批教学改革成效较大、办学特色较鲜明、办学实力较强的高等专科学校、高等职业学校和成人高等学校。但从高职高专教育人才培养工作的全局看，发展还很不平衡，还存在着办学特色不甚鲜明、教学基本建设薄弱、课程和教学内容体系亟待改革等问题。高职高专教育人才培养工作的基本思路是：以教育思想、观念改革为先导，以教学改革为核心，以教学基本建设为重点,注重提高质量,努力办出特色。力争经过几年的努力,形成能主动适应经济社会发展需要、特色鲜明、高水平的高职高专教育人才培养模式。高职高专教育人才培养模式的基本特征是:以培养高等技术应用性专门人才为根本任务;以适应社会需要为目标、以培养技术应用能力为主线设计学生的知识、能力、素质结构和培养方案,毕业生应具有基础理论知识适度、技术应用能力强、知识面较宽、素质高等特点;以"应用"为主旨和特征构建课程和教学内容体系;实践教学的主要目的是培养学生的技术应用能力,并在教学计划中占有较大比重;"双师型"(既是教师,又是工程师、会计师等)教师队伍建设是提高高职高专教育教学质量的关键;学校与社会用人部门结合、师生与实际劳动者结合、理论与实践结合是人才培养的基本途径。

"十五"期间,高等职业教育是发展的重点,招收初中毕业生实行五年制高等职业教育是一种成功尝试,受到学生和用人单位的欢迎。从1998年到2003年,全国高等职业教育招生数从43万人增加到200万人,在校学生从117万人增长到480万人,分别增长了3.7倍和3.1倍,占全国普通高校当年招生数的52.3%和在校学生数的42.3%。2004年,全国共有独立设置的高等职业院校908所,占全国普通高校总数的58.5%,基本形成了每个地市至少设置一所高等职业院校的格局,成为与地方经济社会发展和人民群众利益联系最直接、最密切的高等教育办学机构。① 同期,民办高等职业院校164所,占高职院校数的18%,呈现办学主体多元化的态势。2008年,高等职业院校共有1184所,年招生达到310多万人,在校生达到900多万人,高等职业院校招生规模占到了普通高等院校招生规模的一半。② 高等职业院校首次就业率达到68%,毕业生质量得到行业企业和社会的广泛认同。③ 湖南永州职业技术学院、贵州商业高等专科学校、无锡商业职业技术学院等一批高职院校成为坚持就业导向办学的先进典型,青岛职业技术学院、温州职业技术学院、江苏农林职业技术学院、上海商业职业技术学院、辽宁农业职业技术学院、新疆农业职业技术学院等成为"围绕产业办专业,办好专业促产业"的先进典型。到2019年,高职学校规模发展到1423所,在校生达1281万人,5.8万个专业点覆盖了国民经济的主要领域,毕业生半年后就业率在90%以上。高职生绝大部分来自农村和城市中低收入家庭,近年来,850万家庭通过高职教育拥有了第一代大学生,有力促进了教育公平、社会公平。另据统计,在现代制造业、战略性新兴产业和现代服务业等领域,一线新增的从业人员70%以上来自职业院校,有力提升了我国人力资本素质,支撑了经济社会发展。④

二、示范校(骨干校)、优质校建设"在平原上立旗杆"

国家一贯重视骨干示范学校建设,《中国教育改革和发展纲要》中提出要重点建设和努

---

① 周济. 办好人民满意教育,建设人力资源强国[M]. 北京:人民教育出版社,2014:226-227.
② 周济. 办好人民满意教育,建设人力资源强国[M]. 北京:人民教育出版社,2014:145.
③ 周济. 办好人民满意教育,建设人力资源强国[M]. 北京:人民教育出版社,2014:146.
④ 梁国胜. 实施"双高计划"舞起发展龙头[N]. 中国青年报,2019-04-15.

力办好一批骨干示范学校,《国务院关于大力发展职业技术教育的决定》中也强调"要有计划地对现有各类职业技术学校加强规范化建设,并集中力量办好一批起示范和骨干作用的学校"。2006年,教育部、财政部联合实施国家示范校(骨干校)项目,2010年11月30日,教育部、财政部发布《关于确定"国家示范性高等职业院校建设计划"骨干高职院校立项建设单位通知》。全国示范高职院校是指整体办学水平比较好的学校,全国骨干院校则是指在某些专业具备较高办学水平的学校。高职示范校项目相当于本科教育的"211"工程,体现"地方为主、中央引导、突出重点、协调发展"的建设原则,有效拉动了地方政府对高职教育的投入,调动了高职院校改革建设的积极性,发挥了发展的典范和改革的先锋作用,提升了学校的办学水平,提高了高职教育的社会影响力,建成了一批代表国家水平并在世界领先的高职院校。示范建设院校在探索校企合作办学体制机制、工学结合人才培养模式、单独招生试点、增强社会服务能力、跨区域共享优质教育资源等方面取得了显著成效,引领了全国高职院校的改革发展方向。

(一)示范校建设

2006年,针对高等职业院校存在的办学条件相对较差,"双师型"专业教师数量不足,质量保障体系不够完善,办学机制改革有待突破等问题,教育部、财政部发布《关于实施国家示范性高等职业院校建设计划加快高等职业教育改革与发展的意见》,启动了被称为"高职211"的国家示范性高职院校建设计划。示范校计划按"地方为主、中央引导、突出重点、协调发展"的原则,遴选100所高职院校进行重点建设,于2006—2010年分批实施,按年度、分地区推进,实现稳步发展。总体目标是通过实施国家示范性高等职业院校建设计划,使示范院校在办学实力、教学质量、管理水平、办学效益和辐射能力等方面有较大提高,特别是在深化教育教学改革、创新人才培养模式、建设高水平专兼结合专业教学团队、提高社会服务能力和创建办学特色等方面取得明显进展。在此基础上,发挥示范院校的示范作用,带动高等职业教育加快改革与发展,逐步形成结构合理、功能完善、质量优良的高等职业教育体系,更好地为经济建设和社会发展服务。具体任务是支持100所高水平示范院校建设,60万以上在校生直接受益,为社会提供各类培训200万人次;重点建成500个左右产业覆盖广、办学条件好、产学结合紧密、人才培养质量高的特色专业群;培养和引进高素质"双师型"专业带头人和骨干教师,聘请企业行业技术骨干与能工巧匠,专兼结合的专业教师队伍建设取得明显成效;建成4000门左右优质专业核心课程,1500种特色教材和教学课件,每个专业带动区域和行业内3个以上相关专业主干课程水平的提高,教学质量显著提升;围绕国家重点支持发展的产业领域,研制并推广共享型教学资源库,为学生自主学习提供优质服务;运用现代信息手段,搭建公共服务平台,为共享优质教学资源提供技术支撑;推动示范院校与经济欠发达地区的对口支援,与区域内中高等职业院校的对口交流,促进高等职业教育整体质量的提升。建设内容是提高示范院校整体水平;推进教学建设和教学改革;加强重点专业领域建设;增强社会服务能力;创建共享型专业教学资源库;支持示范院校的改革试点工作;优先安排招生录取批次,鼓励开展单独招生试点,保证生源质量;支持示范院校根据经济社会发展需要灵活设置专业,逐步扩大跨省招生规模，示范院校跨省招生比例不低于30%，中部和东部地区示范院校对西部地区的招生比例不低于10%，提高服务社会的能力。建设学校要在人才培养模式、实验实训基地建设、师资队伍建设、课程体系与教学内容改革等方面取得实质性突破，做发展、改革、管理的模范，带动高职院校的整体改革，提高高职院校质量。

> **专栏2-6　示范院校的入选条件**
>
> 领导能力领先。学校领导班子办学理念先进，具有战略思维、科学决策能力和较强的资源整合能力。
>
> 综合水平领先。学校办学定位准确，具备较好的师资、设备、经费等条件，教学质量好，就业率高，有较高的社会认可度。
>
> 教育教学改革领先。与区域经济社会发展联系紧密，形成产学研结合的长效机制，以就业为导向，人才培养模式改革成效显著。
>
> 专业建设领先。专业建设理念先进，特色鲜明，在教师队伍建设、实习实训基地建设、推行"双证书"制度、课程和教材建设等方面取得明显进展。
>
> 社会服务领先。积极承担面向区域产业发展的社会培训，主动为行业企业提供应用技术开发等科技服务，在区域高等职业教育发展中具有明显的带动作用。
>
> ——资料来源：教育部，财政部. 教育部 财政部关于实施国家示范性高等职业院校建设计划加快高等职业教育改革与发展的意见[EB/OL].

(二)骨干校建设

2010年11月30日，教育部、财政部发布《教育部 财政部关于确定"国家示范性高等职业院校建设计划"骨干高职院校立项建设单位通知》，确定"国家示范性高等职业院校建设计划"骨干高职院校立项建设名单，北京信息职业技术学院等100所高等职业院校入围。骨干校从2010年起分三批建设，每批项目建设周期为3年。该计划旨在引导建设院校创新办学体制机制，以专业建设为核心，加强内涵建设，提高人才培养质量，带动本地区高等职业教育整体水平的提升。明确中央专项资金主要用于支持建设院校重点进行专业内涵建设与体制机制创新。要求有关地方政府履行申报承诺，将建设院校纳入本地经济社会和产业发展规划，切实支持建设院校的改革与发展；建设院校由政府、行业、企业多方共建，合作解决发展规划、经费筹措、基础建设、政策措施等问题，建立合作办学的长效运行机制；落实吸引企业参与办学的优惠政策，建立顶岗实习制度，优化建设院校校企合作发展环境；提前建设院校的招生录取批次，指导开展高职单独招生考试改革试点；保证2020年以前建设院校不升格为本科院校。建设院校要建立校企合作长效运行机制，确保由企业兼职教师承担的专业课学时比例达到50%以上；要将职业资格标准融入教学内容，实施"双证书"制度。要将企业经历和实践锻炼要求纳入专任教师评聘、使用和激励政策，新进教师一般应具有2年以上企业工作经历；3年建设期内，确保专任专业教师的"双师"素质比例达到90%以上。

(三)优质校建设

优质专科高等职业院校是教育部依据《教育部办公厅关于开展〈高等职业教育创新发展

行动计划(2015—2018年)〉项目认定的通知》有关要求,和各地有关行业职业教育教学指导委员会函报推荐名单,通过《教育部关于公布〈高等职业教育创新发展行动计划(2015—2018年)〉项目认定结果的通知》认定的200所高等职业院校。

2015年9月8日,教育部发布《〈高等职业教育创新发展行动计划(2015—2018年)〉征求意见公告》。2015年10月19日,《教育部关于印发〈高等职业教育创新发展行动计划(2015—2018年)的通知〉》发布,提出要建设一批"办学定位准确、专业特色鲜明、社会服务能力强、综合办学水平领先、与地方经济社会发展需要契合度高、行业优势突出"的优质院校,明确了优质高职院校建设的基本条件。提出要"持续深化教育教学改革、大幅提升技术创新服务能力、实质性扩大国际交流合作、培养杰出技术技能人才,增强专业教师和毕业生在行业企业的影响力,提升学校对产业发展的贡献度,争创国际先进水平",明确了优质院校建设的内容和任务。

2019年4月9日,《教育部办公厅关于开展〈高等职业教育创新发展行动计划(2015—2018年)〉项目认定的通知》发布,"优质专科高等职业院校建设"项目属此次认定范围。

2019年6月10日,教育部职业教育与成人教育司发布《〈关于高等职业教育创新发展行动计划(2015—2018年)〉项目认定名单的公示》(以下简称《公示》),《公示》中认定200所高等职业院校为优质专科高等职业院校。

2019年7月1日,教育部职业教育与成人教育司发布《教育部关于公布〈高等职业教育创新发展行动计划(2015—2018年)〉项目认定结果的通知》(以下简称《通知》),《通知》中认定200所高等职业院校为优质专科高等职业院校。同时,该《通知》还认定了骨干专业、生产性实训基地、"双师型"教师培养培训基地、虚拟仿真实训中心、协同创新中心、技能大师工作室等项目的入围名单。

三、"双高"建设"在高原上树高峰"

目前,职业教育仍然是我国教育体系的薄弱环节,中等和高等职业教育在专业、课程与教材体系、教学与考试评价等方面仍然存在脱节、断层或重复现象,职业教育整体吸引力不强,与加强技能型人才系统培养的要求尚有较大差距。[1]

我国高等职业教育依然存在很多新老问题。一是职业教育体系建设不够完善,本科层次职业教育还很薄弱,技术技能人才向上成长的渠道还不够通畅;二是制度标准不够健全,办学特色不鲜明,很多方面参照普通教育办学,实训基地建设有待加强,教材、课程与生产实际脱节,滞后于产业发展和技术进步;三是各地对高职教育的支持力度不平衡,有的没有把职业教育摆在更加突出的位置,生均经费等保障政策还不健全,企业参与办学的积极性不高;四是部分高职院校发展自信不足,不是集中力量立足本位、提高质量、办出特色,而是把工作的着力点放在了推动学校升格上;五是"崇尚一技之长、不唯学历凭

---

① 教育部. 教育部关于推进中等和高等职业教育协调发展的指导意见[EB/OL].

能力"的良好氛围还未形成，技术技能人才在就业和发展上还存在不平等待遇，导致高职教育社会吸引力不强。[①]

2019年颁布的《国家职业教育改革实施方案》中明确提出，"职业教育与普通教育是两种不同教育类型，具有同等重要地位"，"经过5～10年时间，职业教育基本完成由政府举办为主向政府统筹管理、社会多元办学的格局转变，由追求规模扩张向提高质量转变，由参照普通教育办学模式向企业社会参与、专业特色鲜明的类型教育转变，大幅提升新时代职业教育现代化水平，为促进经济社会发展和提高国家竞争力提供优质人才资源支撑"。高职教育要走一条以学生为中心、以结果为导向、以专业建设为抓手的内涵式发展之路，这是"后示范""后骨干""后名校"时期的必由之路。

(一) 酝酿准备阶段

2004年，《教育部关于以就业为导向深化高等职业教育改革的若干意见》提出，"要在全社会倡导并树立不同层次、不同类型学校都能办出一流教育的思想"。2006年，伴随示范校的建设，一些高职院校也相继提出了建设一流高职院校的战略目标。

2014年6月，《国务院关于加快发展现代职业教育的决定》中明确提出，到2020年，形成"具有中国特色、世界水平的现代职业教育体系"及"建成一批世界一流的职业院校和骨干专业，形成具有国际竞争力的人才培养高地"的目标任务。《现代职业教育体系建设规划(2014—2020年)》中提出了"服务国家对外开放战略，培育一批具有国际竞争力的职业院校"的建设任务。中央财政从2014年起实施"现代职业教育质量提升计划"，推动各地建立完善以促进改革和提高绩效为导向的高等职业院校生均拨款制度；重点支持中等职业学校改善基本办学条件，开发优质教学资源，提高教师素质；推动建立发达地区和欠发达地区中等职业教育合作办学工作机制。

2014年年底，教育部公布的《关于深化职业教育教学改革全面提高人才培养质量的若干意见(征求意见稿)》又把"建成一批世界一流的职业院校和骨干专业"明确为"建设一批世界一流的高职院校和骨干专业"，且加上了要"扩大国际交流与合作"的内容。

2015年，教育部启动实施《高等职业教育创新发展行动计划(2015—2018年)》和《职业院校管理水平提升行动计划(2015—2018年)》。

(二) 启动实施阶段

2018年11月14日，中央全面深化改革委员会第五次会议审议通过了《国家职业教育改革实施方案》。2019年1月24日，国务院印发《国家职业教育改革实施方案》，提出将启动实施中国特色高水平高等职业学校和专业建设计划，建设一批引领改革、支撑发展、中国特色、世界水平的高等职业学校和骨干专业(群)。

2019年2月28日，"双高计划"基本条件各项指标的统计时间截止，同《关于〈高等职业教育创新发展行动计划(2015—2018年)〉执行情况及2018年有关工作完成情况的通报》数据统计截止时间。

---

① 梁国胜. 实施"双高计划" 舞起发展龙头[N]. 中国青年报，2019-04-15.

"双高"建设引领技能社会

2019年3月29日，教育部、财政部发布《关于实施中国特色高水平高职学校和专业建设计划的意见》。2019年4月4日，全国深化职业教育改革电视电话会议在京召开。中共中央政治局常委、国务院总理李克强作出重要批示，指出：发展现代职业教育，是提升人力资源素质、稳定和扩大就业的现实需要，也是推动高质量发展、建设现代化强国的重要举措。要坚持以习近平新时代中国特色社会主义思想为指导，认真贯彻党中央、国务院决策部署，结合完成2019年扩招100万人的任务，瞄准市场需求和推动中国制造、中国服务迈向中高端，进一步改革完善职业教育制度体系，积极鼓励企业和社会力量兴办职业教育，补上突出短板，推动产教融合，着力培育发展一批高水平职业院校和品牌专业，加快培养国家发展急需的各类技术技能人才，完善人才评价激励机制，持续推进职业技能提升行动，让更多有志青年成长为能工巧匠，在创造社会财富中实现人生价值，为经济社会持续健康发展提供更好的人力人才资源保障。

2019年4月16日，教育部、财政部印发《中国特色高水平高职学校和专业建设计划项目遴选管理办法（试行）》。2019年4月18日，教育部办公厅、财政部办公厅发布《关于开展中国特色高水平高职学校和专业建设计划项目申报的通知》。2019年4月29日至5月15日，申报院校按要求填写《中国特色高水平高职学校和专业建设计划申报书》，并上传建设方案及佐证材料电子版。

2019年5月22日至24日，中共中央政治局委员、国务院副总理孙春兰在江苏调研时强调，要深入贯彻习近平总书记关于职业教育的重要指示批示精神，认真落实《国家职业教育改革实施方案》，加快建设现代职业教育体系，为推进教育改革、补齐人才短板、推动高质量发展贡献力量。她强调，实施好"双高计划"，集中优势资源打造中国特色高水平高职学校和专业。

2019年10月24日，教育部、财政部发布《关于中国特色高水平高职学校和专业建设计划拟建单位的公示》，立项中国特色高水平高职学校和专业建设计划建设单位197个。

2019年12月10日，《教育部 财政部关于公布中国特色高水平高职学校和专业建设计划建设单位名单的通知》发布，共197所学校入选，其中56所高职学校入选高水平学校建设，141所高职学校入选高水平专业群建设。"双高计划"建设每五年一个支持周期，每年将投入20亿左右。

早在2014年，教育部等六部门在《现代职业教育体系建设规划（2014—2020年）》中，就明确提出到2020年建成一批高水平职业院校，各类职业院校人才培养水平大幅提升。中央财政每年引导资金20余亿元对"双高计划"给予奖补支持，这是职业教育凸显类型教育特色的重要战略部署，是整体提升职业教育品质的重要发展契机，是落实职业教育与普通教育"具有同等重要地位"的重要制度安排。

从工作定位来讲，"双高计划"对高职教育战线而言，是要在"后示范"时期明确优秀学校群体的发展方向；对职业教育战线而言，明确如何引领新时代职业教育改革创新、加快实现职业教育现代化；对经济社会发展而言，明确如何服务国家战略和回应民众关切。从工作目标上讲，"双高计划"就是要坚定走中国特色职业教育发展道路，坚持扶优扶强与提升整体保障水平相结合,着力建设一批促进区域经济转型发展、支撑国家战略、具有国际先进水平的高职学校,着力建设一批服务、支撑、推动国家重点产业和区域支柱产业的高水平专业群,实现"当地离不开,业内都认同,国际可交流"。

总的来看,示范校、骨干校建设比肩普通高校的"211"工程项目,强调国内领先。然而,200所示范校和骨干校有一部分没有进入"双高"建设名单,有61所非示范校和骨干校入围。

四、"双高"建设站在历史新起点上

2019年国务院发布的《国家职业教育改革实施方案》,开启"双高"建设计划。2019年3月5日,李克强总理在2019年政府工作报告中提出,"要改革完善高职院校考试招生办法,鼓励更多应届高中毕业生和退役军人、下岗职工、农民工等报考,今年大规模扩招100万人",部署了高职扩招100万人的新任务;2020年"两会"期间,李克强总理提出今明两年高职院校将继续扩招200万人。可以说,职业教育迎来了历史上最好的政策机遇期,但是同时也面临着产业升级的严峻考验,以及如何实现更高质量与更充分就业的巨大挑战。"双高"学校经过"爬坡过坎",正处在从高原带向高峰攀登的关键期,要以提升职业教育质量为主线,确保有质量扩招,着力进入一流高水平职业院校和品牌专业前列,加快培养国家发展急需的各类技术技能人才,让更多有志青年在创造社会财富中实现人生价值,不断增强职业教育的认可度和吸引力。

(一)发展状况

1. 师资强、体量大

我国高职学校数量从1978年的98所增长到2019年的1423所,学生数从1978年的近38万人增长到2019年的1281万人。根据2019年《政府工作报告》量化指标任务落实情况,2019年高职院校全年计划扩招100万人,经过各方共同努力,全年实际完成扩招116.45万人。[①]

据测算,2019年,全国普通高等学校校均规模11260人,其中,本科院校15179人,高职(专科)院校7776人。[②] 而同期"双高"校的校均规模绝大多数在此以上。如深圳职业技术学院现有全日制在校生22000余人,山东商业职业技术学院现有全日制在校生15000余人等。医学、工艺美术类学校人数大多不过万,如天津医学高等专科学校现有护理等19个专业,在校生7400余人。此外,受首都人口控制政策影响,北京电子科技职业学院现有全日制在校生6500余人。

2019年,我国职业教育专任教师超过135万人,其中"双师型"教师超过48万人,占

---

① 柴葳,焦以璇,梁丹. 2019年《政府工作报告》量化指标任务落实情况:高职院校全年完成扩招116.45万人[EB/OL].
② 教育部. 2019年全国教育事业发展统计公报[EB/OL].

比达35%。其中，高职专任教师超过51万人，"双师型"教师占比达40%。①"双高"校大多拥有雄厚的师资力量，如深圳职业技术学院现有教职员工2380人，其中专任教师1243人，正高217人，副高657人，博士408人，享受国务院特殊津贴专家2人，珠江学者5人，海外高层次人才25人，国家"万人计划"教学名师1人，国家级教学名师3人，省级教学名师8人，国家特支计划教师1人，广东特支计划教学名师4人。北京电子科技职业学院现有教职工927人，拥有国家级教学团队、北京市优秀教学团队、学术创新团队和专业创新团队8个。

2. 投入足、硬件强

"双高"校多数具有充足的资金投入。据统计，2020年全国高等职业院校预算"100强"中，广东有14所高职上榜，河北、重庆各有11所、10所高职上榜。"100强"中前两所均来自广东深圳，分别是深圳职业技术学院、深圳信息职业技术学院，年度总预算在10亿元以上。其中，深圳职业技术学院的年度预算达到了21亿元，按照生均费用计算，每位学生的费用达到了9.4万元，生均费用指标可以排在全国前70，超过了大连理工大学、中南大学、吉林大学等一众"双一流"高校的生均费用。②

"双高"校一般还具有较强的硬件水平。如深圳职业技术学院现有留仙洞、西丽湖、官龙山、华侨城、凤凰山五个校区，校园总面积212万平方米，学校产权校舍建筑面积57.34万平方米，其中教室10.75万平方米，图书馆5万平方米，体育馆3.34万平方米，实训实习场所10.14万平方米；现有固定资产总值23.66亿元，其中教学仪器设备总值9.58亿元，教学用计算机14525台；图书馆藏有纸质图书261.2万册，电子图书130万册，电子期刊60.54万册，中外文数据库46个，音视频16.07万小时。金华职业技术学院校内实训场所总面积15万余平方米，另有校外基地840家。无锡职业技术学院现有中桥、太湖两个校区，建有2个国家级实训基地、5个省级实训基地、2个省高职教育产教深度融合实训平台项目、4个基础实验中心、8个专业大类实训中心。广州番禺职业技术学院建有38个校内实训基地、252个校外实训基地，现有全日制在校生11631人，校园峰峦起伏，繁花似锦，被称为国内最美丽的大学之一。

3. 专业精、特色明

《普通高等学校高等职业教育（专科）专业目录》（截至2020年）共设19个专业大类、99个专业类，共779个专业，基本覆盖国民经济各领域人才需要。"双高"校大多在专业设置上注重"办精品、办特色"。如广州番禺职业技术学院拥有玩具设计与制造、视觉传播设计与制作、酒店管理、计算机网络技术、金融管理、珠宝首饰工艺及鉴定6个国家示范性高职院校重点建设专业。淄博职业学院拥有国家级职业教育实训基地4个，国家重点建设专业8个。金华职业技术学院拥有国家重点支持建设的示范专业3个，省"十三五"优势专业6个、特色专业6个，省级重点学科1个。顺德职业技术学院拥有国家教育改革试点专

---

① 陈子季. 强化"双师"素质 锻造新时代"工匠之师"[N]. 中国教育报，2020-10-26.
② 根据各高职院校2020年部门预算信息整理。

业 2 个(制冷与空调技术、家具艺术设计)、中央财政支持重点专业 2 个(工业设计、烹饪工艺与营养)。

4. 品牌多、质量高

"双高"校意味着高质量的办学水平,经过多年积累,在众多领域打造了品牌。如深圳职业技术学院拥有国家级教学成果奖 14 项,国家职业教育专业教学资源库 3 项,国家重点支持建设示范专业 12 个,中央财政支持实训基地 9 个,国家级精品教材 12 部,国家精品课程 53 门,国家级精品资源共享课 43 门。在"2019 广州日报高职高专排行榜"和"金平果 2019 高职高专院校竞争力排行榜"中,深圳职业技术学院均位列第一。在高等专科学校科研经费年度 TOP30 榜单中,常州工程职业技术学院、深圳职业技术学院、江苏农林职业技术学院、苏州农业职业技术学院这 4 所学校连续十年榜上有名(图 2-2)。其中,常州工程职业技术学院和深圳职业技术学院多次位列前两名,表现尤为突出。

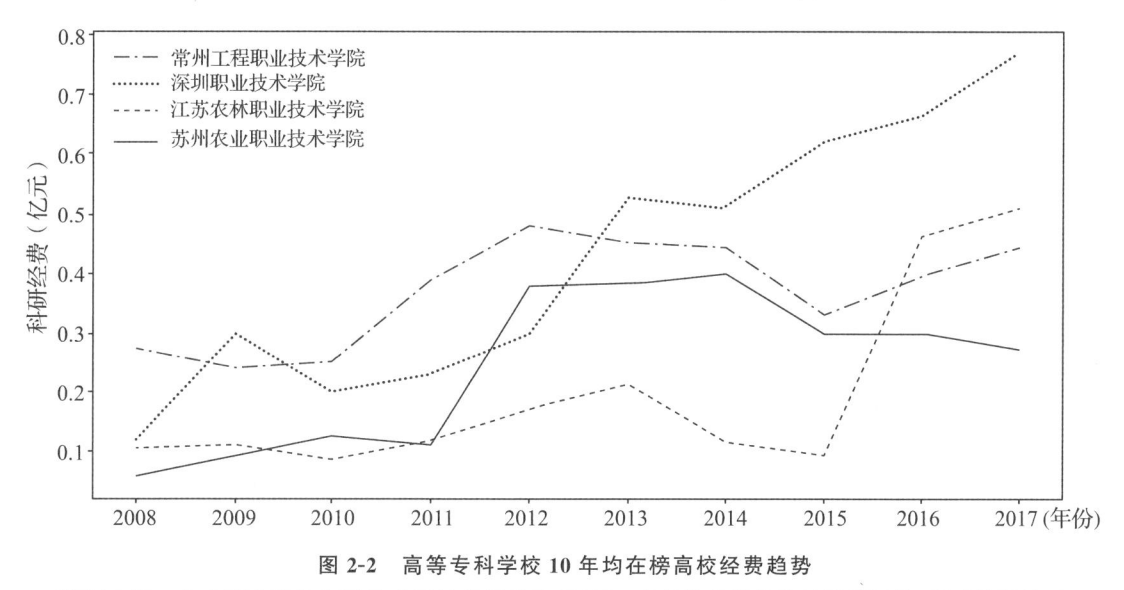

图 2-2 高等专科学校 10 年均在榜高校经费趋势

(资料来源:方略研究院数据团队根据教育部科技司每年《高等学校科技统计资料汇编》所列数据整理)

近五年来,深圳职业技术学院累计承担各级各类科研课题 1938 项,其中国家级项目 25 项,省部级项目 162 项,市区级项目 281 项,科研总经费达到 3.35 亿元,其中技术转移(横向科研)项目到账经费 1.21 亿元。江苏农林职业技术学院和江苏农牧科技职业学院进步迅速,江苏农林职业技术学院在 2016—2017 年连续两年排名第二,江苏农牧科技职业学院在 2015 年之前未曾入围年度前十名,但在 2016 年和 2017 年,却分列第三与第四名。无论从上榜高校数量,还是从排名靠前的高校数量来看,长三角与珠三角地区高等专科学校均拥有绝对优势。近十年来,高等专科学校科研经费虽然在数额上始终与本科高校差距较大,但增长率却远高于本科院校,实现了自身的飞跃。[①]

---

① 方略研究院. 内地高校科研经费的最全排名[EB/OL].

5. 出口严、效益好

"双高"学校敢于"严进严出",杜绝毕业"清考",执行学业预警制度和学业不达标处理,对未能达到毕业资格的同学说"不"。据统计,深圳职业技术学院2018学年以来,处理学业未达标学生共185人,其中退学27人,留级158人。2019年,7364名专科毕业生毕业率为87%,957名同学只拿到了结业证,其中未取得职业资格证书的有414人,必修课未通过的有706人;本科生毕业率97%,有10人未拿到毕业证。[①]

严格的毕业学生质量标准带来的是较高的就业质量和薪酬水平。近些年来,全国高职毕业生就业率均超过90%。高职毕业生就业满意度由2015届的61%持续上升至2019届的66%,2019届高职毕业生平均月收入为4295元,剔除通货膨胀因素的影响后,五年来高职生起薪涨幅为15.7%。[②]截至2019年9月1日,深圳职业技术学院2019届专科毕业生的初次就业率为96.08%,本科毕业生的初次就业率为92.95%。毕业生就业量较大的行业类为建筑业(10.2%)、信息传输/软件和信息技术服务业(9.2%)、零售业(6.8%)、教育业(6.8%)。毕业生主要从事行政/后勤(10.9%)、建筑工程(9.1%)、销售(8.5%)等工作。主要用人单位类型是民营企业/个体(69%),毕业生主要就业于300人及以下(61%)规模的中小型用人单位。2018届已就业的毕业生中,有97.5%的人在广东就业,毕业生就业量较大的城市为深圳市(91.9%),毕业一年后的平均月收入为5592元;毕业半年内的离职率为42%,多数毕业生就业情况稳定;毕业生对母校的总体满意度为97%,愿意推荐母校的比例为84%。2019届毕业生的工作与专业相关度为61%,就业现状满意度为69%(全国示范性高职2018届毕业生为67%)。2019届毕业生从毕业到目前,有超过38%的毕业生在薪资或职位上有过提升。近四届毕业生毕业一年内自主创业比例达5%,毕业三年后创业比例为12.7%。学校累计培养了10万余名专科毕业生,多项人才培养质量指标位居全国高职院校前列。[③]

(二)发展趋势

"双高"院校一路走来,综合实力不断壮大,核心竞争力逐步提升,成为职业教育的中坚力量、高等职业院校的领跑者。站在新的历史起点上,面对职业教育的新机遇与新挑战,"双高"院校需要紧跟时代步伐,打赢高职教育提质升级攻坚战。

1. 质量型扩招

规模和质量的协调问题一直是高等教育的主矛盾。2019年,高职扩招100多万,达到460万的招生规模,占据高等教育的"半壁江山",这预示着职业教育的一场"大变革",推动我国高等教育进入普及化阶段。继2019年高职院校扩招100万人之后,2020年和2021年高职院校继续扩招200万人,职业技能培训3500万人次以上,继续将退役军人、下岗失业人员、外来务工人员和新型职业农民等纳入招生范围。面对质量提升和规模急速扩

---

① 深圳职院957人只有结业证学校:未达毕业资格[EB/OL].
② 王伯庆,马妍. 就业蓝皮书:2020年中国高职高专生就业报告[M]. 北京:社会科学文献出版社,2020.
③ 深圳职业技术学院. 深圳职业技术学院2019年度毕业生就业质量年度报告[R]. 2020-01-07.

张，规模与质量的矛盾冲突将在高职情境中瞬间白热化，考验着高职院校的柔韧性。中央财政在2019年安排237亿元用于支持高职扩招，但这个财政增量主要是用于提高生均拨款水平，不可能考虑太多硬件资源的财政投入，这一压力最终还是要传导至高职院校身上。高职生源经历过以普高生为主，到"三校生"（中专生、技校生与职高生）渐成主体的变化过程。① 一些高职院校在生源质量下降、教师上课效果难以保证的情况下，甚至不时传出为了保证生源质量而降低"三校生"招生比例的声音。对于100万的扩招生源以及连续扩招，国家的部署很明确：一是提高普高生的录取比例，鼓励高中生进入高职院校就读；二是取消高职招收中职生的比例，提升中职生免试入学率；三是向社会化生源开放，试行注册入学制，使大量的退役军人、下岗职工及农民工进入高职学校学习，学生质量的差异性、学生来源的非预期性都会增加。孙春兰副总理在2019年4月4日召开的全国深化职业教育改革电视电话会议上，要求扎实做好高职扩招100万工作，针对不同群体制定切合实际的招生办法和培养途径，保证培养质量，充分释放扩招的政策效应。②

2. 调整专业

前期受本科院校"双一流"建设的影响，部分高职院校为了冲刺国家优质校认定和"双高计划"遴选，也提前启动了撤并专业、紧缩规模的计划，以提升专业群核心竞争力，转向高质量、有特色的发展方向。入选"双高"的高职院校正着重进行"专业群"的建设和"专业"的品牌化，以核心专业带动其他专业的发展。

专业群建设是推进高职院校提高教育供给质量、增强核心竞争力的重大制度设计。科学组群是发挥专业群集聚效应的前提。从院校整体专业布局来看，需要面向区域或行业重点产业，结合自身办学资源和办学特色，找准专业结构和产业结构的映射关系，形成"对接产业、动态调整、自我完善的专业群建设发展机制"。具体到某个专业群的组建，首先须处理好专业组群的内外逻辑关系。其次，专业组群发展必然导致原有专业课程的解构，为避免出现"貌合神离"的发展状态，课程的重构将是专业群建设的核心，也是基础，须在兼顾整体和局部、共性和个性、当前和长远的基础上，深入研究课程组合的范围、类别和方式。再次，专业群作为一种新的教学组织形态，要求建立与之相适应的、科学有效的管理运行方式，这是专业群建设的难点，是对现有管理体制的突破，即突破壁垒障碍和刚性约束，在宏观、中观、微观层面构建起系统的、柔性的管理机制。③

3. 升级换代

高职院校要在产业基础高级化、产业链现代化的基础上，实现专业发展升级换代，推动"人工智能+"专业，畅通价值链、产业链和人才链的链接。中央提出的产业基础高级化、产业链现代化，既是与当今世界科学技术革命和产业变革大格局相呼应的产业持续升级和进化过程，也是与新时代中国产业体系迈上新台阶、跨入新阶段要求相适应的产业不断完善和优化的过程。产业基础能力无论对产业发展质量、发展潜力和可持续性，还是对

---

① 高职扩招100万 面临规模增长和质量提升双考验[EB/OL].
② 李克强对全国深化职业教育改革电视电话会议作出重要批示[EB/OL].
③ 任占营. 高职院校专业群建设的变革意蕴探析[J]. 高等工程教育研究，2019(6)：4-8.

产业链、价值链的控制都具有决定性影响。产业基础高级化应当是产业基础能力高度化、产业基础结构合理化和产业基础质量巩固化的统一。其中，能力高度化意味着建立和实现全流程、全要素、高技术、高效益、高保障产业体系的过程；结构合理化意味着产业内和产业间以及底层结构要素间呈现关系协调、比例恰当、技术集约、组织顺畅和运转安全的动态优化、适配过程；质量巩固化意味着生产活动中要素效率和组织效率以及所提供的产品和服务附加值稳定提高的过程。产业基础高级化是中央的新提法，是在当前中国经济向高质量发展转型的背景下，对产业基础能力、产业基础结构和产业基础质量发展方向的判断。

产业链是指各个产业部门之间基于一定的技术经济联系和时空布局关系而客观形成的链条式关联形态，通常可以从价值链、企业链、供需链和空间链四个维度予以考察。产业链涵盖产品生产或服务提供的全过程，包括动力提供、原材料生产、技术研发、中间品制造、终端产品制造乃至流通和消费等环节，是产业组织、生产过程和价值实现的统一。产业链现代化是产业现代化内涵的延伸、细化，其实质是用当代科学技术和先进产业组织方式武装、改造产业链，使产业链具备高端链接能力、自主可控能力和领先于全球市场的竞争力水平。从产业链维度看，产业链现代化体现在价值链各环节的价值增值、企业链上下游分工的有序协同、供需链连接性的效率与安全均衡、空间链区域布局的集聚与扩散协调。从产业链运转形式看，产业链现代化体现在产业链韧性、产业链协同和产业链网络化3个方面。产业链韧性指通过企业链中纵向、横向各类企业的转型升级，不断提高整个产业链的技术经济水平，或重构产业链，使其得以在高端方向适应更宽的市场范围，应对更复杂的市场不确定性。产业链协同指通过价值链、企业链、供需链和空间链的优化配置和提升，使产业链在纵向上下游各环节和横向多种功能互补间实现效率提升和成本优化。产业链网络化指产业关联形态从线性链条式向立体网络式转变的高级化过程，即产业链向产业网转化。产业网内同类和不同产业组织之间形成交错、多维、泛连的立体网络结构，将不同组织所拥有的互补资源、知识和能力整合起来，一方面，通过协同效应和融合效应大大提高产业组织的效率，将外部交易成本内部化和最小化，从而降低产品和服务的单位成本；另一方面，无论是产业网内的节点组织还是产业网本身，都具备了相当程度的柔性和适应性。[1]

打好产业基础高级化、产业链现代化的攻坚战，既是中国当前积极应对世界经济不确定性、国际经贸摩擦以及经济下行压力，摆脱经济高质量发展困境的正确方针和现实需要，也是长期坚持实施创新驱动发展战略、做大做强实体经济、持续增强经济内生发展动力的客观要求和必然选择。

高职院校与其他本科院校合作举办本科专业由来已久，在专升本招生的升级换代中正发挥着重要的作用。深圳职业技术学院2012年首次招收本科生，截至2019年8月31日，共有应用型本科生929人。"双高"学校在专升本扩招中发挥重要作用，其中"优中选优"的

---

[1] 罗仲伟，孟艳华."十四五"时期区域产业基础高级化和产业链现代化[J].区域经济评论，2020(1)：32-38.

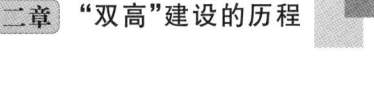

56所高职院校有可能成为本科层次职业教育的主力军，要为升本做准备，培养高素质复合型的一线技能与管理人才，为打好产业基础高级化、产业链现代化的攻坚战提供坚实的人才支撑。

4. 提质培优

2019年颁布的《国家职业教育改革实施方案》中明确指出，要经过5~10年，职业教育基本完成由政府举办为主向政府统筹管理、社会多元办学的格局转变，由追求规模扩张向提高质量转变，由参照普通教育办学模式向企业社会参与、专业特色鲜明的类型教育转变，大幅提升新时代职业教育现代化水平，为促进经济社会发展和提高国家竞争力提供优质人才资源支撑。着力推进高等职业教育高质量发展，把发展高等职业教育作为优化高等教育结构和培养大国工匠、能工巧匠的重要方式，使城乡更多新增劳动力接受高等教育。

2020年1月10日，教育部、山东省政府发布《教育部 山东省人民政府关于整省推进提质培优建设职业教育创新发展高地的意见》，部省率先共建国家职业教育创新发展高地，坚持把发展职业教育摆在更加突出的位置，支持山东以提质培优、增值赋能为主线，通过整省推进率先建立同经济社会发展需求密切对接、与加快教育现代化要求整体契合的新时代中国特色职业教育制度和模式，为山东省率先实现区域现代化提供技术技能人才支撑，为全国其他地区探索可复制的经验和模式，为推动全国职业教育大改革大发展找准突破口和着力点，开启部省合作推进整省提质培优发展职业教育的新篇章。

2020年9月23日，教育部等九部门印发《职业教育提质培优行动计划（2020—2023年）》（以下简称《行动计划》），标志着我国职业教育正在从"怎么看"转向"怎么干"的提质培优、增值赋能新时代，也意味着职业教育从"大有可为"的期待开始转向"大有作为"的实践阶段。《行动计划》规划设计了10项任务、27条举措。一方面，加强顶层设计，对落实立德树人根本任务、推进职业教育协调发展、完善服务全民终身学习的制度体系、深化职业教育产教融合校企合作、健全职业教育考试招生制度等进行部署；另一方面，聚焦关键改革，实施职业教育治理能力提升行动、"三教"改革攻坚行动、信息化2.0建设行动、服务国际产能合作行动、创新发展高地建设行动5项行动。文件附表细化了56个重点项目，国务院职业教育工作部际联席会议各成员单位分头推进，各地自愿承接，建立绩效管理平台，建设期满国家根据建设成效进行认定。《行动计划》一方面突出问题导向，以加快体系建设解决"出身不好"问题，以体制机制改革解决"外部不给力"问题，以加强内涵建设解决"自身质量不高"问题，整体推动职业教育提质培优；另一方面突出改革落地，进一步释放"职教20条"和部省共建职业教育创新发展高地的政策红利，以提质培优、增值赋能为主线，着力补短板、激活力、提质量，从"怎么看"转向"怎么干"，向改革"最后一公里"要效益。[①] 针对"双高"建设，《行动计划》明确指出，"扎实推进中国特色高水平高职学校和专业建设计划，加强绩效考核与评价，建成一批高技能人才培养培训基地和技术技能创新平

---

① 李桂云，潘超. 教育部职业教育与成人教育司司长陈子季：提质培优 加快构建中国现代职教体系[J]. 在线学习，2020(09)：25-30.

台","稳步推进本科层次职业教育试点,支持符合条件的中国特色高水平高职学校建设单位试办职业教育本科专业"。站在历史新起点上,"双高"学校要紧密围绕《行动计划》聚焦的重点、堵点和难点,将部署的举措和行动切实落实到学校自身的"双高"建设中,与中央、地方同向同行,真正形成因地制宜、比学赶超的工作格局,整体推进职业教育提质培优。

第三章 "双高"学校(专业)的关键特征

"双高"建设引领技能社会

"双高计划"既落实了《国家教育事业发展"十三五"规划》提出的"积极探索不同类型、不同层次高等学校的一流建设之路"的要求，也充分体现了《国家职业教育改革实施方案》中"职业教育与普通教育是两种不同教育类型，具有同等重要地位"的重要制度设计。自2019年4月以来，教育部、财政部协力推动项目落地，完成了顶层设计，提出"总量控制、动态管理、年度评价、期满考核，有进有出、优胜劣汰"的建设机制。按照公开、公平、公正原则，经过学校申报、省级推荐、遴选确定三个环节，确定了第一轮"双高计划"56所高水平学校和141所高水平专业群建设单位，明确了项目遴选坚持扶优扶强的原则，即质量为先、以点带面，兼顾区域和产业布局，支持基础条件优良、改革成效突出、办学特色鲜明的高职学校和专业群率先发展，发挥示范引领作用。《中国特色高水平高职学校和专业建设计划项目遴选管理办法（试行）》明确了省级、学校、专业三个层面的基本条件，尤其是学校层面的9项标志性成果，均是近年来教育部统一部署推动、面向高职战线的重大改革任务，均面向全部高职学校且经过竞争遴选，突出机会公平和过程公平。入选"双高"，既是莫大的荣誉，也是沉甸甸的责任，不是人造的"样板房"，而是实干的"标杆校"，是扎根中国大地、攀登世界水平的新起点，而非努力前行的终点站。"双高计划"实行国家、地方、学校三级推进，通过国家层面强有力的财政投入和专业指导咨询，引导高职学校立足办学定位，专注内涵发展，办出特色，真正实现"百花齐放"，引领职业教育高质量发展。地方加强政策支持和经费保障，对接区域经济社会发展需求，构建以"双高计划"学校为引领，区域内高职学校协调发展的格局。学校深化改革创新，聚焦建设任务，科学编制建设方案和任务书，健全责任机制，确保建设成效。通过政府、行业、企业、学校多方协同建设，集中力量建设一批引领改革、支撑发展、中国特色、世界水平的高职学校和专业群，打造一批高素质技术技能人才培养培训高地和技术技能创新服务平台，带动职业教育持续深化改革，支撑国家重点产业、区域支柱产业发展。

一、"双高"学校办学水平上的前期基础

"双高"学校布局既体现了质量，也兼顾了均衡；既参考了已有办学历史，又注重现实表现和未来前景。"双高"学校是从全国1423所高职学校中精挑细选出来的，仅占全国专科院校总量的13.84%，吸收了200所"示范校""骨干校"的精华部分（占比近3/4）和近年来办学业绩突出、特色鲜明的新进学校（占比超过1/4）。这显示出评审方式的公平性和团队活力，也显示出高等职业院校发展时间不长，基本上处于同一起跑线，学校之间的差距不大。

第三章 "双高"学校(专业)的关键特征

(一)项目校的"马太效应"

项目制是国家扶持地方发展的一大特色[①]，也是在资源不足条件下中央调动地方促进事业发展积极性的一大经验。"双高计划"遴选面向独立设置的专科高职学校(包括社会力量举办的专科高职学校)，分高水平学校和高水平专业群两类布局。这与以往的评审精神是一致的，即"名额控制、经费有限、优中选优"。对学校提出了"近两届获得过国家级教学成果奖励(第一完成单位)""主持国家级职业教育专业教学资源库立项项目且应用效果好""承担国家级教育教学改革试点且成效明显""建立校级竞赛制度，近五年承办过全国职业院校技能大赛"等9项标志性成果，这就不是唯一性评价而是综合性评价，不是一蹴而就而是多年积累的结果。以往的"示范(骨干)"院校和其他项目校，势必会"近水楼台先得月"，被赋予身份和地位的象征，在生源、师资、拨款、校企合作水平、就业率、就业质量等方面优势累计叠加，形成了高职院校的分层形塑，在学校规模、经费总收入、生均经费和教师薪酬等方面拉开了与有专业、实训等单项或无项目的普通学校之间的距离，也拉大了与民办学校之间的差距，并且随着时间的推移，项目校与普通校的差距日益显著。

各地推荐的示范(骨干)院校都是独立设置的高职高专院校，并具备以下基本条件：第一，领导能力领先。学校领导班子办学理念先进，具有战略思维、科学决策能力和较强的资源整合能力。第二，综合水平领先。学校办学定位准确，具备较好的师资、设备、经费等条件，教学质量好，就业率高，有较高的社会认可度。第三，教育教学改革领先。与区域经济社会发展联系紧密，形成产学研结合的长效机制，以就业为导向，人才培养模式改革成效显著。第四，专业建设领先。专业建设理念先进，特色鲜明，在教师队伍建设、实习实训基地建设、推行"双证书"制度、课程和教材建设等方面取得明显进展。第五，社会服务领先。积极承担面向区域产业发展的社会培训，主动为行业企业提供应用技术开发等科技服务，在区域高等职业教育发展中具有明显的带动作用。均有"当地离不开，业内都认同，国际可交流"的特质。

全国31个省(自治区、直辖市)教育厅均在其官网公布了"双高计划"推荐名单，共推荐高职院校230所(包括新疆生产建设兵团1所)。其中，江苏省推荐名额最多，共21所高职院校获推荐；其次是山东省，共16所高职院校获推荐；浙江省位居第三，共15所高职院校获推荐。表3-1是全国各省(市)"双高计划"推荐名额分布情况及入选情况。

---

① 项目(Project)是人们通过努力，运用新的方法，将人力的、材料的和财务的资源组织起来，在给定的费用和时间约束规范内，完成一项独立的、一次性的工作任务，以期达到由数量和质量指标所限定的目标。项目参数包括项目范围、质量、成本、时间、资源。美国项目管理协会(Project Management Institute，PMI)在其出版的《项目管理知识体系指南》(Project Management Body of Knowledge，PMBOK)中为项目所做的定义是：项目是为创造独特的产品、服务或成果而进行的临时性工作。项目通常有以下一些基本特征：1. 项目开发是为了实现一个或一组特定目标；2. 项目要综合考虑范围、时间、成本、质量、资源、沟通、风险、采购及相关方等十大知识领域的整合；3. 项目的复杂性和一次性；4. 项目是以客户为中心的；5. 项目是要素的系统集成。项目管理(Project Management，PM)最早是美国的曼哈顿计划开始使用的名称，后由华罗庚教授于20世纪50年代引进中国(由于历史原因叫统筹法和优选法)。

表 3-1 全国各省(自治区、直辖市)"双高计划"推荐名额分布情况及入选情况

省(市)	推荐总数	国家示范/骨干校数	省级示范/骨干校数	非示范校数	入选总数
江苏	21	12	9		20
山东	16	12	3	1	15
浙江	15	11	4		15
广东	14	10	4		14
湖北	12	8	3	1	8
湖南	11	5	6		11
四川	10	8	2		8
重庆	10	6	4		10
河北	10	7	2	1	10
安徽	10	6	2	2	5
陕西	8	6	2		8
广西	8	4	4		4
北京	7	6		1	7
天津	7	6	1		7
云南	7	3	4		3
江西	7	5	2		6
河南	6	5	1		6
辽宁	6	4	2		6
黑龙江	6	6			6
福建	5	3	2		5
上海	5	2	1	2	1
吉林	4	3	1		4
贵州	4	2	2		3
山西	4	3	1		4
宁夏	3	3			2
甘肃	3	3			3
内蒙古	3	3			3
海南	2	1		1	1
新疆	2	2			2
青海	2	2			0
西藏	1	1			0
新疆生产建设兵团	1	1			0

(数据来源:根据教育部网站整理)

从高职院校专业群申报情况来看,"双高计划"的推荐名单中,230所高职院校共计申报了453个专业群。机电一体化技术、畜牧兽医、软件技术、道路桥梁工程技术、物流管理、汽车运用与维修技术、电子商务、建筑工程技术等专业群申报最多,都在10个以上。具体呈现出如下特点。

一是各地区推荐数量不一。江苏省推荐名额最多,共21所院校42个专业群获推荐;西藏自治区和新疆生产建设兵团推荐名额最少,分别推荐1所院校2个专业群。这是因为"双高计划"坚持扶优扶强的原则,设置了申报的基本条件,也从侧面反映了各地区职业教育的发展水平。

二是被推荐"高水平专业群"的核心专业覆盖了高等职业教育(专科)专业目录19个专业大类中的18个。其中装备制造大类数量最多,有101个,公安与司法大类数量最少,只有2个。机电一体化技术专业群数量最多,有21所院校申报。这与高职教育现有专业布点和产业布局及发展趋势有一定关系。

三是被推荐"高水平专业群"的核心专业未涉及的专业二级类别有26个。其中包括与推进城镇化建设、粮食生产等国家战略相关的城乡规划与管理类、粮食工业类等紧缺专业类别,这应该是"双高计划"下一轮建设的重要关注点。

高职教育从示范(骨干)校建设,到优质校建设,再到"双高计划",入选名单并非一成不变,充分体现了"不进则退,慢进亦退"的竞争法则;也不是简单的优中选优,而是以持续的政策供给,有计划、有步骤、有重点地推动职业教育发展。[①]

"双高"校(专业)的评审标准与示范(骨干)校、优质校的相关度较大,环环相扣,形成路径依赖,有着一定的"马太效应",从各省推荐学校到评审标准,示范(骨干)校占尽优势。从评选的结果看,国家示范(骨干)校入选"双高计划"的概率普遍高于普通学校,相比于非国家级示范校,第一期国家级示范校进入"双高计划"的概率会增加34.8倍,第二期国家级示范校进入"双高计划"的概率会增加23倍。获得前期央财项目的个数与后续进入重点建设项目的概率显著正相关,普通学校要实现"逆袭"比较困难。[②]

专栏3-1　申报"双高计划"学校须具备的基本条件

(一)学校办学条件高于专科高职学校设置标准,数字校园基础设施高于《职业院校数字校园建设规范》标准。

(二)学校人才培养和治理水平高,在产教融合、校企合作方面成效显著,对区域发展贡献度高,已取得以下工作成效:被确定为《高等职业教育创新发展行动计划(2015—2018年)》省级以及以上优质高职学校建设单位;已制定学校章程并经省级备案,设有理事会或董事会机构,成立校级学术委员会,内部质量保证体系健全;财务管理规范,内部控制制度健全;牵头组建实体化运行的职业教育集团,合作企业对学校支持投入力度大;成立应用技术协同创新中心、技能大师工作室;非学历培训人日数不低于全日制在校生数;近三年招生计划完成率不低于90%,毕业生半年后就业率不低于95%;配合"走出去"企业开展员工教育培训、有教育部备案的中外合作办学项目或招收学历教育留学生。

---

① 张玲,魏丽萍,马宁."双高计划"建设的实施路径探讨与分析[J].中国职业技术教育,2019(22):5-11.
② 刘云波,杨钋.项目制下的高职院校分化研究[J].中国高教研究,2020(4):98-104.

(三)学校坚持职业教育办学定位和方向，干事创业的积极性、主动性、创造性高，教育教学改革、校企合作和专业建设基础好，人才培养质量和师资队伍水平高，学生就业水平高，社会支持度高。

(四)学校在以下9项标志性成果中有不少于5项：

1. 近两届获得过国家级教学成果奖励(第一完成单位)；
2. 主持国家级职业教育专业教学资源库立项项目且应用效果好；
3. 承担国家级教育教学改革试点且成效明显(仅包括现代学徒制试点、"三全育人"综合改革试点、教学工作诊断与改进工作试点、定向培养士官试点)；
4. 有国家级重点专业(仅包括国家示范、骨干高职学校支持的重点专业)；
5. 近五年学校就业工作被评为全国就业创业典型(仅包括全国毕业生就业典型经验高校、创新创业典型经验高校、创新创业教育改革示范高校)；
6. 近五年学生在国家级及以上竞赛中获得过奖励(仅包括世界技能大赛、全国职业院校技能大赛、中国"互联网＋"大学生创新创业大赛、"挑战杯"全国大学生课外学术科技作品竞赛和中国大学生创业计划竞赛)；
7. 教师获得过国家级奖励(仅包括"万人计划"教学名师、全国高校黄大年式团队、全国职业院校教学能力比赛获奖)；
8. 建立校级竞赛制度，近五年承办过全国职业院校技能大赛；
9. 建立校级质量年报制度，近五年连续发布《高等职业院校质量年度报告》且未有负面行为被通报。

在满足以上条件的基础上，学校近五年在招生、财务、实习、学生管理等方面未出现过重大违纪违规行为。学校未列入本省升本规划。

——资料来源：教育部，财政部．教育部 财政部关于印发《中国特色高水平高职学校和专业建设计划项目遴选管理办法(试行)》的通知[EB/OL]．

(二)部分"双非"学校异军突起

这次"双高计划"遴选不同于以往的是坚持"质量为先、改革导向、扶优扶强"，重在学校和专业实力，相对减少地区平衡因素，不设底线、不设高限，因此入选学校(专业)与以往的示范校和骨干校有一定的区别，200所示范校和骨干校有33%以上没有进入"双高"建设名单(其中示范校31所、骨干校36所)。其原因是多样的：有的是因为专升本(如南京工业职业技术学院，以及2000年4月上海轻工业高等专科学校、上海冶金高等专科学校、上海化工高等专科学校合并组建成上海应用技术大学，2015年11月在天津中德职业技术学院基础上专升本成立天津中德应用技术大学等)，有的是因为学校改为股份制(如海南职业技术学院)，有的是因为地区平衡照顾的关系(如宁夏职业技术学院、青海畜牧兽医职业技术学院、西藏职业技术学院等)，有的是进步不大甚至退步了。评审标准不同，突出机会公平和过程公平，使得61所非示范校和骨干校"异军突起"成为"黑马"(如湖南化工职业技术学院等)，占入围学校的30%以上。其实，这些学校也并非名不见经传，它们通常也是行业或地方的高职名校。

从入选"双高计划"拟建单位所属类型来看，理工类高职院校也是占据绝对优势的，共有105所入选，占比高达53%。然后是综合类院校(50所)、财经类院校(17所)、农林类院校(15所)、医药类院校(5所)、艺术类院校(4所)、政法类院校(1所)。这种结果，既体现职业教育重制造业偏重技能学习的特点，也反映了"双高"建设的发展方向和重点领域。

二、"双高"学校区域分布上的优势积累

按照教育部2000年3月15日《关于颁布〈高等职业学校设置标准(暂行)〉的通知》的要求,高职院校在办学场地、教学用房、实训设备、办学经费、招生专业、在校生规模等方面都有最低的标准。这就要求高职学校的设置和发展必须与地方经济发展水平、人口规模相匹配。理论上可以按照每20万人口设置一所中等职业学校、每50万人口设置一所高等职业院校的标准,但同等人口规模条件下,各地区域产业结构和经济成分大相径庭,对高职的需求程度和支撑能力差距显著。例如,云南怒江州一直想要设立独立建制的高等职业院校,人口规模虽然达到基本线(人口数量约53.4万人),但该地属于"三区三州"深度贫困地区,很难有兴办高职的经济实力。而广东、浙江等地制造业、服务业占据优势,民营经济发达,地方经济实力强大,外来人员涌入,对高职院校的需求旺盛,利于县市设立的高职院校发展(如顺德职业技术学院)。

(一)"双高"学校分布与区域经济发展水平密切相关

高职院校管理体制以省为主,办好职业教育的投入要高于同类的普通高校。从成本的角度看,职业教育尤其是中等职业教育是一种重视实际操作、实践性很强的技能教育,其生均成本是普通高中学校的3倍。[①] 高职院校大体也如此,国家规定生均财政拨款不低于12000元,与普通高校相当。在此基础上,各省重视程度、区域经济发展水平与投入力度与"双高学校"入选直接相关。

"双高学校"遴选要求为在高职学校年生均财政拨款水平达到国家统一要求且逐年增长的前提下,对职业教育发展环境好、重点工作推进有力、改革成效明显、"双高计划"政策资金保障力度大的省份予以倾斜支持。

从省份布局看,公示的197所拟建单位覆盖了29个省份。按经济区域进行统计[②],东部地区10省市共95所高职院校入选,占入选院校总数近半,成为此次"双高计划"的最大赢家。中部地区入选高职院校40所,西部地区入选高职院校46所,东北地区入选高职院校16所。

分省区看,江苏省共有20所高职院校入选,总数位居全国第一(其中有高水平学校拟建设单位7所,高水平专业群拟建设单位13所)。浙江省、山东省各有15所高职院校入选,入选总数并列第二。广东省共有14所高职院校入选,入选总数位居第四。位于中部地区的湖南省共有11所高职院校入选,入选总数位居第五。排在前十位的省份还有河北省(10所)、重庆市(10所)、陕西省(8所)、四川省(8所)、湖北省(8所)。宁夏、新疆、

[①] 许丽平. 我国中等职业教育成本分担研究[J]. 职业技术教育,2008(5):19.
[②] 根据国家统计局的经济地带划分标准,统计中所涉及东部、中部、西部和东北地区的具体划分为:东部地区包括北京、天津、河北、上海、江苏、浙江、福建、山东、广东和海南10省(直辖市);中部地区包括山西、安徽、江西、河南、湖北和湖南6省;西部地区包括内蒙古、广西、重庆、四川、贵州、云南、西藏、陕西、甘肃、青海、宁夏和新疆12省(自治区、直辖市);东北地区包括辽宁、吉林和黑龙江。

上海、海南4个省市入选总数均少于3所，而西藏（西藏职业技术学院）、青海（青海交通职业技术学院、青海畜牧兽医职业技术学院）、新疆生产建设兵团（新疆石河子职业技术学院）无一所高职院校入选（见表3-2）。

表3-2 各省（自治区、直辖市）"双高"校数和2019年GDP及排名

省（自治区、直辖市）	"双高"校数	"双高"校数排名	2019年GDP（亿元）	GDP排名
江苏	20	1	99631.52	2
浙江	15	2	62351.74	4
山东	15	2	71067.53	3
广东	14	4	107671.07	1
湖南	11	5	39752.12	9
河北	10	6	35104.52	13
重庆	10	6	23605.77	17
湖北	8	8	45828.31	7
四川	8	8	46615.82	6
陕西	8	8	25793.17	14
北京	7	11	35371.28	12
天津	7	11	14104.28	23
辽宁	6	13	24909.45	15
黑龙江	6	13	13612.68	24
江西	6	13	24757.50	16
河南	6	13	54259.20	5
安徽	5	17	37113.98	11
福建	5	17	42395.00	8
山西	4	19	17026.68	21
吉林	4	19	11726.82	26
广西	4	19	21237.14	19
内蒙古	3	22	17212.53	20
贵州	3	22	16769.34	22
云南	3	22	23223.75	18
甘肃	3	22	8718.30	27
宁夏	2	26	3748.48	29

续表

省(自治区、直辖市)	"双高"校数	"双高"校数排名	2019年GDP(亿元)	GDP排名
新疆	2	26	13597.11	25
上海	1	28	38155.32	10
海南	1	28	5308.93	28
青海	0	30	2965.95	30
西藏	0	30	1697.82	31

(数据来源：根据《中国统计年鉴2020》、教育部网站整理)

区域经济与"双高"名片呈现良性循环。职业教育发展与区域经济发展水平相关密切，呈现正相关关系。高职教育主要为区域经济社会服务，区域经济决定了高职教育的发展水平，反过来，高职教育尤其是"双高"校也推动了区域经济的发展。"双高"校排名前五的江苏、浙江、山东、广东、湖南都是经济强省，地区GDP总量排名全国前十。江苏省经济发展质量高，辖内13个地级市全部是全国百强城市，人均GDP高，形成了职教高原。

> **专栏3-2　广东职业教育步入快车道**
>
> 广东省GDP总量大、21个地市发展极不平衡，2019年GDP突破10万亿元，达到10.5万亿元，同比增长6.2%。作为制造业大省，广东的职业教育发展正迎来新的机遇期。2019年2月，《广东省职业教育"扩容、提质、强服务"三年行动计划(2019—2021年)》印发，提出到2021年，新增高等职业教育学位12万个以上。中等职业教育吸引力明显提升，为区域产业发展提供高素质技能人才支撑，为高职院校提供优质生源。到2021年，本科高校招收高职院校毕业生人数比2018年翻一番，中职学校毕业生升读高职院校的比例达到30%以上。为此，2019—2021年，广东省财政加大投入，省属和珠三角地区公办中职学校生均拨款基准定额不低于5000元，粤东西北地区公办中职学校不低于3000元；公办高职院校生均综合定额拨款标准不低于区域本科高校的80%。此外，对开展学徒制培养的企业，根据不同职业(工种)的培训成本，可按规定给予每生每年4000～6000元的培训补贴。

(二)"双高"学校分布与人口规模密切相关

职业教育主要为区域服务，跨省招生比例较低，办教育讲究规模效益，因此高职院校的建设与区域人口规模相关。"双高"入选排名前五的江苏、浙江、广东、山东、湖南既是经济强省，也是人口大省，人口数排名均在全国前十，既有强烈的需求，又有强大的支撑。而西藏、青海等地除了经济发展较差以外，人口数量也较少，缺少发展高等职业教育的推力和动力(见表3-3)。

表3-3 各省(自治区、直辖市)"双高"校数和2019年年末人口数及排名

省(自治区、直辖市)	"双高"校数	"双高"校数排名	2019年年末人口数(万人)	人口数排名
江苏	20	1	8070	5
浙江	15	2	5850	10
山东	15	2	10070	2
广东	14	4	11521	1
湖南	11	5	6918	7
河北	10	6	7592	6
重庆	10	6	3124	20
湖北	8	8	5927	9
四川	8	8	8375	4
陕西	8	8	3876	16
北京	7	11	2154	26
天津	7	11	1562	27
辽宁	6	13	4352	14
黑龙江	6	13	3751	17
江西	6	13	4666	13
河南	6	13	9640	3
安徽	5	17	6366	8
福建	5	17	3973	15
山西	4	19	3729	18
吉林	4	19	2691	21
广西	4	19	4960	11
内蒙古	3	22	2540	23
贵州	3	22	3623	19
云南	3	22	4858	12
甘肃	3	22	2647	22
宁夏	2	26	695	29
新疆	2	26	2523	24
上海	1	28	2428	25
海南	1	28	945	28
青海	0	30	608	30
西藏	0	30	351	31

(数据来源:根据《中国统计年鉴2020》、教育部网站整理)

通过对各省(自治区、直辖市)"双高"校数和2019年年末人口数及排名(见表3-3)的分析发现,除个别省(自治区、直辖市)存在"双高"校数量与人口数量不匹配的现象外,大部分省(自治区、直辖市)的"双高"校数量与人口数量较匹配。例如,重庆、北京、天津等地区,"双高"校数量排名相对靠前,但是人口数量排名相对靠后,说明从人口规模来看,这些地区的"双高"教育资源比较丰富;而安徽、广西、云南等地区,"双高"校数量排名相对靠后,但是人口数量排名相对靠前,说明从人口规模来看,这些地区的"双高"教育资源不足。而其他约70%的地区,"双高"校数量排名与人口数量排名较一致,说明大部分省(自治区、直辖市)的"双高"教育资源与人口数量相匹配。

另外,从高职学校区域分布来看,高职学校基本分布在地级市以上城市,极少数在县级市(顺德、凤阳为特例)。"双高"学校基本上分布在中心城市,这些地方人口规模较大,说明两者之间存在相互制约和促进的关系。

(三)"双高"学校分布与对职业教育的重视程度密切相关

职业教育服务地方,管理以省为主。一些地方政府重视职业教育发展,组织健全,领导有力,经费支持力度大。2018年5月10日,中国政府网公布了《国务院办公厅关于对2018年落实有关重大政策措施真抓实干成效明显地方予以督查激励的通报》,结合国务院大督查、专项督查和部门日常督查情况,对2018年落实有关重大政策措施真抓实干成效明显的地方予以督查激励。浙江、山东、河南、湖南、广东、青海六省被确定为"校企合作推进力度大、职业教育发展环境好、推进职业教育改革成效明显的地方",并获得奖励支持。教育部会同有关部门,将职业教育改革成效明显省份优先纳入职业教育改革试验区建设,在中国特色高水平高职学校和专业建设、现代职业教育质量提升计划等中央专项中予以倾斜支持。这也体现了各地政府对职业教育的重视程度。

1."双高"校最多的江苏省坚持职业教育优先发展

"双高"校最多的江苏省是中国近代职业教育的重要发祥地,曾创造了职业教育领域的多个"全国第一":第一所职业大学,第一所县办大学,第一所中德合作职业学校等。长期以来,江苏立足地方经济社会实际,坚持把职业教育放在优先发展的战略地位,不断深化体制机制改革,创新职教办学模式,努力探索建立产教深度融合的现代职业教育体系,为我国职业教育现代化发展积累了有益经验。智能化的实训实习基地,国际化的人才培养模式,校—行—企无缝对接的产教融合体系,职业教育在江苏发展势头强劲。如今,职业教育在江苏日益成为"香饽饽",已占据高等教育的"半壁江山"。目前,江苏省有国家示范中职校58所,国家示范(骨干)高职院校15所,优质资源占比位居全国第一。江苏省职业教育也有着其独特的办学特色,在各种全国性技能竞赛中,第一梯队总是有江苏省的队伍。2019年,江苏省共有20所高职院校入选,总数位居全国第一。江苏职业教育领跑全国的原因如下。

一是"政策红利"为职业教育注入发展动力。江苏高度重视现代职业教育工作,不断强化顶层设计和统筹规划。江苏省政府先后批准建立了两批19个省职业教育创新发展实验区,鼓励有条件的市、县在发展方式、办学体制、人才培养机制等方面先行先试,无锡、常州、苏州等10个市、县(市、区)确定为省职业教育创新发展实验区。同时,省级层面成立了教育体制改革领导小组、职业教育工作领导小组等机构，各市、县级政府也成立了相应机构，研究解决职业教育发展中的重大问题。

二是深化改革激发职业院校办学活力。基于国家战略和地方经济社会发展特点，不断优化专业结构和课程设置，已成为江苏职业院校的突出亮点。为优化专业布局，省里定期发布中等职业教育专业结构与产业机构吻合情况预警报告，制定了中等职业教育、五年制高等职业教育品牌专业、特色专业、合格专业标准，建设了国家级重点建设高职专业284个，国家职业教育专业教学资源库13个，占全国的24%。南京、苏州、无锡、常州等地的职业院校，紧盯先进制造、现代物流、信息服务、生物医药等新兴产业，大力推进职教专业与产业联动升级，纷纷根据地方经济发展所需技术技能型人才的结构和层次，主动调整相关专业设置。

三是资源集聚加速产教深度融合。作为教育部在职教领域和德国合作的第一所项目学校，南京高等职业技术学校曾率先实行"双元制"。随后，苏州、无锡、常州也被国家有关部门确定为"双元制"办学体制试点城市。被称为"德企之乡"的太仓市，通过出台相关政策，支持企业以独资、合资、合作等方式建设"双元制"培训中心、教学工厂、实训基地，堪为本土化的典范。德国的"双元制"、英国的"现代学徒制"、新加坡的"教学工厂"、澳大利亚的"TAFE学院"……如今，江苏职业院校在推进国外职业教育模式"本土化"的同时，也在积极开展国际化合作办学，全省职业学校开展中外合作办学的项目共有71个，每年联合培养学生3000多人，每个项目都有相对应的国际通用职业资格证书。同时，全省有10多所职业院校与东盟有关国家签署协议37份，38所高职院校招生"一带一路"沿线、东盟国家留学生2600多人。①

2."双高"校并列第二的山东省率先建设职业教育高地

山东省坚持整体设计、协同推进，近年来在全国率先以省为单位建立起支持职业教育改革发展的政策体系，走在全国前列，在国务院首批激励的全国职业教育改革成效明显省份中，山东作为6个入选省份之一，具备建设职业教育创新发展高地的优势和条件。2018年以来，省教育厅等11部门就办好新时代职业教育专门联合出台意见，50多项措施推动现代职业教育体系建设"再出发"，成效明显。山东省现有省规范化、示范性及优质特色中职学校208所，占全省中职学校总数的51.9%；国家示范（骨干）高职院校、省优质高职院校和省技能型名校40所，占全省高职院校总数的51.3%。其中，国家中职示范校65所，国家示范（骨干）高职院校13所。在全国职业院校技能大赛、教学能力大赛中，山东省院校获奖数均位居全国前列。②

2019年1月14日，首个部省共建国家职业教育创新发展高地在山东正式启动，《教育部 山东省人民政府关于整省推进提质培优建设职业教育创新发展高地的意见》（以下简称《意见》）也于2020年1月10日正式印发。《意见》立足创新，整省推进，共8部分、30条，"先行先试"探索职业教育未来发展走向，在很多措施上都体现出了超前性和创新性。《意

---

① 光明日报调研组.江苏职业教育是如何领跑全国的[N].光明日报，2018-09-08.
② 走在前列，山东入选全国首批职业教育改革成效明显省份[EB/OL].

见》将支持山东把现有半数左右省属本科高校转型为应用型本科高校,确保办学既能"上接天线",又能"下接地气"。支持山东长学制培养高端技术技能人才,探索中职与高职"3+2"、中职与职业教育本科和应用型本科"3+4"、高职与职业教育本科和应用型本科"3+2"对口贯通分段培养。明确国有企业举办或参与举办职业教育责任,鼓励、支持大型民营企业积极参与职业教育,支持国有企业办好做强职业院校,推动国有企业和大型民营企业率先成为产教融合型企业、技师转高职。《意见》提出,支持山东以高水平职业教育本科专业建设为突破口,在进入"双高计划"的高职院校的骨干专业试办本科层次职业教育。另一个突破是高职院校"5个办学自主权"实行事后备案,将办学自主权还给学校,把责任落到学校。由学校在限额内自主设立内设机构并报机构编制部门备案,自主设置岗位,自主确定用人计划,自主确定招考标准、内容和程序,在相应人事考试官方网站公开招聘岗位信息、自主招聘各类人才,实行事后备案。部省共建国家职业教育创新发展高地,是落实"职教20条"的"山东行动",是山东深化教育改革、以人力增值赋能高质量发展的重大机遇,是推进"两区建设"的重大举措,肩负着探索确立新时代中国特色职业教育制度和模式的重大责任使命。[①]"部省共建"职教高地是中国职业教育发展史上的一件大事,通过部省共建机制,支持山东通过整省推进率先建立新时代中国特色职业教育制度和模式:高职院校也能办本科、中职生与高中生"双向流动"、5个办学自主权可事后备案、学分能存"银行"、半数省属本科高校"转型"……打造"职教高地",教育部、山东省推出的一系列开创性举措,打破教育部门与人社部门、普通教育与职业教育之间体制分割的樊篱,能够起到整省推进倒逼全国职业教育改革的作用。

3. "双高"校排名第五的湖南省高度重视职业教育发展

近年来,湖南省委省政府高度重视职业教育发展,加快推进职业教育现代化,把职业教育纳入制造强省建设规划,把卓越高职学院和示范性特色专业群纳入"双一流"建设计划,出台《湖南省人民政府办公厅关于深化产教融合的实施意见》,促进人才培养和产业需求全方位融合,湖南职业教育发展质量不断提高,正处在一个提质升级期。主要表现在:第一,由规模发展向质量发展升级,同时向"既要规模又要质量"升级;第二,由立足地方向服务国家、国际交流升级——服务精准扶贫战略、"一带一路"倡议、新型城镇化建设等国家项目的能力越来越强,开放的程度越来越高;第三,在规范办学中向特色办学转变,由规范办学向特色办学升级。应当说,湖南职业教育已经进入"百舸争流,千帆竞发"的新的发展时期,已经走入一个"加强内涵建设,增强服务能力,提升培养质量,以贡献求支持,以服务求发展,以能力求认可"的新的发展阶段,正在走一条"高质量有特色发展"之路。[②]

2019年11月,湖南省委省政府印发了《加快推进湖南教育现代化实施方案(2019—2022年)》,全面部署到2022年加快推进湖南教育现代化。针对职业教育,方案中强调,

---

① 赵秋丽,冯帆,李志臣.教育部 山东省:部省共建职业教育创新发展高地[N].光明日报,2020-01-20.
② 杨翠明.湖南职业教育面临新发展形势 坚持改革创新提高"四个能力"[EB/OL].

要全面实施高中阶段教育普及攻坚计划，要统筹高中阶段教育协调发展，中等职业教育招生比、分流比较低地区要重点扩大优质资源建设力度，举办高中阶段教育的市县区必须办好1所以上示范性公办中等职业学校；集中连片特困地区、少数民族地区市县区重点举办的中等职业学校，基本办学条件和水平要达到省级示范性中等职业学校及以上标准；经济发展水平较高，职业教育发展基础较好的市县区重点举办的中等职业学校，要达到国家中等职业教育改革发展示范学校标准。方案还指出，要加快建设现代职业教育体系，制定湖南职业教育改革实施方案，推进职业教育改革，探索构建从中职、专科、本科到专业学位研究生各个层次的技术技能人才培养体系。到2022年，培育遴选产教融合示范企业100家，重点建成省级示范性职业教育集团（联盟）30个，培育遴选产教融合领军人才100名、产业教授（导师）1000名、湖湘工匠和技术能手10000名。

4."双高"校排名中等的河南省不断提高对职业教育的重视程度

河南省此次有6所职业院校入选"双高"。河南近年来经济发展迅速，离不开职业教育的有力支撑。截至2019年6月，河南省共有职业院校519所、在校生247.07万人，专任教师11.93万人，职业教育总体规模和校均规模均居全国第一，高中阶段职普比大致相当。2019年5月，河南因职业教育改革成效明显，成为国务院激励通报的6个省份之一，职业教育正在成为推动河南经济社会高质量发展的一张靓丽名片，在中原地区发展的新征程中发挥着越来越重要的作用。

一是不断提高重视程度，把职业教育摆在经济社会发展的重要战略地位。河南省政府出台了深化产教融合、推进职业技能提升、加强教师队伍建设等一系列政策措施，在关键环节和重点领域实现了突破。全面提高公办高职院校生均拨款水平，2018年全省一般公共预算高等职业教育投入达到82.1亿元，年均增幅为25.3%，增幅居各个教育阶段首位。2018年全省一般公共预算职业教育支出173.9亿元，高于同期教育支出增幅2.45个百分点。近两年省财政累计筹措资金10.1亿元，支持111所中职学校全面提升信息化水平和加强实训基地建设；每年投入1.5亿元，支持"双师型"教师培训。在省政府的大力支持和引导下，各地、各部门积极推动产教融合、校企合作，不少市县积极申办职业院校，加快职教园区建设，"抓职教就是抓发展、抓经济、抓民生"的社会共识更加强化，职业教育正面临着良好的发展机遇和氛围。

二是完善现代职教体系，形成各类职业教育协调发展的良性长效机制。从2016年开始，河南省采取撤销、合并、划转、共建等形式调整优化中职学校布局，中职学校由875所整合至414所，校均规模由1502人提高至3172人，居全国第一位，是全国校均规模的两倍，规模效益显著提升。近三年来，全省新增高职院校10所，2018年，高等职业学校在校生达到100万人，占全省高等学校在校生人数的46.7%。2019年，按照国家高职扩招100万人的决策部署，建立协同联动机制，积极组织应往届高中和中职学校毕业生、退役军人、新型职业农民等群体报考高职院校。截至2019年10月31日，已录取新生43.44万人，录取率达到国家计划的99.5%。

三是狠抓职教质量提升，全力打造高素质技能人才队伍。近年来，河南省加强师资队伍建设，深入实施职业院校教师素质提高计划、职业教育"双师素质"教师队伍建设计划，培育了一大批省教专家、职业院校教学名师，建设了一批国家级高职技能大师工作室和省级中职专业技能名师工作室，4个教师团队被教育部认定为国家教师创新团队；中职学校"双师型"教师比例达到55.7%，远高于全国31.5%的平均水平。[①]

三、"双高"学校专业分布上的高精尖缺

"双高计划"专业布局突出了重点，兼顾了全面，与产教融合、校企合作有一定的契合度。

> **专栏3-3　申报"双高计划"专业群须具备的基本条件**
>
> （一）专业群定位准确，对接国家和区域主导产业、支柱产业和战略性新兴产业重点领域。专业群组建逻辑清晰，群内专业教学资源共享度、就业相关度较高，形成优势互补、协同发展的建设机制。专业特色鲜明，行业优势明显，有较强社会影响力。
>
> （二）专业群有高水平专业带头人和教学创新团队，校外兼职教师素质优良。实践教学基地设施先进、管理规范，基地建设与实践教学项目设计相适应、相配套。校企共同设计科学规范的专业群课程体系，反映行业领域的新技术、新工艺、新规范，信息技术深度融入教育教学，线上线下课程资源丰富。
>
> （三）专业群生源质量好，保持一定办学规模。建立毕业生就业跟踪调查机制，学生就业对口率、用人单位满意度、学生就业满意度高。与行业企业深入合作开展科技研发应用，科研项目、专利数量多。
>
> ——资料来源：教育部，财政部．教育部 财政部关于印发《中国特色高水平高职学校和专业建设计划项目遴选管理办法（试行）》的通知[EB/OL]．

（一）"双高"专业与国家产业结构密切相关

从专业布局看，高职院校申报的"双高计划"专业群覆盖了18个高职专业大类[②]，国家重点产业专业群受青睐，布点最多的五个专业大类分别是装备制造大类、交通运输大类、电子信息大类、财经商贸大类、农林牧渔大类。由此可见，专业布局体现了现代经济体系特点，覆盖了19个高职专业大类中的18个，既体现了全面，也兼顾了重点，着重体现了国家战略需求。

从申报"双高"学校的产业布局看，服务面向战略性新兴产业的专业群有113个，面向现代服务业的112个，面向先进制造业的100个，面向现代农业的32个，其他32个。从

---

① 王韶卿．职业教育正在成为推动河南经济社会高质量发展的一张靓丽名片[EB/OL]．
② 高职正在使用的《普通高等学校高等职业教育（专科）专业目录》（截至2020年）共设19个专业大类，99个专业类，共779个专业。19个专业大类分别是：农林牧渔大类、资源环境与安全大类、能源动力与材料大类、土木建筑大类、水利大类、装备制造大类、生物与化工大类、轻工纺织大类、食品药品与粮食大类、交通运输大类、电子信息大类、医药卫生大类、财经商贸大类、旅游大类、文化艺术大类、新闻传播大类、教育与体育大类、公安与司法大类、公共管理与服务大类。

入选"双高"学校的产业布局看,服务面向战略性新兴产业的专业群有75个,面向现代服务业的71个,面向先进制造业的63个,面向现代农业的23个,其他21个。服务面向战略性新兴产业突出制造业,照顾到三大产业的发展。

(二)"双高"专业与产教融合校企合作水平相关

顺德职业技术学院位于广东省佛山市,是一所经教育部批准成立、广东省人民政府领导管理、省市共建、顺德政府投资兴建的地方普通高职院校。短短20多年来,学校迈出了关键性步伐:2005年12月,学校通过教育部高职高专人才培养工作水平评估;2010年,学校通过"国家重点培育高等职业院校"验收;2009年9月,学校被确定为"广东省示范性高等职业院校"建设项目立项建设单位;2010年,学校以"优秀"成绩通过"国家骨干高等职业院校"验收;2016年,学校被广东省教育厅确定为广东省一流高职院校建设单位;2019年被评为"双高"学校。目前,学校办学规模保持稳定,有全日制普通高职在校生14705人、成人专科在校生2781人,折合在校生数15539人,专业设置保持稳定,招生专业48个,生源质量保持高水平。初次就业率96.88%,初次就业对口率63.02%。

顺德职业技术学院在短时间内取得大发展,其原因在于,通过学院的产教融合机制与平台,形成若干王牌专业。学院拥有中央财政支持建设专业:烹饪工艺与营养、工业设计;广东省示范性专业:家具设计与制造、制冷与空调技术、会计、智能家电技术、数控技术、涂料技术、汽车检测与维修技术和工商企业管理专业。学校建立了政、校、行、企共同参与的董事会、校企合作办公室、遍布各专业的教学指导委员会及政府主导的顺德职

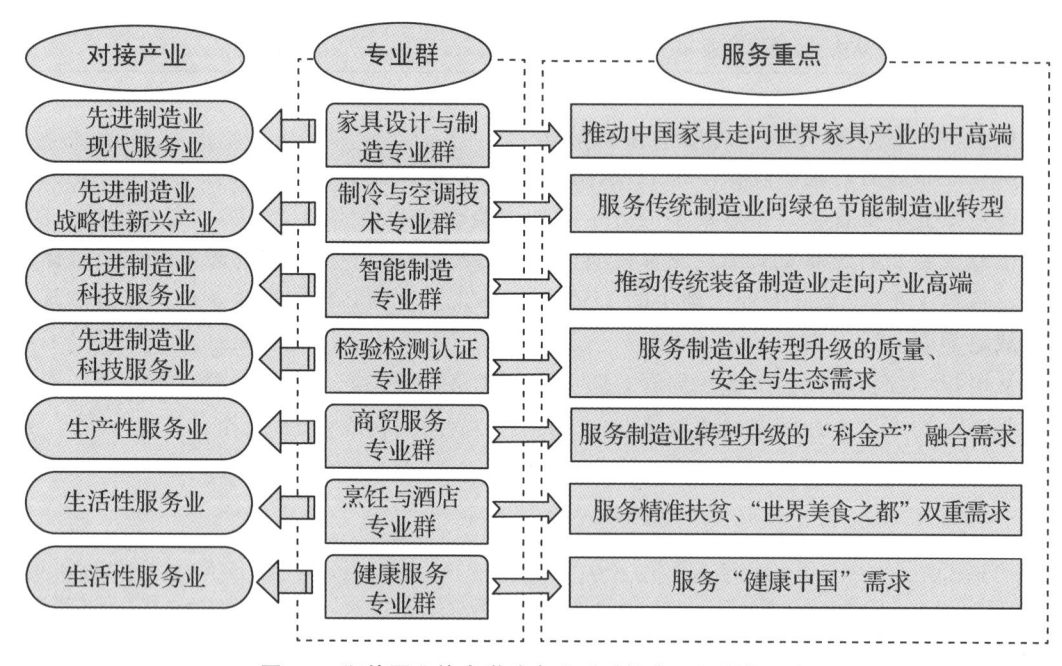

对接产业	专业群	服务重点
先进制造业 现代服务业	家具设计与制造专业群	推动中国家具走向世界家具产业的中高端
先进制造业 战略性新兴产业	制冷与空调技术专业群	服务传统制造业向绿色节能制造业转型
先进制造业 科技服务业	智能制造专业群	推动传统装备制造业走向产业高端
先进制造业 科技服务业	检验检测认证专业群	服务制造业转型升级的质量、安全与生态需求
生产性服务业	商贸服务专业群	服务制造业转型升级的"科金产"融合需求
生活性服务业	烹饪与酒店专业群	服务精准扶贫、"世界美食之都"双重需求
生活性服务业	健康服务专业群	服务"健康中国"需求

图3-1 顺德职业技术学院专业群对接产业和服务重点

业教育发展指导委员会,已初步形成人才共育、过程共管、成果共享、责任共担的产教融合体制机制。政、校、行、企紧密合作,深度融合,共同投入资金、设备、人员组建职教集团,共建各类技术研发机构、创新中心等产教融合平台,深度推进校企双元育人。2018年,学校与区域粤菜餐饮名店合作共建顺德厨师学院,依托区域内餐饮名店、名师,政校企联动,行业企业联动,高职中职联动,形成了"名店出名厨,名厨带名徒,名徒成名厨"的校企合作双元育人模式,培养了大量粤菜烹饪人才;在政府支持下,学校与世界500强企业美的集团和世界知名大学亚琛工业大学合作共建"广东—亚琛工业4.0应用研究中心",教师、学生全程参与共建工业4.0示范工厂。

四、"双高"学校历史文化上的长期积淀

正如罗马不是一天建成的一样,入选"双高"也非一日之功,而是靠着多年的历史积淀。但历史只是必要条件,更需要注重学校文化建设"立心、塑魂",提升学校品位。在办学理念、大学精神和现代学校制度等方面,要以凝聚人心、完善人格、开发人力、培育人才、造福人民为工作目标;要有开拓精神,引领中国高等职业教育走创新之路,创新发展;要有国家立场、国际思维,提供国家经验,可示范,可转化,可推广。

(一)"双高"学校与办学历史相关

如果把"双高"学校与其建校时间做相关度分析,发现除深圳职业技术学院(1993年创建,学校A档)、深圳信息职业技术学院(2002年4月创建,学校B档)等少数院校外,大多数"双高"学校都有较长的历史(见图3-2),有的甚至是百年老校(如天津医学高等专科学校,始建于1908年),有的是行业龙头学校(如黄河水利职业技术学院,始建于1929年3月,原名河南省建设厅水利工程学校)。

黄河水利职业技术学院历经90多年的办学与发展,形成了"技术人才摇篮、创新服务

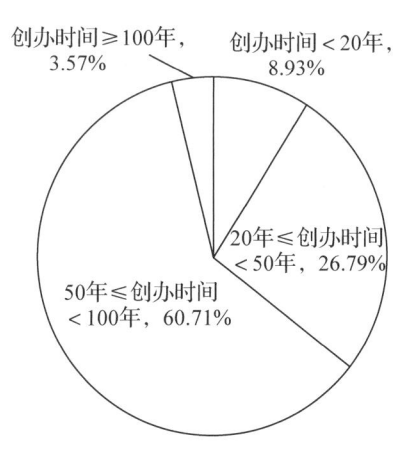

图3-2 56所"双高"学校的办学历史

基地"的办学理念、"以工为主、以水为特、一体两翼、特色发展"的专业定位和"面向生产、建设、管理、服务第一线需要，培养德智体美劳全面发展的高素质技术技能人才"的人才定位。学院培养的近20万名毕业生活跃在祖国的大河上下、大江南北，被誉为黄河流域的"黄埔军校"。这说明，"老校多名校，名校出人才"的规律在职业学校也是成立的。

(二)"双高"学校与办学理念、育人模式相关

"双高"学校形成自己的办学理念和育人模式才能行高致远。例如，深圳职业技术学院一直把人才培养作为中心工作，以培养适应智能时代需要的复合式创新型高素质技术技能人才为目标，更新教育教学理念，探索实施以学生学习成效为导向的OBE（Outcome-Based Education）人才培养模式改革，深入推进产教融合、职普融合、理实融合、技术与文化融合、教育与生活融合、现代信息技术与教学融合六个"融合"，提升学生的就业能力、职业生涯拓展能力和幸福生活创造能力，形成了"前沿上得去""企业离不开""百姓用得上""国际叫得响""机制活起来"等方面的办学探索与改革成果。

再如，顺德职业技术学院坚持"立足地方，以人为本，崇尚品位，办出特色"的办学理念，秉持"厚乎德行，辩乎言谈，博乎道术"的校训，立足地方、服务国家、放眼世界，以建设中国特色、世界水平高职院校为目标，遵循"以贡献求支持，以服务求发展"，扎根粤港澳大湾区，聚焦区域产业发展需求，全面推进内涵建设，深入开展新时代高职教育的系统性改革与创新，努力把学校建设成我国改革开放前沿阵地的高素质技术技能人才培养高地，推动区域产业高端化和优质产能走出去的有力支撑者，职业教育中国发展模式和现代化职业院校的典型代表，颇具影响的中国特色职教文化的传播者、推广者。学校引入墨子职业教育文化，涵育工匠文化精神。一是建墨子文化馆、工匠雕像园、墨子文化墙、立校训石，营造崇尚工匠精神的文化氛围；二是开设墨子文化教育课程，编辑（出版）墨子文化教材（读物），在《顺德职业技术学院学报》开设"墨子职业教育思想"研究专栏，传承墨子职业教育文化，使学生在掌握技能和技术的同时，养成"勤勉恪守""敬业乐群"和"诚实信用"等职业精神，实现"做事"与"做人"的高度统一。为深度推进"文化育人"，学校还在创新创业工作中发挥本土优秀企业家的示范引领作用，学校商学院依托顺商发展研究会建立顺商文化大讲堂。

(三)"双高"学校与区域文化的开放包容度相关

职业教育是跨界的技能教育，本质上需要开放办学、合作办学。职业教育是我国教育体系的短板，我国高等职业教育历史短、基础弱、起点低、发展快、任务重、要求高，与国外先进水平的差距大于基础教育和高等教育，距离顶尖一流的水平还有很长的路要走。"双高"学校更需要开门办学，借用外脑外力，与国内外专业教育智库有效合作定好位，与区域龙头企业、国内知名企业、世界跨国企业深度合作升级换代，与世界职业教育发达国家和地区强强合作走捷径，才有可能跨入世界高水平行列。

"双高"学校要实现跨越发展，必须率先扩大开放，以"第一个吃螃蟹"的勇气先行先

试，以开放包容的胸怀促进产教融合，与龙头企业合作；扩大国际视野，以互学互鉴的态度对标欧洲应用型大学、美国社区学院，学习借鉴国际先进经验、技术，参与国际规范和标准制定，输出职教的"中国模式"，合作共赢达到世界先进水平。顺德职业技术学院大门呈弧形的敞开结构，显示着开放、包容的气度，给人以现代、凝重之感，大门两侧各五根类似于华表的石柱，似一个人左右两只大手。整个造型，如人之敞开胸怀，寓意学校求贤若渴，虚怀若谷，广揽人才。主校门从正面看宛如一面凹面镜，把外界的光和热，把外界的所有能量都汇聚起来，这体现了学校的教育理念和办学理念。

首先，要与国内外专业教育智库有效合作定好位。深圳职业技术学院为促进职业教育事业发展，不断推进中国特色职业教育理论创新、实践创新和制度创新。2019年1月6日，深圳职业技术学院与中国职业技术教育学会合作，成立新时代中国职业教育研究院及中国职业技术教育学会联络处。学校始终坚持高起点、高标准筹建研究院，将研究院打造成具有中国特色、世界水准的职业教育研究院，成为新时代中国特色职业教育重要智库。新时代中国职业教育研究院是由学校举办的、专门从事职业教育研究的非独立法人。研究院立足本土，面向世界，以习近平新时代中国特色社会主义思想为指导，整合国内外一流职业教育研究资源，积极探索适合新时代中国特色职业发展需要的新理念、新模式，促进职业教育研究从分散走向联盟、从传统走向现代、从本土走向世界，助推职业教育"中国模式""中国标准"走向世界，不断开展国际交流与合作。

其次，要与区域龙头企业、国内知名企业、跨国企业深度合作升级换代。职业院校主动联系企业，通过政府牵线、校友资源、项目合作等方式，构建校企合作的优势互补、利益共享、合作共赢机制，实现职教集团化发展。"双高"学校的企业合作伙伴一般会选择国内外知名龙头企业，如一汽、中车、中船、国航、沈飞等大型国企，华为、阿里巴巴、腾讯等知名企业，以及奔驰、宝马等跨国企业。如深圳职业技术学院瞄准未来社会和经济发展，紧贴深圳四大支柱产业和新兴产业布局专业，打造品牌专业，与华为、ARM、阿里巴巴、平安、比亚迪、裕同、天健等一流企业紧密合作，共建华为信息与网络技术学院、ARM智能硬件学院、阿里巴巴数字贸易学院、平安金融科技学院、比亚迪应用技术学院、裕同数字图文学院、天健建工学院7所特色产业学院，校企共同制定专业标准、共同开发课程、共建师资团队、共同培养技术技能人才，在服务一流企业中成就自身一流。开设专业文化课程，大力培育工匠精神，厚植工匠文化，全面推进职业院校文化育人。

最后，要与世界职业教育发达国家和地区强强合作走捷径。与世界知名高校、企业合作，共建高端国际合作平台，能够显示办学的水平。如无锡职业技术学院在2004年成为总部设在美国的社区学院国际发展联盟（简称CCID）的第一个中国成员单位，2012年CCID在该校成立中国分中心。2018年，经教育部备案和江苏省政府批准，成立了首个非独立法人中外合作办学机构——无锡职业技术学院爱尔兰学院。近年来，学校与美国、德国、法国、加拿大、澳大利亚、丹麦、韩国、日本等20多个国家和地区的50余所院校建立了友好合作关系。学校中美、中丹和中澳合作办学项目入选江苏省教育厅中外合作办学

"双高"建设引领技能社会

高水平示范性建设工程项目。2014年,学院招收首批国际留学生,目前有来自加纳、利比里亚、伊朗、印度尼西亚等20多个国家的300余名留学生在学校学习。学校积极鼓励学生"走出去",每年选派一定数量学生赴美国、丹麦、澳大利亚等国对口院校进行短期或长期交流,进一步提高学生的国际视野和竞争力。

第四章 "双高"学校的精准画像

首批197所"双高"学校是高职教育的佼佼者,占整个高职院校比例的15%左右,这些学校"长什么样"是人们关注的问题。古希腊哲学家泰勒斯说:"认识自己是最难做到的,指责别人是最容易的。""双高"学校能认识到自己的优势和潜能不易,而要认识自己的缺点和不足、超越自我就更难。从不同角度为"双高"学校画像会诊,了解这些学校的前世今生,关系到学校"从哪儿来,到哪儿去""培养什么人、怎么培养人"这一根本问题,既是准确办学定位、提炼办学理念、评估办学效益的过程,也是这些学校继往开来,比较优势特色发展,壮大综合实力和核心竞争力的过程。

一、定位准确

办学定位是高水平高职院校建设的根本指引,办学定位准确是"双高"学校生存发展的前提,体现学校的主责主业(干什么像什么,卖什么吆喝什么),"画像"必须体现事物的本质特征,抓住灵魂(办学理念和大学精神),纲举目张。

在对197所"双高"学校画像会诊的过程中,发现学校领导对本校的描述情况各异。多数学校比较清晰,但表达不够精准,有些学校存在想不到、说不出、道不明的情况,有的学校直接把行业特点作为学校办学定位,有的像开"杂货铺"一样把学校方方面面的工作反映其中,有的千篇一律在"摇篮""黄埔""先锋""高地"等名词上打转。千言万语容易,做学校宣传片也不难,但一句好的广告词难得,要透过现象看本质,一针见血,一语中的,不仅要让人容易记忆,还要能体现学校的特点。便于记忆,才能让自己的品牌广为传播;体现服务特色特点,才能吸引目标人群的注意。丰田公司的广告语"车到山前必有路,有路必有丰田车"巧妙地借用中国文化俗语"车到山前必有路",将路和丰田车联系起来,形象地说明了丰田汽车的品质和受欢迎的程度,丰田汽车一路走高的销量证明这句广告语是成功的,至今在广告领域仍为典型案例。

2019年,在北京、顺德、温州三次"双高"学校建设研讨会上,按照教育部职成司要求,各学校共同研讨一句话画龙点睛,为学校画像,构建学校的良好"人设"。一般来说,行业特色鲜明的学校定位比较容易,而综合性学校专业类型多样且变化较快,确定办学定位相对困难,需要仔细打磨,反复推敲。

(一)行业特色鲜明型学校

行业特色鲜明的学校有着深厚的行业背景,以前属于国家行业部委或省级政府行业厅局设立或管理,服务三产的特定领域,有的还具有全国性,院校调整后划归省级政府行业厅局领导,办学定位变化不大。这些学校存在三种情况:有的始终如一,有的转型发展,有的升级换代,在画像中需要区别对待,认真研究,精确定位。

1. 历史自然形成类型

有的学校行业特点鲜明,办学定位是历史形成的,发展上一以贯之,定位八九不离十,关键是如何表述得更加精确。

如天津医学高等专科学校有着百年护理教育历史,前身是始建于1908年的北洋女医

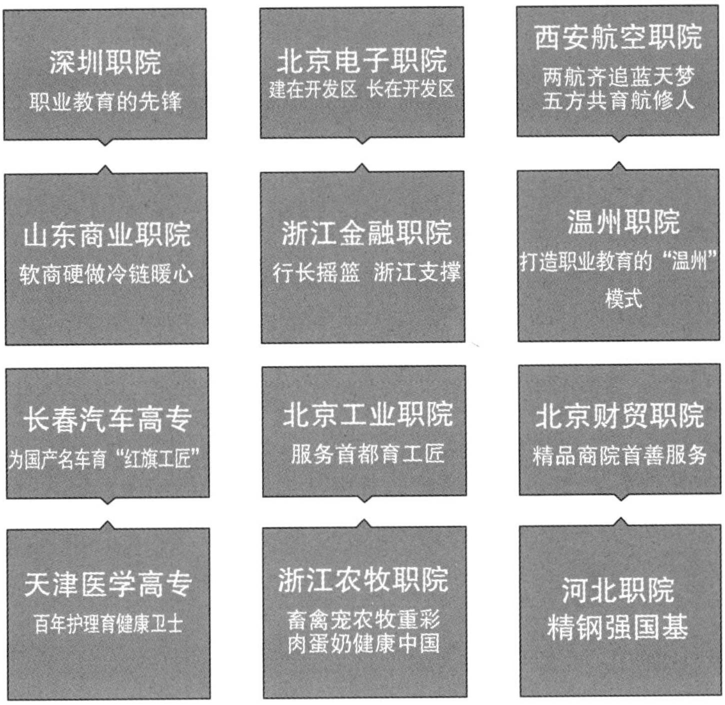

第四章 "双高"学校的精准画像

深圳职院 职业教育的先锋	北京电子职院 建在开发区 长在开发区	西安航空职院 两航齐追蓝天梦 五方共育航修人
山东商业职院 软商硬做冷链暖心	浙江金融职院 行长摇篮 浙江支撑	温州职院 打造职业教育的"温州"模式
长春汽车高专 为国产名车育"红旗工匠"	北京工业职院 服务首都育工匠	北京财贸职院 精品商院首善服务
天津医学高专 百年护理育健康卫士	浙江农牧职院 畜禽宠农牧重彩 肉蛋奶健康中国	河北职院 精钢强国基

图 4-1 部分"双高"学校的"画像"

学堂，是中国历史上第一所公办护士学校，开近代中国公立护理教育之先河。后几经变化，合并了相关医药卫生类学校，2002 年建立天津医学高等专科学校，始终在为医疗卫生事业发展培养人才。该校是天津市唯一一所医学类高等专科院校，是全国百所"国家示范性"高等职业院校，2019 年年底被评为"中国特色高水平高职学校和专业建设计划"高水平学校建设单位 B 档，成为"双高"学校中唯一一所卫生类学校。护理、药学是其品牌专业，学校的办学定位是"百年护理育健康卫士"，既深刻又形象，有深厚的历史感和现实作用，契合"健康中国"新理念，学校形象辨识度高，便于传播。

入选"双高"学校 C 档的长春汽车工业高等专科学校，其办学历史起源于 1952 年第一汽车制造厂建立的长春汽车技术学校。1985 年，经中国汽车工业总公司批准，同意在长春联合大学汽车厂分校的基础上成立长春汽车工业高等专科学校，由第一汽车制造厂举办。伴随着中国汽车工业的发展，学校形成了独具特色的职业教育体系。学校紧密结合汽车产业价值链和市场的人才需求，致力于培养高认知、高技能、高素养的"三高"职业化人才，形成了汽车运用技术专业群、汽车工程专业群、现代制造技术专业群、自动控制技术专业群、汽车服务与贸易专业群五大专业群。汽车制造与装配技术、新能源汽车技术是其品牌专业，学校成为吉林省职业教育的一张高丽名片，享有"汽车人才摇篮"之美誉，培养的五万多名毕业生已经成为汽车产业不可或缺的优秀人才，成为"方向把得准、前沿上得去、地方衔接紧、企业离不开、学生有发展、国际叫得响"的优质高职高专院校。鉴于长春汽专与中国第一汽车集团有限公司,以及"红旗轿车"的天然联系,因此,学校的办学定位"为国产名车育'红旗工匠'"可谓精准到位。

长沙民政职业技术学院1984年由民政部创办,是国家首批28所建设示范性高职院校之一,2019年被评为"双高"学校B档。多年来,学校坚持立足民政、面向社会、适应市场、开放办学,以服务为宗旨,以就业为导向,走产学研结合的发展道路,面向民政行业和区域现代服务业工作一线,培养德、智、体全面发展,心理健康,具有"爱众亲仁"道德精神和"博学笃行"专业品质的高素质技能型专门人才。学校的品牌专业群是现代殡葬技术与管理、老年服务与管理,其殡葬专业更以"烧遍天下"而闻名。学校的办学定位为"立足民政,服务社会",突出了学校的办学特色。

江苏农牧科技职业学院始建于1958年9月,学校秉承"紧扣农牧产业链办学,紧密结合产学研育人,紧跟区域增长极发展"的办学理念,是东南沿海地区乃至我国南方14个省(自治区、直辖市)唯一以培养农牧科技类技术技能型人才为主的高职院校,是全国农业高职院校的排头兵。2019年被评为"双高"学校B档,畜牧兽医、食品药品监督管理是其品牌专业群,宠物也是学校的知名特色专业。因此,这所学校的精准画像是"畜禽宠农牧重彩,肉蛋奶健康中国",如广告语般形象生动。

2. 转型发展类型

受区域经济形势和产业结构变化影响,有的学校在转型发展中寻找到良机脱颖而出,其中付出了超乎寻常的努力。

无锡职业技术学院的前身是1959年3月原国家农机部创办的无锡农业机械制造学校,1999年7月经教育部批准升格为普通高等专科学校,更名为无锡职业技术学院,隶属江苏省教育厅。学校是首批"国家示范性高等职业院校"之一,2012年开始试办四年制高职本科教育,培养本科层次的技术技能人才,2018年入选江苏省卓越高职院校建设单位,2019年在高职高专院校竞争力排行榜位列全国第四,2019年被评为"双高"学校A档,数控技术、物联网应用技术是其品牌专业群。目前开设有与装备制造业和新兴产业相适应的专业48个,其中本科专业6个。拥有教育部教改试点专业2个、首批国家示范专业4个、中央财政支持重点建设专业2个、省高校品牌专业2个、省高水平骨干专业5个、省重点建设专业群4个、省品牌与特色专业8个、全国机械行业品牌与特色专业3个。从农业机械制造学校发展到现在的"双高"A档学校,无锡职业技术学院是转型发展的成功典范。

北京工业职业技术学院前身为创建于1956年的北京煤炭工业学校,1994年开始举办高等职业教育,1999年正式改制为职业技术学院。2000年年初调整为"中央与北京市共建,以北京市管理为主"的市管学校。学院主动适应北京市产业结构调整升级和煤炭行业发展对高技能人才的迫切需求,结合自身特点和优势,逐渐构建起了机电一体化、安全技术管理、工程测量技术、建筑工程技术、通信技术等专业为主的五大工科类主体专业群,形成了会计电算化、计算机网络技术、司法文秘、商务英语等优势专业群。其中,机电一体化专业人才培养方案被教育部收录到最新出版的《中国普通高等教育高职高专教育指导性专业目录》，建筑工程技术和数控加工技术两个专业被确定为国家技能紧缺人才培养基地。学校确立了"立足工业，服务北京，兼顾煤炭，面向全国，为北京现代制造、城市建设、电子信息以及煤炭安全生产等行业、领域培养高技能人才"的办学定位。2019年被评为"双高"学校B档，机电一体化技术、工程测量技术是其品牌专业，学校实现了从纯煤矿行业学校向服务首都后勤保障的华丽转身，其办学定位画像是"服务首都育工匠"。

3. 升级换代类型

日新月异的新技术推动传统产业的升级换代，进而要求服务这类产业的职业院校与时俱进，紧跟时代的步伐，及时调整办学方向，否则就会在技术发展的浪潮中被淘汰。

北京电子科技职业学院的办学历史可追溯到1958年，前身为北京邮电工业学校，1999年成为国家首批独立设置的高职学院。2007年被教育部、财政部批准为"国家示范性高等职业院校建设计划"项目建设单位，是国家在"十一五"期间重点建设的百所示范性高职院校之一，2010年被教育部批准为国家级高等职业教育综合改革试验区建设单位。学校现拥有机械工程学院、汽车工程学院、自动化工程学院、电信工程学院、生物工程学院、艺术设计学院、经济管理学院7个二级学院，开设机械与数控、汽车与交通、自控与电气、电子与信息、食品与生物、艺术与设计、经济与管理7大类48个高职专业，所设专业覆盖了北京市重点发展的各个支柱产业。建校以来，学校已累计为北京现代制造业、高新技术产业和现代服务业培养了10万余名高素质技能型人才。2019年进入国家高水平学校建设单位第一类（A档），汽车制造与装配技术、药品生物技术是其品牌专业群。学校的发展壮大与入驻北京亦庄经济开发区有密切的关系，学校画像定位"建在开发区，长在开发区"，呼应了教育部强调的"把学校建在产业基地、开发区，把专业建在产业链、需求链上"[①]。学校通过深化产教融合、校企合作，聚焦"三城一区"科技创新平台和高精尖经济结构需要，改革调整办学体制机制，形成了学校与开发区协同育人、融合发展的新局面，提出了全面融入"世界一流产业综合新城"建设，努力实现"首善标准、中国特色、世界一流高职学院"的发展目标。

山东商业职业技术学院的办学历史可追溯到1936年的济南私立惠鲁工商职业学校，1999年经教育部批准转为省属高职院校，2019年进入国家高水平学校建设单位第一类（A档）。多年来，学校以"立德树人，兴商润民"为使命，以建设"创业型高水平商科院校"为目标愿景，秉承"尚德蕴能，日精日新"的校训，坚持为社会用人需求服务，为学生就业成才服务，教学质量、办学特色得到社会各界的广泛肯定。学校设会计金融学院（系）、工商管理学院（系）、创新创业学院（系）、信息与艺术学院（系）、智能制造与服务学院（系）、食品药品学院（系）、公共管理学院（系）7个二级学院和马克思主义学院、基础课教学部，设有福瑞达生物工程学院、冰轮工程学院、华为ICT学院等企业冠名学院，开设会计、市场营销、云计算技术与应用、制冷与空调技术、食品营养与检测、旅游管理等51个专业。

---

① 陈宝生. 职业教育要把"需"和"求"紧密结合起来[EB/OL].

市场营销、云计算技术与应用专业群是其品牌,学校办学定位画像"冷链①暖心,软商硬做",形成两极反差,使人印象深刻。

广东轻工职业技术学院的前身是创建于1933年的"广东省立第一职业学校",学校秉承"德能兼备,学以成之"的校训和"自强、敬业、求实、创新"的"广轻"精神,为珠三角地区及全国输送数万名高素质高技能应用型人才。学校设有机电技术学院、食品与生物技术学院、轻化工技术学院、信息技术学院、汽车技术学院、生态环境技术学院、艺术设计学院、财贸学院、管理学院、应用外语学院、创业学院、马克思主义学院和继续教育学院,三个协同教学中心(工业机器人协同教学中心、现代信息技术与新工科协同教学中心、应用外语协同教学中心),设20个专业群、69个招生专业。从最初的化工学校背景,发展为省属唯一国家示范性高等职业院校。2019年,学校位列中国高职高专院校综合竞争力排行榜第九名,跨入全国"双高"建设单位B档,精细化工技术、产品艺术设计专业群是其品牌,具有化工专业的底蕴和艺术设计的特色。"轻工不轻",学校的画像突出"广东职教第一"的历史基因,类似湖南第一师范学院②。

(二)综合性学校

综合性学校反映地域性特征,缺乏行业背景,专业设置覆盖面宽泛,专业调整比较频繁,专业发展比较均衡,优势和特色专业难以突出,准确定位比较困难。

深圳职业技术学院成立于1993年。2001年学校先后与国内129所高校签订联合培养硕士研究生、博士研究生协议,2003年通过教育部高职高专人才培养工作水平评估,2009年成为首批28所国家示范性高等职业院校,2012年首次开始招收本科生,2019年进入国家高水平学校建设单位第一类(A档)。2012年11月,由教育部主办,深圳市政府、广东省教育厅承办的"推进全国职业教育高质量发展现场会"在该校举行。来自全国各地的150余名与会者,在深度研讨职业教育高质量发展的同时,也被这座年轻的城市,以及比城市更年轻的院校、企业所震撼。深职院的创新立校,产教融合、校企合作,以及扎根中国大地又勇当世界一流的本色与担当,让很多人相信:中国职业教育高质量发展的样本就在这里。作为中国职业教育的排头兵,深职院再次被赋予引领中国职业教育发展的重任,是目前我国高职教育的"一面旗帜"。学院自我画像为"职业教育先锋",可谓名副其实。

温州职业技术学院的前身分别是温州业余科技大学、温州商业学校、温州经济学校、温州机械工业学校。1999年四校合并,升格为温州职业技术学院,由浙江省教育厅领导管理,温州市政府主办。2019年进入国家高水平学校建设单位第一类(C档),鞋类设计与

---

① 冷链(Cold Chain)是指某些食品原料、经过加工的食品或半成品、特殊的生物制品和药品在经过收购、加工、灭菌、灭活后,在产品加工、贮藏、运输、分销和零售、使用过程中,其各个环节始终处于产品所必需的特定低温环境下,减少损耗,防止污染和变质,以保证产品食品安全、生物安全、药品安全的特殊供应链系统,作用是保证品质的优良性和食用的安全性。

② 湖南第一师范学院素有"千年学府,百年师范"的美誉,前身为南宋著名理学家张栻于1161年创办的长沙城南书院,1903年始立为湖南师范馆,举办现代师范教育,1912年更名湖南公立第一师范学校,1949年改名湖南省第一师范学校,2008年升格为本科,是湖湘文化的发祥地和中国现代师范教育的摇篮之一。毛泽东称赞"一师是个好学校",亲笔题写了"第一师范"校名。

工艺、电机与电器技术专业群是其品牌，也与温州的主要产业结构相匹配。学校充分发挥民营企业机制灵活的优势，主动服务区域经济，与35个行业协会、310多家民营企业开展全方位、多层次的合作，共育高技能人才，共建专业，共同开发课程，共建共享实训基地，共享校企人才资源，共同开展应用研究与技术开发。与行业企业开展全方位合作，形成了"与温州经济互动，与行业企业共赢"的办学特色，实践了"依托行业，产学结合"的办学模式，创新并实践了以行业和民营企业为依托的"校企合作，工学结合"人才培养模式，被《光明日报》誉为"高职教育的温州模式"①。因此，学校画像为"打造职业教育的温州模式"。

相同的情况还有淄博职业学院，起源于1956年的山东省淄博商业学校，先后合并了卫生学校、轻工美术学校、化工学校、技工学校、中专等学校，2002年成立高职院校，2019年进入国家高水平学校建设单位第一类（B档）。目前所开设的73个专业基本覆盖区域支柱产业。紧盯山东新旧动能转换综合试验区确定的"十强"产业和淄博市确定的"753"现代产业体系，打造电气自动化技术、新能源汽车技术、医养健康3个高水平专业群，智慧快递、财经金融、高端化工、生物制药、装配式建筑、新一代信息技术6个骨干专业群，影视动漫、涉外商贸、艺术创意3个特色专业群，电气自动化技术、新能源汽车技术专业群是其主打品牌。学校画像为"工商特色的一流综合性职业学院"，基本覆盖了区域产业结构对人才的需求种类，做到专业与产业高度契合。

(三)新兴产业型学校

新兴产业是相对而言的，一是新技术产业化形成的产业，二是用高新技术改造传统产业形成新产业，三是对人们原来认为是社会公益事业的行业进行产业化运作形成的产业。2012年5月30日，国务院常务会议讨论通过了《"十二五"国家战略性新兴产业发展规划》，提出了节能环保、新一代信息技术、生物、高端装备制造、新能源、新材料以及新能源汽车七大战略性新兴产业的重点发展方向和主要任务。

深圳信息职业技术学院创办于2002年4月，由深圳教育学院、深圳工业学校、深圳财经学校三校合并组建而来，是高职院校的"小字辈"，现为"双高计划"第一轮建设单位（B档）、国家示范(骨干)高职院校、国家示范性软件职业技术学院、教育部"中德职教汽车机电合作项目"试点院校，现拥有3个国家级高等职业教育专业教学资源库（含1个备选项目）。学院有软件学院、电子与通信学院、计算机学院、数字媒体学院、智能制造与装备学院、交通与环境学院、管理学院、财经学院、应用外语学院、中德学院、马克思主义学院（思想政治理论课教学部）、继续教育学院、创新创业学院、创新教育研究院、国际交流与合作学院（港澳台事务办公室）、公共课教学部、体育部、信息技术研究所、滨海土木工程技术研究所，开设信息类为主的专业47个，软件技术、移动通信技术专业群是其品牌，

---

① 温州模式又被称作"小狗经济"，贴切形容了温州遍地的小企业、小家庭作坊场景。这种以家庭工业和专业化市场的方式发展非农产业，从而形成小商品、大市场的发展格局，和苏南模式的集体经济，产品主要为大工业配套服务不同，和广东模式注重利用外资发展也不同。

学校画像突出了信息软件特色,是典型的新兴产业型学校。

二、继承发展

历史是最好的教科书。"双高"学校不可能平地起高楼,"双高"学校建设必须要不忘本来,总结历史经验;吸收外来,借鉴国外先进经验;创新未来,提升核心竞争力。以"立德树人"为根本任务,遵循"以人为本,因材施教"的教育理念,秉承"厚德博学,善技创新"的办学传统,坚持校企互动、产教对接、学做合一,促进开放融合,推动学校内涵、特色、差异化高质量发展。

(一)尊重历史,汲取精华

列宁曾说过"忘记历史就等于背叛"。尊重历史就是不忘本,尊重历史就是不忘前人的劳动,尤其是拓荒者的贡献,尊重历史才能把握现实、开启未来。

深圳职业技术学院今日之快速发展与创业者俞仲文关系密切。作为中国高等职业教育的拓荒者和深圳职业技术学院的创始人,在俞仲文身上镌刻着一名学者对中国现代高职教育的思考、实践和追求。1992年7月,俞仲文被任命为筹备小组组长,开始筹建深圳高等职业技术学院(1997年正式命名为深圳职业技术学院),其后被任命为党委书记、院长(任期至2007年5月止),任职期间率先开办四年制高职教育专业试点,首创招收港澳台学生。他在接受《南方日报》《广州日报》等南粤主流媒体专访时表示:三十年前,广东职教的发展模式,成为引领中国高等教育改革创新的重要模式。而三十年后的今天,广东民办教育同样有能力成为引领中国民办教育发展的重要力量,成为亚太地区民办教育最发达的地区之一。"反思过去的高职教育,可以发现有个误区,以为光培养高技能人才,能用现在的设备就行了,这只是中职教育的培养目标,对更高层次的高职教育而言则应举起技术教育的大旗,不仅仅培养技能人才,还要培养有一定技术应用能力的人才,包括技术的引进、消化、反求、定着、集成、创新。改革开放以来,广东省已成为国内外先进技术的集中地。所以,高高举起技术教育的大旗,将会影响今天高职的办学模式和办学内涵。"他将高职人才定义为"灰领人才",既不同于创造图纸的"白领",也不同于在流水线操作的"蓝领",而是介于两者之间,是能够将图纸细化分解到各个生产流水线去实施、使其转化为实物的人才。以目前中国教育现状作大体分工,应该是本科以上培养"白领",高职培养"灰领",中职培养新一代"蓝领"。如此清晰的观点,是他耕耘中国职业教育数十载的经验总结。

> **专栏2-1　俞仲文被英国胡佛汉顿大学授予商业管理学荣誉博士学位**
>
> 依照英国教育部的规定,荣誉博士学位只授予那些在相关领域里对他所在的国家以及世界做出了杰出贡献的知名人士。鉴于俞仲文教授在担任深圳职业技术学院院长期间形成的富有创见的教育思想、丰硕的学术成果、深圳职业技术学院所取得的奇迹般的发展,以及由此对中国乃至国际高等职业教育所产生的影响,特授予其管理学荣誉博士学位。
>
> ——俞仲文于2001年被英国胡佛汉顿大学授予商业管理学荣誉博士学位,该校董事会公布的授予辞

长沙民政职业技术学院之所以有名，与刘晓院长的关系甚大。他视野开阔，勤政廉洁，锐意创新，求实进取。十几年来，带领长沙民政职业技术学院教职员工，坚持"立足民政、面向社会、适应市场、开放办学"的办学思想，通过不断深化教育教学改革，完善内部管理体制，实现了学院跨越式发展。刘晓院长在民政行政管理、社会工作、殡葬教育、社区服务、社区康复等领域进行了诸多探索，为我国民政高等教育的发展倾注了满腔热血，为民政系统干部队伍素质的提高以及民政事业的发展作出了较大的贡献，是国内知名的民政教育专家。在我国高校社工专业的发展和人才培养问题上，既是敢为人先的改革者，又是洞若观火的思考者。在他的带领下，长沙民政职业技术学院的社工专业顺利地实现了转型。学院引进了一批毕业于香港理工大学和香港城市大学，拥有社工专业硕士或博士学历的教师。他们不但有扎实的理论基础，而且坚持在社区里从事社会工作实践。学院的教学模式为"学习＋实践"，学生一般一周2～3天在学校学习，剩下的时间在社区实践。学生在学习的过程中已经完全熟知一个社区需要什么样的社工，并能妥善加以处置。[①]

（二）传承光荣，开拓创新

从"示范（骨干）校"到"双高"建设，意味着从优秀到卓越，不能躺在前人的功劳簿上睡大觉，因循守旧，故步自封，而是要与时俱进，创新发展，青出于蓝而胜于蓝。

深圳职业技术学院之所以取得奇迹般的发展而且花开常盛，是因为不仅创业者优秀，几届接任者也再接再厉，一张图纸绘到底，保证了学校事业发展能够挺立潮头，蒸蒸日上。在这个优秀领导群体中，前有俞仲文（从1992年7月学院筹建到2007年5月离任）、刘洪一（2007年6月至2016年9月任深圳职业技术学院党委书记、校长，当选为"黄炎培杰出校长"，在任期间提出创建一流职业技术大学的行动方略，倡导走内涵发展之路、特色发展之路、共同发展之路、国际化发展之路，现任深圳大学党委书记），后有陈秋明（1998年硕士研究生毕业后在深圳职业技术学院工作，曾任教务处招生办主任、教务处副处长、院长办公室主任、副院长、党委副书记、纪委书记等职。2016年10月至2019年9月任深圳职业技术学院党委书记。在任期间，教育管理经验丰富，开拓意识强，敢担当善作为，工作有激情有魄力，推进教育教学改革工作成效明显，深圳职业技术学院在2018年国家教学成果奖评审中获得特等奖。现任深圳市委教育工委书记、市教育局党组书记、局长），现有杨欣斌（2016年3月任副校长，现任深圳职业技术学院党委书记、校长，国家级教学名师，广东省第七批"千百十工程"省级培养对象，深圳市地方级高层次领军人才）。在几代校领导的共同努力下，深圳职业技术学院才得以稳固自己在高等职业教育领域中的地位，保持良好的发展态势。

---

① 孙彦川．改革教育方式　培养更多优秀社工人才[N]．中国社会报，2014-03-07(5)．

三、优势突出

高职学校之间有深度合作,也有激烈竞争,在长期的办学过程中,各校对教育资源的占有、分配和利用等情况的差别,造成了比较优势[①]的产生。而比较优势的差别直接导致了人才培养的专业化(即所谓"社会分工")和扬长避短的产生。职业教育服务范围的区域性,决定了学校在区域特点形成的比较优势并不影响其他地区的同类院校,同类学校之间有广泛的交流互鉴空间,而非赢者通吃。"双高"学校是高等职业教育的佼佼者,具有其他学校不可比拟的整体优势或独特优势,其发展经验也值得各职业院校借鉴。

(一)师生素质卓越是保障

名师出高徒,高职院校要实现高质量办学,首先需要师资队伍优秀。高水平高职院校需要教师具备指导与咨询的知识与能力、教学专长、社会交往能力、研究能力以及自我发展能力。既能为"经师"(技术技能层面),又能为"人师"(精神品德层面)。高水平高职院校要重视师德建设、重视团队建设、重视教学研究、重视教师科研能力特别是应用技术研发能力的培养。如广东轻工职业技术学院现有教职工 1200 余人,其中高级职称教师 400 余人(二级教授 9 人),珠江学者 9 人,"双师"素质教师 700 余人;国务院特殊津贴专家 2 人,全国模范教师 2 人,国家级教学名师 2 人,国家级教学团队 2 个,国家"万人计划"教学名师 1 人,全国技术能手 2 人,全国青年岗位能手 1 人,全国高校思想政治理论课教师影响力人物 2 人,全国轻工行业先进工作者 1 人,中国轻工职业教育教学名师 1 人,全国辅导员年度人物 1 名,广东省高校"千百十工程"国家级培养对象 2 人,南粤优秀教师 11 人,南粤优秀教育工作者 4 人,广东省"特支计划"教学名师、广东省教学名师、专业领军人才等名师专家近 70 人。该校建立了一个由企业一线工作的技术人员、能工巧匠、高级经理人等组成的优质兼职教师资源库,兼职教师与专业专任教师数之比达到 1∶1 以上。学校在 2019 年进入全国高职院校教师教学发展指数排行榜前十名,在广东省高职院校教师队伍建设考核中连续三年排名第一。

(二)生源质量优秀是基础

从学生视角出发,好的生源是基础,后天培养是关键。生源对高职院校的发展显得至关重要,生源数量是高职院校生存发展的基础,生源质量是高职院校发展的根本,生源持续是高职院校发展的源泉。南京工业职业技术学院是一所百年名校,其前身是黄炎培先生创建于 1918 年的中华职业学校,学校的生源质量优秀,高考录取分数线连续 9 年在江苏省位居前列,连续 13 年超过本科线。山东商业职业技术学院的普通专科类别和"3+2"专

---

① 比较优势(Comparative Advantage)出自英国经济学家李嘉图在 1817 年出版的《政治经济学及赋税原理》,书中提出了著名的比较优势原理(Law of Comparative Advantage),比较优势理论的精髓就是俗话说的"天生我材必有用"。比较优势的原理本来是国际贸易学中的重要概念,现在广泛地用在各种竞争合作的比较当中,而不仅仅是企业间贸易等方面的问题。如城市的功能定位,国际经济合作,求职者之间的能力比较,公司之间的发展能力比较等,任何可能发生比较和差异的地方都能用到比较优势原理。

本贯通分段培养的录取分数线全部超过本科资格线。该校2018年的春季高考生源质量也进一步提升，财经类最低分数线606分，商贸类591分，土建类595分，机电一体化类542分，烹饪类550分，汽车类517分，旅游服务类510分，电工电子类509分，护理类454分。其中信息技术类录取分数线超过春考本科线，生源质量在职业院校中处于较高水平。

(三)专业建设一流是关键

如果说基础教育主要强调课程（如语文、数学、英语、政治、物理、化学、历史、地理等），普通高等教育强调学科（如经济学、管理学、法学等），那么高等职业教育最具区分度和典型意义的便是专业（比如金融专业、会计专业、旅游管理专业、铁道建设专业、远洋海运专业）。专业既是职业教育的基本特征，是职业院校教学管理活动的基本单元，也是职业院校划分教学资源、考核职业院校教学绩效的基点。[1] 以专业建设为龙头是高职教育的基本特征，高水平专业群建设是"双高"建设的基中之基、重中之重。

专业群是由一个或多个办学实力强、就业率高的重点建设专业作为核心专业，若干个工程对象相同、技术领域相近或专业学科基础相似的相关专业组成的一个集合。职业院校建设的实践证明，抓住专业群建设这个基础和重点，就等于抓住了"双高"学校发展的核心和要领。如湖南省入选"双高"的几所职业院校中，近些年来，对接产业、紧贴行业，建设特色专业群成为这些学校专业建设的改革发展方向。湖南汽车工程职业学院全面对接区域汽车产业发展需求，先后完成了四次大的专业整合和系部调整，着力培育了"汽车整车与零部件制造""汽车营销与服务""新能源与智能汽车"三大汽车特色专业群。长沙航空职业技术学院通过一场大刀阔斧式的"专业改造工程"，由2012年8个大类33个专业调整为目前的4个大类22个专业，形成了航空机电设备维修、航空电子设备维修、航空机械制造、航空服务与管理四大特色专业群。[2]

四、彰显特色

特色鲜明是高等职业教育区别于其他高等教育形式的显著特征，是高水平高职院校建设的集中体现，是办学理念明确、办学定位精准、科学有效管理的显性成果。

(一)异中错位

职业教育服务三产，产业差异决定了专业差异。"双高计划"三产俱全，海陆空都有，覆盖国计民生全领域。有些学校通过错位发展、重点突破，走出了自己的特色。如长沙民政职业技术学院于1995年在全国首先创办了现代殡仪技术与管理专业，并正式开始向全国招生，成为全国第一个"吃螃蟹"的学校。这是在一个特殊的领域展开一场特殊的教育，

---

[1] 周建松. 专业群是高水平高职院校的基石[N]. 光明日报，2018-07-26.
[2] 焦以璇. 湖南职业教育以专业群建设为重点，强化校企合作育人——产教融合助职教高质量发展[N]. 中国教育报，2018-11-10.

"双高"建设引领技能社会

在一无所有的基础上开始一个闻所未闻的教育领域。除了社会对这一行业的看法外，一切都要从零开始。无教材，无师资，无经验，面对着新的"三无产品"，学院开始了艰辛探索和创新。无教材，自己动手编；无老师，请行业的师傅来上课；无经验，自己边教学边总结。经过十年磨砺，殡葬教育在艰难中逐渐走出了迷茫与低谷。2003年，该专业成为学校精品专业；2005年，成功立项为湖南省精品专业；2006年，该专业成为首批国家示范校重点建设专业。学院创新工学结合人才培养模式，形成了与殡葬行业企业"全面合作办学、全程合作培养、全员合作就业"的办学格局。通过改革，构建了基于工作过程系统化的课程体系，建设了2门国家级、省级精品课程和1个省级专业教学资源库、6门院级优质核心课程，开发了6门工学结合课程和12本特色教材。建成了设备先进、功能完备、管理科学、能充分满足生产性实训和顶岗实习要求的校内外实训实习基地，完善了实践教学条件。通过制定行业标准、开发国家职业标准、技术研发、技能培训等方式，提升了服务行业企业能级，使学校与行业企业的联系更为紧密，形成了校企合作的长效机制。目前，殡葬教育专职教师80%以上有到海外进修学习经历。该专业毕业生遍布全国，全国殡仪馆馆长有三分之一是该校的校友，部分毕业生就职于马来西亚等国家和香港、澳门等地区，毕业生已成为中国殡葬行业招聘首选。[①] 2019年，长沙民政职业技术学院成功入围"双高"学校，现代殡葬技术与管理专业群成功入围高水平专业群建设单位。可以说，学院通过开办一个专业，改造了一个行业，真正实现了"人无我有，人有我优"，通过异中错位发展，走出了一条具有自身特色的办学之路。

(二)同中见异

南京、常州、深圳三个信息学院入围"双高"学校，如何体现区分度？南京信息职业技术学院创建于1953年，是中华人民共和国成立后建立的第一所电子中等专业学校，起始于苏联援华项目的一个子项目。作为信息类高校，南京信息职业技术学院坚持"服务全体学生，服务地方经济，服务信息产业"的办学宗旨，弘扬工匠精神，把握智能制造，积极跟进新一代信息技术产业发展，围绕云、物、大、智、移领域人才培养，与各领域领军骨干企业广泛开展深度合作。携手阿里巴巴、华为、新华三、中国电信、埃斯顿、数梦工场等，学校先后建成信雅达企业培训园、中认南信实验室、埃斯顿工业机器人学院、阿里云大数据学院、腾讯云创新创业基地、网龙南信联合实验室等一批产教双功能平台，覆盖了全部专业群。[②]

常州信息职业技术学院的前身是1962年成立的常州市勤业机电学校，2000年10月经江苏省政府批准由常州无线电工业学校和常州市电子职工大学合并组建成立。学校秉承"立足信息产业，培育信息人才，服务信息社会"的办学理念，专注工业互联网，主攻新一代信息技术与制造业深度融合，培养(设备)智能化、(车间)自动化、(企业管理)智慧化、(生产要素)网络化的"工业四化"人才，服务江苏制造业高质量发展，服务长三角产业协同

---

① 张建平. 长沙民政职业技术学院创建中国特色高水平高职学校纪实[N]. 湖南日报，2019-12-23.
② 南京信息职业技术学院. 产教融合的"南信烙印"[N]. 中国教育报，2019-06-17.

转型升级，服务国家工业互联网高素质人才需求。①

深圳信息职业技术学院成立于2002年，由深圳教育学院、深圳工业学校、深圳财经学校三校合并组建而成。学院紧密对接深圳高新技术、金融、文化创意、现代物流四大支柱产业需求，以软件技术、移动通信、微电子技术三大核心专业群为引领，科学布局九大高水平专业群，形成集聚效应。行企校共建华为ICT学院、国家"芯火"平台人才培养示范基地、粤港澳大湾区第三代半导体人才培养示范基地等高水平协同育人平台，共同组建教学团队，共建教学资源，共建产教融合型实训基地，批量教师考取HCIE、CCIE等高端认证，教授产业主流技术，保障了专业设置与产业需求、课程内容与职业标准、教学过程与生产过程、核心技能与关键岗位的"四精准"对接。②

可见，作为信息类高校，三个信息学院都围绕信息产业，形成了核心专业群，培养了高素质信息人才。然而，三个学院历史积淀不同，区位不同，重点建设专业服务区域经济，与当地产业实现了精准对接，可谓是"同中见异"。

(三)交叉错位

江苏农林职业技术学院与江苏农牧科技职业学院何其相似：同在江苏省，都是农字头学校，都隶属农业农村厅管理，相去不远，一所在镇江市代管的句容市，一所在泰州市。区分度何在？江苏农林职业技术学院的办学历史可追溯至1923年由美国文化人士开办的教会职业学校"中华三育研究社"。2002年6月，成立江苏农林职业技术学院。学校坚持以"三农"需求为导向优化专业布局，着重针对江苏现代农业产业转型升级和"一二三产融合发展"的趋势和特点，实施转型升级，持续做强一产支撑专业群，大力改造二产支撑专业群，积极做特三产支撑专业群。坚持以服务"三农"为宗旨，以"兴农报国"使命为本，秉持"课堂移村口、师生到田头、成果进农户、论文写大地"的开放理念，全力以赴做好农业发展的引擎、农村发展的智囊、农民致富的帮手，走产学研一体化办学之路，呈现出办学实力强、服务引领产业能力强和国际合作层次高"两强一高"的良好奋斗态势。③

江苏农牧科技职业学院始建于1958年9月，是我国东南沿海地区乃至我国南方14个省级行政区唯一以培养农牧科技类技术技能型人才为主的高等院校。学校紧扣农牧产业链办学，专业链紧密对接产业链，通过服务农林牧渔、种养等，促进一二三产业融合发展。学院设置的专业，覆盖农牧产业链所有岗位群，形成现代农牧专业链，建有现代畜牧生产、动物疫病防控、现代宠物技术、动物药品技术、食品质量与安全、现代渔业技术等专业群，致力于培养懂农业、爱农村、爱农民的专业人才，助推区域现代农牧业转型升级。学院紧跟泰州社会经济增长极发展，建成了"三区三基地"，推动泰州建成了"国家现代农业示范区""全国农业改革与建设试点""国家农业科技园区"，培育了中药养生特色小镇，引领农民就地创业致富，同时也为学生生产实践、教学实训、创新创业实践提供了实战环

---

① 周勇．常州信息职业技术学院把握时代脉搏 打造特色高水平信息高职[N]．中国教育报，2019-12-17．
② 黄远彬．深圳信息职院充分汲取特区改革开放创新的精神营养 做支撑地区产业转型升级永动机[N]．中国教育报，2019-09-03．
③ 俞卫东．本立道生 在践行初心使命中再建新优势[N]．中国教育报，2019-12-17．

境，为区域农牧业经济发展提供了有力的人才支撑和技术保障。[①]

通过比较不难发现，两所学校在办学定位上，既有交叉又有错位。两者均为农字头学校，江苏农林职业技术学院的使命是服务乡村振兴战略，努力实现"强农业、美农村、富农民"，画像朝向"强农富民高地"；而江苏农牧科技职业学院致力于农牧人才的培养，其精准画像是"畜禽宠农牧重彩，肉蛋奶健康中国"。

[①] 吉文林. 农牧高职产教融合服务乡村振兴战略的思考与实践——以江苏农牧科技职业学院为例[J]. 中国农业教育，2018(4)：13-16.

第五章 "双高"建设目标

"双高"建设引领技能社会

古语云："取法于上，仅得为中，取法于中，故为其下。""双高"是一个建设的过程，而建设的标准则决定了建设的水平。"双高"学校不仅要知道自己"从哪儿来"，更要清楚自己要"到哪儿去"，要把以前模糊的、不定期的未来愿景，变成五年清晰的建设目标，从而使学校在建设期内实现质的飞跃，这是一个严峻的挑战。同时，高水平学校和专业还要有"样板"意识。样板即范本、榜样，作为引领改革、支撑发展、中国特色、世界水平的高职学校和专业群，必须成为高素质技术技能人才培养培训高地，必须成为产教融合、校企合作的典范，必须成为立德树人、促进就业、服务发展的标杆，必须成为支撑国家重点产业、区域支柱产业发展的标兵，必须成为在世界范围内代表中国现代职业教育模式的探路者和排头兵。高水平学校和专业要有领航意识，全国职业教育体量庞大，被列入建设名单的学校或专业仅仅是千余所高职学校的先进代表，通过项目建设的示范引领，使得区域内高职学校协调发展，从而形成中国特色职业教育发展模式的"雁阵效应"，带动职业教育增值赋能、提质扩优。高水平学校和专业还要有创新意识，这是因为"双高计划"的最终目的是要打造一批当地离不开、业内都认同、国际可交流的职业教育"样板房"。显而易见，"样板房"不是原有的、大众化的、普及性的，而是代表先进理念、先进水平的新模式、新标准。这就需要项目学校在建设过程中具有强烈的探险精神和创新意识。要坚持问题导向，放宽发展视野，瞄准国际先进水平，敢于"从无到有"地闯，敢于"从有到优"地试，努力为教学改革、课程标准研发、教师队伍建设等创造新的经验和标准，努力为我国职业教育高质量发展的政策、制度、标准体系更加成熟完善提供新的"样本"。[①]"双高计划"是一项通过国家顶层设计，构建扶优扶强、持续推进的建设机制，"双高"学校对标国家教育改革发展步伐，整体设计改革发展任务，分段实现《国家职业教育改革实施方案》确定的2022年、2035年两个阶段目标，根据经济社会发展水平、围绕国家战略需要，适时调整建设重点，逐步成为行业品牌、区域支撑、中国一流、世界水平的职业院校。

一、行业品牌

行业分类，是指从事国民经济中同性质的生产或其他经济社会活动的经营单位或者个体的组织结构体系的详细划分。行业分类可以解释行业本身所处的发展阶段及其在国民经济中的地位。[②] 品牌是产品或企业核心价值的体现，是质量和信誉的保证，最持久的含义

[①] 刘景忠. 期待"双高计划"成职教发展"样板"[N]. 中国教育报, 2019-12-20.
[②] 国民经济行业分类与代码(GB/4754—2017)，国民经济行业分类：A. 农、林、牧、渔业；B. 采矿业；C. 制造业；D. 电力、热力、燃气及水生产和供应业；E. 建筑业；F. 批发和零售业；G. 交通运输、仓储和邮政业；H. 住宿和餐饮业；I. 信息传输、软件和信息技术服务业；J. 金融业；K. 房地产业；L. 租赁和商务服务业；M. 科学研究和技术服务业；N. 水利、环境和公共设施管理业；O. 居民服务、修理和其他服务业；P. 教育；Q. 卫生和社会工作；R. 文化、体育和娱乐业；S. 公共管理、社会保障和社会组织；T. 国际组织。

和实质是其价值、文化和个性。① 2016年,《国务院办公厅关于发挥品牌引领作用推动供需结构升级的意见》发布,明确说明:"品牌是企业乃至国家竞争力的综合体现,代表着供给结构和需求结构的升级方向。"

教育作为社会公共服务,同样具有品牌效应,那就是学校的知名度。与普通高等教育以学科出名有所不同,高等职业教育是以专业而闻名的。高水平专业群建设是支撑高水平学校发展的重要基础,从"专业"到"专业群"虽仅有一字之差,却反映了高等职业教育专业结构功能从独立性、封闭性到系统性、生态性的转变。"双高"学校要站在产业链上办专业,专业组群的格局直接决定着专业群的建设发展路径。组群逻辑决定着组群结构,组群结构决定着组群功能,组群功能决定着组群水平,组群水平是专业群建设实现内涵式发展的关键。专业群构建也需要考虑多方面因素,重点考虑产业发展和自身办学特色的契合度,充分考虑面向产业结构、行业结构、职业结构、岗位结构,科学合理规划专业群中的专业结构、课程结构、组织结构、人员结构、资源配置结构,确保专业群在教学组织实施上的相对稳定性和通用性,在应对市场需求变化时的相对灵活性和适应性,同时促进群内专业在不同层级之间的交叉、渗透和融合。

(一)现代农业品牌

现代农业不再局限于传统的种植业、养殖业等农业部门,而是包括了生产资料工业、食品加工业等第二产业和交通运输、技术和信息服务等第三产业的内容。农业既是传统产业,也是各地必备的行业。在农林行业院校中,江苏农林职业技术学院是佼佼者。在农牧行业,江苏农牧科技职业学院是领航者。

江苏农林职业技术学院多年来坚持农科教推助力乡村振兴,力争成为全国农业职业院校服务农业产业转型升级的领头羊。一是科技推动,引领农业产业升级。学院坚持为当地现代农业产业服务,依托23个省部级科研平台,组建草坪草、有机茶叶等9个科技团队,专题立项、开展研究,近十年来,立项省部级以上科研项目241项,争取科研经费累计达2.14亿元。育成农作物新品种37个,研创新技术140项,国家授权发明专利233件,制定省级以上标准36项。获得神农中华农业科技成果二等奖、国家林业部门梁希科学技术奖二等奖等重大科技成果奖励46项。二是产业带动,助力区域经济发展。学院助力区域成功打造了江苏省镇江国家农业科技园区、江苏省句容市国家现代农业示范区等国家级别园区以及句容市鲜果小镇、草毯绿波小镇、溧阳市白茶小镇等省级农业特色小镇。草坪草和彩叶苗木两大产业被省委、省政府部门确定为宁镇丘陵地区优势主导产业,拥有自主知识产权的无土草坪生产技术推广种植面积达9万多亩,带动4万多农户,辐射全国30多

---

① 品牌(Brand)一词来源于古斯堪的那维亚语brandr,它的中文意思是"烙印",指的是生产者燃烧印章烙印到产品上。1960年,美国营销学会(AMA)给出了对品牌较早的定义:品牌是一种名称、术语、标记、符号和设计,或是它们的组合运用,其目的是借以辨认某个销售者或某销售者的产品或服务,并使之同竞争对手的产品和服务区分开来。品牌是广大消费者对一个企业及其产品过硬的产品质量、完善的售后服务、良好的产品形象、美好的文化价值、优秀的管理结果等所形成的一种评价和认知,是企业经营和管理者投入巨大的人力、物力甚至几代人长期辛勤耕耘建立起来的与消费者之间的一种信任。

个县(市)。彩叶苗木现已推广到25个省(自治区、直辖市),推广面积10万多亩,带动8000余农户。①

江苏农牧科技职业学院坚守服务"三农"宗旨,组建六大技术服务团队,将科技服务与顶岗实习融合,为学生生产实践、创新创业实践提供了实战环境,提升学生的技术应用能力和就业创业能力,适应现代畜牧高端产业和产业高端需求,全面实施"兴农富民工程、百师兴百村工程、助企兴农工程、挂县强农富民工程和品种推广工程"五大工程,形成了"品种＋基地＋技术"套餐式科技服务模式和"行业—学院—企业"联动服务机制,有效解决了农业科技成果推广的"最后一公里"难题。近五年来,共推广畜禽新品种(系)6个、养殖新技术新模式20余项,对接帮扶300多家企业、100多个科技示范村,培育科技示范户2000多户、科技示范带动户8000户,培训各类人员18万多人次。学院连续四年获全国高职院校服务贡献50强,带动了区域经济发展,助力泰州市建成国家级别现代农业示范区,获"世界水禽看中国,中国水禽看泰州"的美誉。②

(二)现代制造业品牌

制造业是将已获取的物质资源作为劳动对象,通过加工、制作、装配等环节以形成新部件、新产品的工业部门,主要包括冶金工业、机械工业、食品工业、纺织工业、电子工业等。从制造业的发展历史来看,主要有两类制造业,分别是加工制造业和装备制造业。制造业是国民经济的主体,是立国之本、兴国之器、强国之基。2015年5月19日,国务院正式印发《中国制造2025》,瞄准新一代信息技术、高端装备、新材料、生物医药等战略重点,引导社会各类资源集聚,推动优势和战略产业快速发展。

教育部曾向社会公布了首批战略性新兴产业相关本科专业名单,其中有8大本科专业前景广阔,这些为服务国家战略新兴产业而兴办的专业,备受考生和家长青睐。包括新能源科学与工程、纳米材料与技术、新能源材料与器件、微电子科学与工程、功能材料、智能电网信息工程、物联网工程、生物制药等。从每个专业的详细分析以及学生就业发展前景这两个信息面来看,这8大专业对应的都是高科技或是科研领域。比如新能源材料与器件专业,学生就业方向是在新能源、新材料、新能源汽车、节能环保、高端装备制造等国家战略性新兴产业领域以及电力、航天航空等领域的研究机构。学生还可以选择继续深造,进入新能源高端领域。又比如微电子科学与工程专业的就业方向是集成电路行业和半导体制造业,涉及计算机、民用电子产品、通信器材、国防军事等。

天津电子信息职业技术学院软件技术专业群以国家战略性新兴产业发展政策为指导,围绕产业链和职业岗位群建设专业群③,群内软件技术、动漫制作技术、数字媒体应用技术、移动应用开发4个专业分别精准对应《战略性新兴产业分类(2018)》中新一代信息技术大类的新兴软件开发、数字文化创意内容制作服务、新型媒体服务、互联网平台服务(互

---

① 江苏农林职业技术学院. 创新江苏农林模式 构筑职业教育高地[N]. 中国教育报, 2020-01-19.
② 江苏牧院. 产教科融合 培养乡村振兴卓越人才[N]. 中国教育报, 2019-06-17.
③ 专业群的概念最早源于20世纪70年代美国的《生计教育法》,其中提出的职业群概念,即基于职业的共同特征,将性质相近的职业重组为一个职业群,分析该职业群所需的知识和能力作为课程编制的依据。

联网+)4个分类。软件技术专业群人才培养定位于交互式体验设计工程师、软件开发工程师、人工智能技术应用工程师、前端工程师、数据库工程师、软件测试工程师、系统运维工程师、移动应用开发工程师、UI设计师、数字媒体设计师等信息技术岗位，涵盖了软件产品开发生命周期中的交互式设计、项目开发、系统运维、技术推广全过程。群内各专业之间贯通，人才培养过程灵活，"定制化"特征明显，关注学生职业发展能力培养。①

(三)现代服务业品牌

世贸组织的服务业分类标准界定了现代服务业的九大分类，即商业服务，电讯服务，建筑及有关工程服务，教育服务，环境服务，金融服务，健康与社会服务，与旅游有关的服务，娱乐、文化与体育服务。我国"现代服务业"的提法最早出现于1997年9月党的十五大报告上。2007年，《国务院关于加快发展服务业的若干意见》发布，对加快发展现代服务业起到了政策支持和促进作用。现代服务业大体相当于现代第三产业，第三产业包括：交通运输、仓储和邮政业，信息传输、计算机服务和软件业，批发和零售业，住宿和餐饮业，金融业，房地产业，租赁和商务服务业，科学研究、技术服务和地质勘查业，水利、环境和公共设施管理业，居民服务和其他服务业，教育，卫生、社会保障和社会福利业，文化、体育和娱乐业，公共管理和社会组织，国际组织。

2019年10月9日，教育部等七部门印发的《教育部办公厅等七部门关于教育支持社会服务产业发展 提高紧缺人才培养培训质量的意见》指出，社会服务产业是涉及亿万群众福祉的民生事业和具有巨大发展潜力的朝阳产业，并提出国家奖学金向家政、养老等社会急需专业倾斜。鼓励引导有条件的职业院校积极增设护理(老年护理方向、中医护理方向)、家政服务与管理、老年服务与管理、智能养老服务、健康管理、中医养生保健、中医营养与食疗、助产、幼儿发展与健康管理、幼儿保育、学前教育、康复治疗技术、中医康复技术、康复辅助器具技术、康养休闲旅游服务、健身指导与管理等社会服务产业相关专业点。

2020年突如其来的新冠疫情，使公共卫生专业需求增加。2月28日，在国务院联防联控机制举行的新闻发布会上，一些专业被"点名"，分别是：临床医学、公共卫生、集成电路、人工智能、预防医学、应急管理、养老服务管理、电子商务。教育部副部长翁铁慧表示，"这些领域都是非常缺人才的，这些专业今后一段时间社会需求比较旺盛"，"几年后就业不成问题"。研究生计划增量，重点投向临床医学、公共卫生、集成电路、人工智能等专业，而且以专业学位培养为主，以高层次的应用型人才专业学位为主。专升本的计划增量，将投向职教本科和应用型本科，主要向这些学校增加名额，向预防医学、应急管理、养老服务管理、电子商务等专业倾斜。"双高"建设考虑专业调整，使之直接服务于国家战略和社会民生急需的领域，加强公共卫生等方面的一线人才培养。

---

① 吴家礼．聚焦智能产业发展 引领职教面向未来[N]．中国教育报，2019-12-17．

二、区域支撑

2018年，长江三角洲区域一体化发展上升为国家战略，为着力落实新发展理念，构建现代化经济体系，推进更高起点的深化改革和更高层次的对外开放，同"一带一路"建设、京津冀协同发展、长江经济带发展、粤港澳大湾区建设相互配合，完善中国改革开放空间布局。职业教育除了服务区域，更要为支撑区域经济发展作出贡献。"双高"学校需要扎根区域办学，从主要为行政区服务发展到为跨省域主体经济功能区服务。

（一）京津冀协同发展

中共中央政治局2015年4月30日召开会议，审议通过《京津冀协同发展规划纲要》（以下简称《纲要》）。《纲要》指出，推动京津冀协同发展是一个重大国家战略，核心是有序疏解北京非首都功能，要在京津冀交通一体化、生态环境保护、产业升级转移等重点领域率先取得突破。调整经济结构和空间结构，走出一条内涵集约发展的新路子，探索出一种人口经济密集地区优化开发的模式，促进区域协调发展，形成新增长极。

北京在京津冀一体化进程中承担领航作用，将全面提升职业院校服务国家战略和北京城市发展能力，服务"四个中心"（全国政治中心、文化中心、国际交往中心、科技创新中心）的核心功能；建设、服务高精尖产业结构、服务城市运行与发展、服务高品质民生需求；服务京津冀、首都功能核心区和北京重大建设工程的人才需求，探索职教联盟的新模式，促进京津冀职业教育协同发展；面向津冀、对口支援及周边省份适当投放招生计划，采用定向招生、联合培养等方式，增强城市运行、养老、护理、家政服务等北京紧缺和急需人才的供给。北京市关于《深化职业教育改革的若干意见》《北京职业教育改革发展行动计划（2018—2020年）》等文件精神，围绕首都"四个中心"功能建设，坚持"开放办学、自主办学、创新办学"的原则，聚焦职业教育重点难点问题，深化体制机制改革，实现首都职业教育的"高水平、有特色、国际化"发展。北京推选出7所职业院校参评"双高计划"，全部入围。其中北京电子科技职业学院、北京工业职业技术学院、北京财贸职业学院分别获评A档、B档、C档中国特色高水平职业学校，北京信息职业技术学院、北京农业职业学院入选A档高水平专业群建设单位，北京劳动保障职业学院入选B档高水平专业群建设单位，北京交通运输职业学院入选C档高水平专业群建设单位。2019年中、高职院校共新增专业70个（中职37个、高职33个），共撤销和调整专业24个（中职14个、高职10个）。新增专业涉及人工智能技术及应用、无人机操控与维护技术、大数据技术与应用、虚拟现实应用技术、新能源汽车技术、互联网金融、冰雪体育服务和早期教育等首都经济社会和产业发展重点领域。2019年，北京市遴选出第一批48个特色高水平骨干专业（群）重点建设，落实《京津冀教育协同发展行动计划（2018—2022年）》，依托职业教育集团促进院校服务能力升级，推进与河北北三县、雄安新区职业院校的协作。

天津市委市政府制定《关于做大做强做优职业教育的八项举措》，大力推进示范区"升级版"建设，推进"鲁班工坊"建设，打造职业教育国际品牌。深入落实习近平总书记在非洲设立10个鲁班工坊的重要指示,在天津市鲁班工坊建设工作领导小组的领导下,统筹设计非洲"鲁班工坊"布局,全面推进非洲"鲁班工坊"建设任务。到2020年年底,天津在海外建设的鲁班工坊数量将达到20个。天津市推荐的7所学校全部入选"双高计划",其中天津职业大学跻身全国高水平学校建设单位A档,天津医学高等专科学校、天津轻工职业技术学院分别入选高水平学校建设单位B档与C档。天津市"双高"校数量占全市25所高职院校总数的28%,入选比例居全国前列。2019年,天津聚焦示范建设,打造世界先进水平职业院校,支持建设12所世界先进水平高职学院和10所世界先进水平中职学校,重点建设50个国内顶尖专业,服务重点产业群和区域发展;打造世界先进水平职业教育纳入"双一流"建设项目,支持天津中德应用技术大学、天津职业技术师范大学建设一流职业教育类大学;做好现代职业教育质量提升计划有关工作,安排专项资金支持高职院校提升办学能力建设、产教融合试点、中德应用技术大学一流应用技术大学建设、"鲁班工坊"建设、产教融合职教集团建设等项目;完成中等职业学校提升办学能力建设项目验收工作,通过项目建设,天津市的职业教育整体实力显著增强,人才培养的结构更加合理、质量持续提高,服务"中国制造2025"的能力和服务经济社会发展的水平显著提升;继续推进天津中德应用技术大学、天津职业大学等10所优质高职院校与河北省职业院校"一对一"结对子,在人才培养、院校管理、师资队伍建设等方面加强资源共享、优势互补;继续发挥京津冀产教对接平台作用,高水平举办三地产教对接活动;继续发挥天津中德应用技术大学作用,支持援建承德应用技术职业学院;落实教育部要求,积极推动建设天津交通职业学院青龙分校和天津职业大学威县分校。

2019年2月,河北省政府制定出台了《河北省职业教育改革发展实施方案》,聚焦完善现代职业教育体系、提高技术技能人才培养质量、深化产教融合校企协同育人、增强服务发展能力、加快国际化步伐、构建多元办学格局和健全改革发展保障机制七大主攻方向,部署了加强党对职业教育工作的全面领导、健全立德树人落实机制、优化职业教育布局结构、推进产教深度融合、深化校企协同育人、服务经济社会重大发展需求、推动高水平国际合作、深化办学体制改革等30条改革发展举措,制定了5个专项工作方案。率先开展公办职业院校股份制混合所有制办学试点。2019年,教育部分配河北省高职扩招任务为5.46万人,实际完成扩招6.4万人,全年高职招生达到26.64万人。河北省在国家明确的扩招人员基础上,紧密结合省实际,将在职幼儿园教师、乡村医生等紧缺急需领域人员纳入高职扩招范围,扩大了扩招政策受益面。河北省还从五个维度启动实施了专业结构优化调整工作:一是对接服务雄安新区建设和北京冬奥会筹办,提出了培养城市建设人才和冰雪运动相关专业人才的专业调整方案。二是对接供给侧改革,提出了新增一批新兴专业、改造升级一批传统优势专业、撤并一批面向低端产业就业率低的专业、加强建设一批民生领域紧缺专业"四个一批"的专业调整方案。三是对接区域产业功能定位,提出了支撑环京津、沿海、冀中南、冀西北四大区域发展所需技术技能人才的专业调整方案。四是对接产业发展需求,提出了28个大类专业的人才培养方案。五是对接职业教育高质量发展,提出了打造高职高水平专业群和骨干专业群,建设中职骨干专业和特色专业的专业调整方案。对标国家"双高计划"建设标准,启动实施了"高水平高等职业院校和专业(群)建设计划",重点培育建设4所高水平院校和30个高水平专业群,打造职业教育高质量发展高地。河北省现代农业职教集团、曹妃甸工业职业教育集团等与北京职教集团建立了合作关系,共建了钢铁装备智能控制高水平专业群和实训基地、奶牛饲养实训基地等;北京财贸职业学院廊坊校区在廊坊燕京职业技术学院正式挂牌。

(二)长江三角洲区域一体化发展

长江三角洲(以下简称长三角,范围包括上海市、江苏省、浙江省、安徽省全域)地区是我国经济发展最活跃、开放程度最高、创新能力最强的区域之一,经济实力较强,经济总量约占全国的1/4,全员劳动生产率位居全国前列,科教资源丰富,拥有全国约1/4的"双一流"高校、"双高"学校,在国家现代化建设大局和全方位开放格局中具有举足轻重的战略地位。2018年12月1日,中共中央、国务院印发了《长江三角洲区域一体化发展规划纲要》(以下简称《纲要》),明确提出发挥上海龙头带动作用,苏浙皖各扬所长,加强跨区域协调互动,提升都市圈一体化水平。共同推动制造业高质量发展,制订实施长三角制造业协同发展规划,全面提升制造业发展水平,按照集群化发展方向,打造全国先进制造业集聚区。《纲要》还提出,共同发展职业教育,搭建职业教育一体化协同发展平台,做大做强上海电子信息、江苏软件、浙江智能制造、安徽国际商务等联合职业教育集团,培养高技能人才。联合开展人力资源职业技术培训,推动人才资源互认共享。

为贯彻落实《国家职业教育改革实施方案》,2019年12月17日,上海市政府发布《上海职业教育高质量发展行动计划(2019—2022年)》,规划未来三年职业教育层次结构和专业布局,做精中等职业教育,做强高等职业教育,做实应用型本科,完善专业布局结构动态调整机制,深化职业教育管理体制和办学体制改革,优化职业教育发展的政策支持体系,强化政府对职业教育改革发展的支持力度。结合上海市实际,更好服务"五个中心""四大品牌"战略需求,深化产教融合、校企合作,坚持立德树人为根本,建设一流为目标,专业建设为基础,完善职业教育和培训体系,统筹发展一流专科高等职业教育,打造一批一流高等职业院校和专业。构建现代职教体系,架设技术技能人才成长发展"立交桥",新增中高、中本、高本贯通专业。2019年,对接产业经济升级需要,新增软件技术、计算机网络、工业机器人等26个中高职贯通专业,环境工程、数字媒体等6个中本贯通专业,新能源汽车运用与维修、汽车运用与维修技术、建筑工程管理3个高本贯通专业,目前总计191个中高贯通专业点,58个中本贯通专业点,12个高本贯通专业点,占普通中职专业点数的40%,已初步形成中职—高职—应用本科—专业学位研究生纵向完整的培养体系。瞄准国际,实施国际水平专业教学标准。上海市承担教育部试点任务,开发完成汽车运用与维修、护理、制药技术等59个专业的国际水平专业教学标准。其中,数字媒体、机电应用等国际水平专业教学标准及课程资源已被荷兰、芬兰等国借鉴采纳。

江苏省是职业教育大省,也是强省。江苏现有218所中等职业学校、90所高等职业院校,优质学校占比、教学成果获奖数、技能大赛和信息化教学大赛成绩等质量指标居全国前列。江苏省高度重视职业教育产教融合:一是在规划布局上注重融合。在中等职业教育领域实施"领航计划",建设50所一流中等职业学校;在高等职业教育领域实施"卓越计划",建设20所高水平高等职业院校;同时在企业中每年认定100家省级"产教融合型"企业,逐步形成职业院校与产业园区建设的良性互动机制。全省13个设区市中,9个设区市建有职教园区,80多所中高职院校入驻,超过60%的县级职教中心易地新建到产业园区、开发区或高新区。组建29个以行业为纽带的省级职业教育集团,全面对接产业需求、职业标准、生产过程。二是在专业设置上注重融合。根据江苏产业集群式发展的特点,建设218个职业院校现代化专业群。建立专业与产业吻合度预警制度,每一到两年发布职业院校专业结构与产业结构吻合度调查报告,引导职业院校根据产业需求设置和调整专业。三是在学生培养上注重融合。推行校企合作、工学结合,强化实训教学,建设183个职业院校与行业龙头企业深度合作的实训平台、200多个满足实训教学要求的校内工厂。完善人才培养方案,统一顶岗实习时间为半年。开展现代学徒制试点,试点学校覆盖全省职业院校的一半以上,每年企业订单式培养规模约占招生总数的1/5。四是在队伍建设上注重融合。依托行业企业建立职业教育师资培训基地,完善教师企业实践制度,专业教师每五年到企业实践累计不少于半年,新入职专业教师前三年须赴企业集中实践锻炼半年以上。同时,选聘300多名企业精英以"产业教授"身份加盟职业院校。目前,江苏职业院校"双师型"教师占比超过70%。[①]

浙江省高度重视职业教育的发展:一是职业教育规模结构不断优化。全省现有各级各类职业院校373所。其中独立设置的高职院校50所,实现了全省所有设区市均设置有一所及以上具有较高办学水平的高职院校的合理布局,2019年高职招生16.04万人,全面完成高职扩招任务,在校生总人数达到43.85万。二是财政保障不断加强。2018年全省中职学校教育投入达到155.96亿元,其中财政性经费139.36亿元,占比89%。高职院校经费总投入106.7亿元,其中财政性经费投入60.89亿元,占比57%。三是重大项目建设成效彰显。积极做好"高等职业教育创新发展行动计划"收官工作,全省共有国家级高职优质校12所、国家级骨干专业170个、国家级生产性实训基地80个、虚拟仿真实训中心3个、"双师型"教师培养培训基地30个、技能大师工作室8个、协同创新中心20个,数量均位居全国前列。积极参与国家高职"双高计划"建设,推荐参评的15所高职院校全部入围国家"双高计划",其中国家"高水平学校"建设单位6所、"高水平专业群"建设单位9所,入围总数居全国第一梯队。四是改革试点扎实推进。积极推进"1+X"证书制度改革。根据国家部署组织133所院校4.35万人参与试点,建立完善"一组(协作组)、一群(微信群)、一报(周报)"工作机制,点面结合、上下协同形成改革合力。继续实施中高职一体化、四年制高职教育人才培养、中职与应用型本科一体化培养试点,积极探索长学制、复合技能型人才培养新路径。加快建设推动职普相通、职成教衔接的现代职教体系。五是产教融合不断深化。大力推行职业教育集团化办学,鼓励各地建立职教集团(联盟)。目前,全省各地已组建100多个职教集团,与近7000家企业结成紧密合作关系。全省共遴选建设20个省

---

① 江苏省人民政府. 在全国深化职业教育改革电视电话会议上的发言[EB/OL].

级示范性职教集团，82个省级校企合作共同体。六是区域合作协同推进。积极探索跨省域职教集团协同发展机制，着力做好"4集团＋1联盟＋1平台"工作。牵头做好长三角智能制造、长三角电子信息职业教育集团、长三角国际商务职教集团、长三角软件职教集团4个跨区域职教集团工作，支持温州职业技术学院牵头做好长三角高职院校应用技术协同创新联盟，支持浙江工业大学成立长三角职业教育产教融合研究院，推进职业教育更高水平协作开放，助力长三角高质量一体化发展。

（三）粤港澳大湾区创新发展

粤港澳大湾区包括香港特别行政区、澳门特别行政区和广东省广州市、深圳市、珠海市、佛山市、惠州市、东莞市、中山市、江门市、肇庆市，地处我国沿海开放前沿，拥有一批在全国乃至全球具有重要影响力的高校、科研院所、高新技术企业和国家大科学工程，创新要素吸引力强，具备建设国际科技创新中心的良好基础，以泛珠三角区域为广阔发展腹地，在"一带一路"建设中具有重要地位，初步形成以战略性新兴产业为先导、先进制造业和现代服务业为主体的产业结构，是我国开放程度最高、经济活力最强的区域之一，在国家发展大局中具有重要战略地位。

2019年2月18日，中共中央、国务院印发了《粤港澳大湾区发展规划纲要》（以下简称《纲要》），明确指出将加快发展先进制造业，主要包括三个方向：一是增强制造业核心竞争力。围绕加快建设制造强国，完善珠三角制造业创新发展生态体系。推动互联网、大数据、人工智能和实体经济深度融合，大力推进制造业转型升级和优化发展，加强产业分工协作，促进产业链上下游深度合作，建设具有国际竞争力的先进制造业基地。二是优化制造业布局。提升国家新型工业化产业示范基地发展水平，以珠海、佛山为龙头建设珠江西岸先进装备制造产业带，以深圳、东莞为核心在珠江东岸打造具有全球影响力和竞争力的电子信息等世界级先进制造业产业集群。发挥香港、澳门、广州、深圳创新研发能力强、运营总部密集以及珠海、佛山、惠州、东莞、中山、江门、肇庆等地产业链齐全的优势，加强大湾区产业对接，提高协作发展水平。支持东莞等市推动传统产业转型升级，支持佛山深入开展制造业转型升级综合改革试点。支持香港在优势领域探索"再工业化"。三是加快制造业结构调整。推动制造业智能化发展，以机器人及其关键零部件、高速高精加工装备和智能成套装备为重点，大力发展智能制造装备和产品，培育一批具有系统集成能力、智能装备开发能力和关键部件研发生产能力的智能制造骨干企业。支持装备制造、汽车、石化、家用电器、电子信息等优势产业做强做精，推动制造业从加工生产环节向研发、设计、品牌、营销、再制造等环节延伸。加快制造业绿色改造升级，重点推进传统制造业绿色改造，开发绿色产品，打造绿色供应链。大力发展再制造产业。《纲要》还提出，要培育壮大战略性新兴产业，具体包括：推动新一代信息技术、生物技术、高端装备制造、新材料等发展壮大为新支柱产业，在新型显示、新一代通信技术、5G和移动互联网、蛋白类等生物医药、高端医学诊疗设备、基因检测、现代中药、智能机器人、3D打印、北斗卫星应用等重点领域培育一批重大产业项目。围绕信息消费、新型健康技术、海洋工程装备、高技术服务业、高性能集成电路等重点领域及其关键环节，实施一批战略性新兴产业重大工程。培育壮大新能源、节能环保、新能源汽车等产业,形成以节能环保技术研发和总部基地为核心的产业集聚带。发挥龙头企业带动作用,积极发展数字经济和共享经济,促进经济转型升级和社会发展。促进地区间动漫游戏、网络文化、数字文化装备、数字艺术展示等数字创意产业合作,推动数字创意在会展、电子商务、医疗卫生、教育服务、旅游休闲等领域的应用。

在加快发展现代服务业方面,《纲要》指出,聚焦服务业重点领域和发展短板,促进商务服务、流通服务等生产性服务业向专业化和价值链高端延伸发展,健康服务、家庭服务等生活性服务业向精细和高品质转变,以航运物流、旅游服务、文化创意、人力资源服务、会议展览及其他专业服务等为重点,构建错位发展、优势互补、协作配套的现代服务业体系。在打造教育和人才高地方面,《纲要》要求,推进粤港澳职业教育在招生就业、培养培训、师生交流、技能竞赛等方面的合作,创新内地与港澳合作办学方式,支持各类职业教育实训基地交流合作,共建一批特色职业教育园区。在技术移民等方面先行先试,开展外籍创新人才创办科技型企业享受国民待遇试点。支持大湾区建立国家级人力资源服务产业园。建立紧缺人才清单制度,定期发布紧缺人才需求,拓宽国际人才招揽渠道。完善外籍高层次人才认定标准,畅通人才申请永久居留的市场化渠道,为外籍高层次人才在华工作、生活提供更多便利。完善国际化人才培养模式,加强人才国际交流合作,推进职业资格国际互认。完善人才激励机制,健全人才双向流动机制,为人才跨地区、跨行业、跨体制流动提供便利条件,充分激发人才活力。

> **专栏5-1　看这所高职如何服务轻工业转型 服务粤港澳大湾区建设**
>
> 近年来,广东轻工职业技术学院不断提升技术创新服务能力,以关键技术研发攻关、成果转化,服务轻工业转型升级,为加快建设现代产业体系,增强产业核心竞争力提供强力支撑,为粤港澳大湾区建设发展贡献职教力量。
>
> 广州市社会科学院主持编撰的《广州蓝皮书:广州创新型城市发展报告(2019)》数据显示:2009—2018年,广东轻工职业技术学院专利转让数位居广州高校(含本科)第六位,专利许可数位居广州高校(含本科)第九位。两项指标均可媲美高水平本科院校。
>
> 广轻大力投入科研平台建设,建成广东省高分子材料先进加工工程技术研究中心、广东省绿色日用化工工程技术研究中心等7个省级工程技术开(研)发中心、6个市级工程中心、1个省级轻工行业应用技术协同创新发展中心;协同完成关键技术攻关78项,成果鉴定25项,技术转化35项,获科技进步奖18项。
>
> 同时,广轻与企业深度合作,建成华为网络与信息技术学院、许鸿飞国际文化创意产业学院、瀚蓝环境学院、广轻顺德珠宝产业学院等10个产业学院,发挥工艺开发、技术推广功能,服务粤港澳大湾区重点行业和支柱产业发展。
>
> 此外,广轻牵头成立"粤港澳跨境电商产教融合联盟""粤港澳大湾区研究中心""粤港澳视觉传媒专业群产教联盟""粤港澳数字创意职业教育产教联盟"等协同平台,牵头搭建广东省"一带一路"职业教育联盟、广东轻工职教集团(广东省示范职教集团)、南海职业教育政校行企协同创新联盟等科技研发与转化平台,整合地方政府、产业园区、行业企业等多方技术创新资源,提升技术服务和协同创新能力。
>
> 近三年,学校立项建设了"珠江学者工作室""技术能手工作室""校友大师工作室"等47个以学者大师为领衔的创新团队。5年来,学校向企业开展科技攻关项目278项,获国家科研项目12项,获得省

> 级以上科技奖、发明奖28项,累计申请专利661项。
> 　　据悉,广轻正谋划建设"国际数字创意谷""轻工(日化)检测认证中心""粤港澳大湾区轻工研究院""广东科学技术研究院""轻工行业应用技术协同中心",聚焦粤港澳大湾区中小微企业关键技术攻关,以应用技术解决生产实际问题,加强新产品开发和技术成果的推广转化,推动企业技术研发和产品升级,服务轻工业转型升级。
> 　　——资料来源:看这所高职如何服务轻工业转型 服务粤港澳大湾区建设[EB/OL].

(四)东北老工业基地振兴发展

　　东北老工业基地曾是中华人民共和国工业的摇篮,为建成独立、完整的工业体系和国民经济体系,为国家的改革开放和现代化建设作出了历史性的重大贡献。改革开放后,东北地区的经济发展速度逐渐落后于东部沿海地区。2009年9月,《国务院关于进一步实施东北地区等老工业基地振兴战略的若干意见》(以下简称《若干意见》)发布,在优化经济结构、建立现代产业体系方面指出:一是做优做强支柱产业。贯彻落实重点产业调整振兴规划,加大结构调整力度,加快淘汰落后产业,防止重复建设。积极推进信息化与工业化融合,用现代信息手段改造传统产业,提高数字化、智能化水平。支持东北老工业基地优势产业、骨干企业、重要品牌扩大市场份额。大力发展东北地区具有优势的大型铸锻件、核电设备、风电机组、盾构机械、先进船舶和海洋工程装备、大型农业机械、高速动车组、大功率机车、高档数控机床等市场急需产品及关键配套件。努力促进东北地区汽车产业调整结构,重点发展自主品牌汽车、小排量汽车、新能源汽车及关键零部件。继续调整钢铁工业产品结构,加强节能减排,淘汰落后产能,提高市场竞争力,同时加大资源勘探开发和对外合作力度,提高矿石资源的保障水平。优化提升石化产业,抓紧组织实施大型炼油、乙烯项目,提高加工度,发展精细化工、化肥等。

　　二是积极培育潜力型产业。依托装备制造业整机制造能力强的优势,发展基础配套零部件、加工辅具和特殊原材料等。依托国防军工企业汇集的优势,发展军民两用技术,促进军民融合,增强军工企业的辐射带动作用。依托原材料加工基地的优势,努力发展下游特色轻工产业。依托农林产品商品量大、品质好,畜牧养殖业发达的优势,大力发展农林畜产品精深加工业。依托北方中药材资源优势,发展现代中药(北药)产业。依托地处东北亚中心的地缘优势,加强与周边国家的能源和资源开发合作。积极发展航空航天、电子信息、生物医药、新能源、新材料等新兴产业。鼓励地方政府设立专项扶持资金,支持潜力型产业发展。

　　三是加快发展现代服务业。继续支持中外金融机构在东北地区设立分支机构和办事机构。鼓励有条件的城市进行金融改革创新,积极稳妥地发展中小金融机构。推动设立汽车金融公司,拓宽汽车消费融资渠道。推进东北产权交易平台互联互通、区域整合和功能拓展。支持大连商品交易所建设亚洲重要期货交易中心,在做精做细现有上市期货品种的基础上,推出东北地区具有优势、符合大连商品交易所功能定位的期货品种。推进现代物流业发展,研究制订东北地区物流业发展专项规划,统筹建设一批重点区域物流园区。加快发展软件和服务外包产业,重点建设好大连、哈尔滨、大庆三个服务外包示范城市,积极支持延吉、绥芬河等城市利用独特区位优势发展软件和服务外包产业。贯彻落实文化产业调整振兴规划,支持文化创意、出版发行、影视制作、演艺娱乐、文化会展、数字内容和动漫等文化产业加快发展,打造具有东北地方特色的文化品牌。加强公共文化基础设施和文化惠民工程建设,完善公共文化服务体系。加大文化遗产保护力度,扩大对外文化交流。大力发展旅游业,抓紧研究出台东北地区旅游业发展专项规划,加强旅游基础设施建设,发展一批特色鲜明、吸引力强的旅游目的地,提高管理服务水平,建立大东北无障碍旅游区。

四是扶持重点产业集聚区加快发展。推动辽宁沿海经济带、沈阳经济区、哈大齐工业走廊、长吉图经济区加快发展,建设国内先进的现代产业基地。组织编制发展规划,支持沈阳铁西老工业基地调整改造暨装备制造业发展示范区和大连"两区一带"等装备制造业集聚区发展,打造具有国际竞争力的先进装备制造业基地。推进内蒙古东部地区能源重化工基地、黑龙江东部煤电化工基地和辽西北煤化工基地建设,提高资源转化利用水平。充分发挥沈阳、长春、哈尔滨、大连和通化等高技术产业基地的辐射带动作用,形成一批具有核心竞争力的先导产业和产业集群。支持有条件的地区建设一批有影响、有规模的特色产业园区,加快长春汽车产业开发区和轨道交通装备产业园发展,抓紧研究创建大连国家生态工业示范园区(静脉产业类)。加快推进东北地区符合条件的国家经济技术开发区扩区和重点省级开发区升级工作。

在职业教育方面,《若干意见》还提出,要结合老工业基地产业结构优化升级,合理确定职业教育专业和办学规模。继续加大对东北地区职业教育实训基地、职业教育基础能力建设的支持力度。

为大力落实国家加快发展现代职业教育的工作部署,对接产业发展,2019年开始,黑龙江省编制并实施《黑龙江省职业教育改革实施方案》,推进高职院校管理体制改革,支持高职院校进行同层次、实质性整合,聚焦县域经济发展需要打造中职"一县一所、一校一品"特色发展格局。继续实施高水平高等职业院校和高水平专业建设计划,深化职教产教融合、校企合作,培养更多高素质劳动者和技术技能人才。同时,深入推动省部共建国家现代农村职业教育改革试验区建设,不断为国家现代农村职业教育创造黑龙江经验。

2020年3月,辽宁省政府印发《辽宁省职业教育改革实施方案》,加快推进辽宁新时代职业教育高质量发展,为辽宁全面振兴、全方位振兴培养高素质劳动者和技术技能人才。方案坚持以习近平新时代中国特色社会主义思想为指导,以贯彻落实《国家职业教育改革实施方案》为主线,坚持问题导向、目标导向,聚焦职业教育改革的重点、难点,从深化职业教育改革的重点领域和关键环节入手,确定了辽宁省职业教育改革发展的主要目标:经过5~10年时间,辽宁现代职业教育体系基本完善,校企协同育人机制改革取得明显成效,人才培养质量全面提升,服务经济社会发展能力显著增强,职业教育发展环境更加优化,职业教育基本实现由政府举办为主向政府统筹管理、社会多元办学的格局转变,由追求规模扩张向提高质量转变,由参照普通教育办学模式向企业社会参与、专业特色鲜明的类型教育转变,职业教育现代化水平大幅提升。方案还明确了"十三项主要任务",具体包

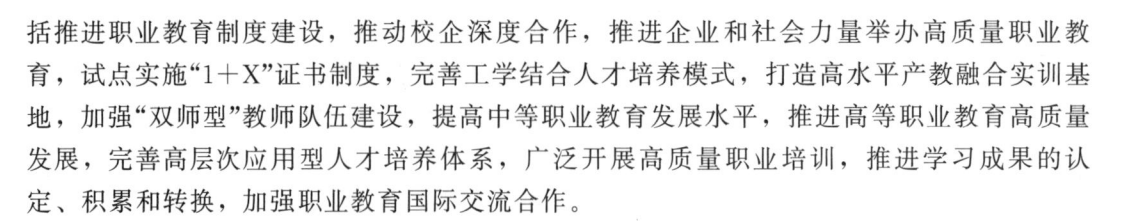

括推进职业教育制度建设,推动校企深度合作,推进企业和社会力量举办高质量职业教育,试点实施"1+X"证书制度,完善工学结合人才培养模式,打造高水平产教融合实训基地,加强"双师型"教师队伍建设,提高中等职业教育发展水平,推进高等职业教育高质量发展,完善高层次应用型人才培养体系,广泛开展高质量职业培训,推进学习成果的认定、积累和转换,加强职业教育国际交流合作。

(五)长江经济带高质量发展

长江经济带是指沿江附近的经济圈。长江经济带覆盖上海、江苏、浙江、安徽、江西、湖北、湖南、重庆、四川、云南、贵州11省市,面积约205万平方千米,人口和生产总值均超过全国的40%。横跨中国东、中、西三大区域,具有独特优势和巨大发展潜力。长江经济带已发展成为我国综合实力最强、战略支撑作用最大的区域,长江经济带作为中国新一轮改革开放转型实施新区域,是具有全球影响力的内河经济带、东中西互动合作的协调发展带、沿海沿江沿边全面推进的对内对外开放带,也是生态文明建设的先行示范带。2016年9月,《长江经济带发展规划纲要》正式印发,确立了长江经济带"一轴、两翼、三极、多点"的发展新格局。2018年11月,中共中央、国务院明确要求充分发挥长江经济带横跨东中西三大板块的区位优势,以共抓大保护、不搞大开发为导向,以生态优先、绿色发展为引领,依托长江黄金水道,推动长江上中下游地区协调发展和沿江地区高质量发展。长江经济带历来就是我国最重要的工业走廊之一,我国钢铁、汽车、电子、石化等现代工业的精华大部分汇集于此,集中了一大批高耗能、大运量、高科技的工业行业和特大型企业。此外,大农业的基础地位也居全国首位,沿江九省市的粮棉油产量占全国40%以上。长江流域是中华民族的文化摇篮之一,人才荟萃,科教事业发达,技术与管理先进。

面对新时代中国职业教育的新形势、新任务和新要求,党中央、国务院推出一系列重大举措,把加快发展现代职业教育的要求纳入长江经济带发展规划中。[①] 长江经济带建设,作为促进区域经济协调发展和提升我国对外经济发展多元化水平的区域发展战略,其横跨东中西的大经济圈区域,为职业教育的区域合作提供了重大历史发展机遇;反过来,在这一耦合机制的链条中,职业教育区域性、开放性、协同性发展层次也影响着长江经济带建设的质量和水平。配合长江经济带战略,建设与之耦合的区域职业教育合作机制,需要先进务实的发展理念,以及与之匹配的宏观制度架构,进而突破区域职业教育合作发展与区域经济发展战略二元分割的状况。2017年,重庆市教育科学研究院发起召开了长江经济带职业教育教科研机构负责人会议,11省市职业教育科研单位达成了"建立长江经济带职业教育教科研机构联盟"等八项共识。2018年9月19日,11省市职业教育科研单位在上海市教科院召开会议,正式成立了长江经济带职业教育教科研机构联盟。2018年11月17日,在重庆奉节召开了首届职业教育服务长江经济带战略发展研讨会,以长江经济

---

① 李桂云,潘超.教育部职业教育与成人教育司司长陈子季:提质培优 加快构建中国现代职教体系[J].在线学习,2020(09):25-30.

带职业教育教科研机构联盟为中心,与长江经济流域内其他职教联盟加强合作,搭建更加广泛的交流合作机制①,推动区域职业教育主动转型服务长江经济带。

> **专栏 5-2　重庆电子工程职业学院牵头成立"长江经济带产教融合发展联盟"**
>
> 　　为推动长江经济带高质量发展,由重庆电子工程职业学院牵头,联合长江经济带11个省市职业院校和企业,共同发起成立"长江经济带产教融合发展联盟",旨在打造长江经济带职业教育命运共同体。2018年7月17日,长江经济带产教融合发展联盟成立大会暨人工智能+职业教育高峰论坛在渝召开,成立大会汇聚50余所学院、17家企业、2家出版社和5家社会机构,参会人数达230余人;成立大会由重庆电子工程职业学院校长聂强主持。
> 　　"当前,长江经济带正处于新旧动能转换的发展关键期,需要大量高素质技术技能型人才来支撑。职业教育作为专业技能型人才培育的核心力量,理应担当。"重庆电子工程职业学院党委书记孙卫平在致辞中谈到,深化产教融合,促进教育链、人才链与产业链、创新链的有机衔接,推进人力资源供给侧结构性改革,加快构建长江经济带现代职业教育体系则成为首要任务。
> 　　长江经济带产教融合发展联盟成立以后,将以"产教融合、资源共享、优势互补、协同发展"为宗旨,进一步完善职业教育和培训体系,深化产教融合和校企合作,推动科技与经济融合、教育与产业对接、人才与发展匹配,实现院校间干部挂职、师资跨校锻炼、专业共建、课程资源、企业资源、产业研发项目等联盟资源共享,共同打造长江经济带职业教育命运共同体。
> 　　重庆市职教学会常务副会长李光旭宣读了中国职业技术教育学会贺信,贺信中提到,"长江经济带产教融合发展联盟"的成立,是沿江职业院校与行业企业积极响应中央号召的重要行动,相信联盟的成立必将进一步深化产教融合、校企合作,推动区域间科技与经济相结合、教育与产业相对接、人才与经济社会发展相匹配,这对于推动长江经济带高质量发展具有非常重要的意义。
> 　　重庆市经济和信息化委员会副巡视员刘伟认为,联盟的成立为经济带内资源共享、优势互补、互惠互利、相互促进提供了新的平台,有利于充分发挥联盟成员单位的特色和优势,构建校企合作交流的新型机制,推动长江经济带职业教育与行业企业之间跨区域、跨产业合作,为长江经济带发展提供有力的人才、科技和信息支撑。
> 　　——资料来源:重庆电子工程职业学院牵头成立长江经济带产教融合发展联盟[EB/OL].

三、国内领先

"双高"学校在国内职业教育领域处于先进水平,"中国特色"是新时代赋予中国高等职业教育的责任与使命。打造鲜明的办学特色,持续聚焦人类文明进步及产业发展方向,服务国家重点产业、区域支柱产业发展需求,方能引领新时代职业教育实现高质量发展。努力对标世界水平,才能实现从追赶到超越、从跟跑到领跑的转变。

为了贯彻落实《国家职业教育改革实施方案》,对接国家特色高水平高职学校和专业建设要求,各地积极响应,支持推动一批高等职业院校、专业进入国内领先行列。2019年4月,上海市教委印发《上海深化产教融合推进一流专科高等职业教育建设试点方案》。方案

---

① 姜伯成,谭绍华,王汉江.区域职业教育主动转型服务长江经济带战略发展的实然趋势与实践路径[J].教育科学论坛,2019(15):15-21.

中指出，上海将打造 2~4 所国内同类最好的高职院校，建设 10~15 个在国内具有引领作用的标杆专业，带动上海高职整体建设和发展，为上海建设具有世界影响力的社会主义现代化国际大都市提供高素质劳动者和技术技能人才支撑。2019 年 6 月，北京市教育委员会、北京市财政局、北京市人力资源和社会保障局印发《北京市特色高水平职业院校、骨干专业和实训基地（工程师学院和技术技能大师工作室）建设项目管理办法》，明确了特色高水平职业院校建设的目标：重点建设 10 所左右办学定位准确、专业特色鲜明、社会服务能力强、综合办学水平领先、与北京经济社会发展需要契合度高、行业优势突出的世界一流职业院校，逐步形成具有国际竞争力的高素质技术技能人才培养高地。

专栏 5-3　北京"双高"校多项指标领先

2019 年 10 月，教育部、财政部发布《关于中国特色高水平高职学校和专业建设计划拟建单位的公示》，北京市有 7 所高职院校入围，占北京高职院校的 28%，入围比例在全国各省市中遥遥领先。7 所"双高"校平均在校生规模为 3946 人，显著高于北京高职平均水平（2312 人），7 所学校高水平专业涉及学生数为 7912 人，占学校总人数的 28.6%，占全市高职人数的 13.7%。

北京"双高"校：学生发展

《2019 年北京地区高校毕业生就业质量年度报告》显示：7 所"双高"校毕业生就业率平均为 98.1%，高于全市平均水平，也显著高于非"双高"校。同时，2019 年各学校教育质量年度报告数据显示："双高"校毕业生平均月薪为 5730 元，全市平均为 4741 元，非"双高"校为 4357 元。此外，统计 2019 年学生大赛获奖情况发现，"双高"校平均获奖 15.6 项，显著高于非"双高"校。例如：在 2019 年全国职业院校技能大赛中，高职院校 59 项获奖中有 40 项来自于 7 所"双高"校，占比 67.8%。

北京"双高"校：师资队伍

2019 年中国高职院校监测数据显示：北京高职院校校内专任教师共计有 4207 人，7 所"双高"校有 2293 人，占比 54.5%。7 所"双高"校师资规模相对偏大，以生师比指标为例，7 所"双高"校为 9.2，而非"双高"校为 11.9，两者差距较大。此外，从高级职称教师、"双师型"教师和博士学历教师等指标分析其师资水平，"双高"校的三项指标占比均显著高于全市平均水平和非"双高"校，表明了"双高"校的师资队伍水平整体较高。例如：在教育部确定的首批国家级职业教育教师教学创新团队中，北京市共入选 5 个，其中有 4 个来自"双高"校。

北京"双高"校：专业水平

2019 年，第一批北京市职业院校工程师学院及技术技能大师工作室有 40 个，高职院校共计有 11 个，其中 7 所"双高"校占了 8 个，首批 40 个合作项目三年建设周期预计财政投入 4.3 亿元。同时，统计 2019 年学校产教合作的企业数发现，7 所"双高"校平均有 39 个，而非"双高"校仅有 11 个，两者差距较大。总体来看，"双高"校的在招专业数量也显著偏多，平均为 25.7 个，而非"双高"校仅有 12.5 个；"双高"校的专业实力也相对较强，以国家级重点专业为例，"双高"校平均有 6.1 个，而非"双高"校仅为 1.8 个。

北京"双高"校：硬件资源

2019 年各学校教育质量年度报告数据显示："双高"校的办学经费和设施设备条件相对较高，7 所"双高"校的生均教学仪器设备值平均为 8.72 万元，显著高于非"双高"校 4.96 万元的水平，同时"双高"校的生均财政拨款达 7.6 万元，而全市平均水平为 6 万元左右。在生均教学及辅助用房面积方面，"双高"校平均为 33.8 平方米，虽然高于《普通高等学校基本办学条件指标》标准，但办学占地面积不足问题仍然是制约"双高"校未来发展的一个因素。

——资料来源：赵新亮. 北京"双高计划"院校的发展概况[J]. 北京教育（高教），2020(6)：4-5.

四、世界水平

大国教育要有规模，更要有质量，面临百年未有之大变局，要充分认识到"没有更多更高质量的高等教育，发展中国家将会发现自身越来越难以从全球性知识经济中受益"[①]。我国从一个文盲大国转变为一个教育大国，尤其是中华人民共和国成立后教育的快速普及，以及改革开放以来的"两基""两全"全民教育和高教大众化。而实现教育大国向教育强国的历史性转变肇始于20世纪90年代末。"大学是第二个千年中意义最为重大的创造"[②]，"大学是一个具有坚固的民族根基的国际机构"[③]，大学的发展深受全球环境的影响，一流的大学不能仅仅在国内称雄，也要在国际参照系中领先。因此，大学建设从带有经费属性特点的"国立、省立、市立、民办"，到行政特色明显的"国家重点、省市重点"，再到突破行政限制的重点学校和学科建设"211"工程。以实施"985"工程[④]为标志，明确提出了建设若干所世界一流大学的目标，掀开了中国教育从面向世界到跻身世界水平的新篇章。2010年，根据《国家中长期教育改革和发展规划纲要（2010—2020年）》，教育部、财政部印发《关于加快推进世界一流大学和高水平大学建设的意见》。"世界水平"是指占有相当的国际地位和影响，至少达到世界平均水平，以及先进水平或顶尖水平。为服务国家"一带一路"倡议，构建人类命运共同体，职业教育应该发挥更大的作用。不同于闻名遐迩的学术性大学，"双高"学校要成为闻名中外的创业型大学。因此，关注的问题由最初抽象的"何为世界一流技术大学"，变成有具体对象的"这些'双高'学校何以成为世界一流技术大学"。

（一）我国职业教育尚有很大提升空间

从质量看水平，目前我国教育总体水平跃居世界中上行列，实现了从人口大国向人力资源大国的转变[⑤]，但职业教育仍然是我国教育体系的薄弱环节。在世界范围内，从职业教育综合竞争力、职业教育结构竞争力、职业教育规模竞争力、职业教育机会竞争力、职业教育保障竞争力变化情况综合分析，世界职业教育竞争力与经济发展水平间呈现一种松散的相关性和动态平衡关系，中国职业教育各分项指标竞争力发展非常不均衡，还有很大

---

① 世界银行、联合国教科文组织"高等教育与社会特别工作组". 发展中国家的高等教育：危机与出路[M]. 北京：教育科学出版社，2001.
② [美]弗兰克·罗德斯. 创造未来：美国大学的作用[M]. 北京：清华大学出版社，2007：29.
③ [美]菲利普·阿特巴赫. 比较高等教育：知识、大学与发展[M]. 北京：人民教育出版社，2001：2.
④ 1998年5月4日，时任国家主席江泽民在庆祝北京大学建校100周年大会上代表中国共产党和中华人民共和国中央人民政府向全社会宣告："为了实现现代化，我国要有若干所具有世界先进水平的一流大学。"1999年，国务院批转教育部《面向21世纪教育振兴行动计划》，"985"工程正式启动建设。最初只有北大和清华确认为要建设"世界一流大学"，并且两校分别获得教育部18亿元的拨款额度。第一批"985"建设高校最终定格为"2+7"所，此9所高校为组成九校联盟，简称C9；后来，"985"工程扩大，先后有30所大学以建设"国际知名大学"为目标加入该工程。"985"工程的主要内容包括机制创新、队伍建设、平台和基地建设、条件支撑和国际交流与合作五个方面。
⑤ 赵婀娜. 教育事业发展步履铿锵[N]. 人民日报，2019-09-24.

的提升空间。①

国务院《关于加快发展现代职业教育的决定》明确了职业教育发展目标和任务：到2020年，形成适应发展需求、产教深度融合、中职高职衔接、职业教育与普通教育相互沟通、体现终身教育理念，具有中国特色、世界水平的现代职业教育体系。建成一批世界一流的职业院校和骨干专业，形成具有国际竞争力的人才培养高地。中国现代化高水平职业教育不是国外发达职业教育的翻版，而是根植于中国大地办教育结出的硕果。中国职业教育高质量发展，引入与借鉴职业教育发达国家经验模式必不可少，但自主创新、特色输出更重要。

(二)"双高"建设定位世界先进水平

"双高计划"将建设高度定位于"世界水平"，到2035年的目标更是定位于"国际先进水平"。要深刻认识到，"双高计划"中的国际化，并非简单的"引进来"与"走出去"。"世界水平"要体现在参与国际职业教育标准制定的话语权上，体现在对国际优质职教资源学习、借鉴、消化、创新的开放性上，体现在人才培养方案、课程体系、教学资源的国际通用性上，体现在专业群带头人的国际影响力上，体现在伴随企业"走出去"的人才供给和技术服务能力上。

首先，"双高计划"的启动与实施正是站在新的历史起点上总结经验再出发，开发国际通用的专业标准和课程体系，推出一批具有国际影响的高质量专业标准、课程标准、教学资源，打造中国职业教育国际品牌，培养世界一流水平的高素质技术技能人才，服务中国企业走出去。用中国实力彰显"中国特色"，中国品牌就是"世界水平"。

其次，加强与职业教育发达国家的交流合作，引进优质职业教育资源，开展多种形式的合作办学。如对标欧洲应用技术大学。应用技术大学比较强调技术的积累、研发和传承，属于应用型大学的范畴。主要包括两个方面的含义：一是要以科学知识和技术成果的应用为导向进行办学，但侧重点在技术知识和技术成果的应用，教育内容以技术学科或应用性学科为主；二是人才培养目标主要是高级技术型人才。技术的研发、传播和转化，是应用技术大学的基本特色和重要使命。

再次，服务"一带一路"走出去，提升竞争力，积极参与"一带一路"建设和国际产能合作。天津电子信息职业技术学院在"双高计划"建设中，将进一步与华为等企业全面深化AI数字智能软件、5G通信网络等领域产教融合，以高水平专业群建设为龙头，促进学校整体办学水平、服务能力、国际影响全面提升；扎实推进"鲁班工坊"等大项目建设，为国家战略和区域经济社会发展作出贡献，为中国企业、中国技术、中国标准走向全球提供支撑。南京信息职业技术学院将进一步做强"阿斯大学南信中邮建学院"，使之成为中国电子、通信企业在非洲项目的本土化人才供给基地；联合行业内领军企业和国内外信息类职业教育名校，组建"信息通信技术职业教育国际联盟"，推动相关专业标准、课程标准和教

---

① 陈衍，等. 职业教育竞争力报告：1999—2008[M]. 北京：北京大学出版社，2015.

学资源的交流学习和共建共享；组建"电子信息涉外技术服务中心"，为区域中小企业在欧盟和东盟的工程项目提供技术服务。以世界眼光、国际高度推进学校人才培养和技术服务。[1]

---

[1] 王丹中. 深刻把握高职教育高质量发展内涵[N]. 中国教育报，2019-09-24.

第六章 "双高"建设方案

"双高"建设引领技能社会

国内外职业教育实践证明，工学结合、半工半读、顶岗实习符合职业教育发展规律，体现了有职业教育特色的技能型人才培养模式。工学结合、半工半读、顶岗实习是关键、是方向、是举措。高职院校以企业订单为导向确定教育目标，实施教学计划，推行双证书制度，有利于做到教学过程的三个协调，即专业设置与企业需求相协调，技能训练与岗位要求相协调，培养目标与用人标准相协调，奠定高技能应用型人才培养目标的重要基础[1]。

高职教育是培养下得去、留得住、用得上的高技能人才最有效的方式。"双高计划"聚焦学校和专业群建设，以人才培养为中心，围绕教育部、财政部《关于实施中国特色高水平高职学校和专业建设计划的意见》提出的"1个加强""4个打造"和"5个提升"，科学制定建设方案，健全责任机制，持续深化复合型技术技能人才培养培训模式改革，健全德技并修、工学结合的育人机制，率先开展"1＋X"证书制度试点，创新高等职业教育与产业融合发展的运行模式，真正发挥带动区域职业教育改革发展的龙头作用。"双高计划"的总体目标是引领新时代职业教育实现高质量发展，而专业建设和课程建设是高等职业教育高质量发展的核心和重要载体。其中，课程建设是体现高职学校竞争力的核心要素和专业建设的重要任务，可以破解职业教育的根本问题。最难的是如何挖掘学校的特色和亮点，如何体现学校的"特"和"高"，形成标志性和强有力的竞争性指标。"双高计划"建设方案由高水平学校和高水平专业群两部分建设方案组成，高水平专业群建设是"双高计划"的重要内容，并为高水平学校建设奠定基础。高水平学校建设方案聚焦建设"引领改革、支撑发展、中国特色、世界水平"的高职学校和专业群总目标，建设任务包括加强党的建设引领学校高质量发展、创新模式打造人才培养高地、推动技术技能创新、建设高水平专业群助力高精尖产业、"引培并举"打造高水平"双师"队伍、构建命运共同体创新校企深度合作机制、服务区域功能定位和国家战略提升社会贡献力、健全学校治理体系推动治理能力现代化、打造智慧校园实现信息技术与教育管理深度融合、输出教育标准打造"中国职教品牌"等部分。专业群建设包括建设基础、组群逻辑、思路目标、内容方法、预期成效等方面。

"双高"学校重在建设，起点不同，特色迥异，标准相同，目标一致，需要因地制宜，各展其长，"八仙过海各显神通"，项目院校落实好改革、发展和建设任务，需要把握好标准、制度、队伍和平台四个关键[2]，以"高水平定位、高标准设计、高效率实施、高效能产出、高质量发展"为工作原则，实现达标要求。

一、带动持续深化改革

全面深化改革是根本动力。改革激发职业教育主体创新活力，率先实现"三个转变"（即职业教育基本完成由政府举办为主向政府统筹管理、社会多元办学的格局转变，由追

---

[1] 周济．办好人民满意教育，建设人力资源强国[M]．北京：人民教育出版社，2014：220．
[2] 成军．深刻把握"双高计划"建设的关键[N]．中国教育报，2019-06-04．

求规模扩张向提高质量转变，由参照普通教育办学模式向企业社会参与、专业特色鲜明的类型教育转变）。经过多年的发展，我国建成了世界最大规模的职业教育，2019年，高职（专科）院校有1423所，年招生数量大约在483.6万，在校生有1281万人，生师比为19.24∶1（中职生师比为18.94∶1）[①]，在规模上已占据高等教育的"半壁江山"，但人才培养质量进入高原期，又面临连续扩招条件下如何保证质量的难题，实现质量型扩招任重道远，适应社会需求能力虽有提高，但总体上仍然存在服务能力不足等问题[②]。如何通过牵一发而动全身的改革释放活力、激发动力，爬坡过坎攀登世界技能高峰，担负中国制造、世界工厂的重任，是新时代职业教育发展的主要任务。

从中华人民共和国成立初期借鉴苏联模式的技工学校（企业为主办学培养工人）和中等专业学校（部门为主办学培养干部），到改革开放大批普通高中转型职业高中，是中国调整高中阶段教育结构的一大创举。高等专科教育重新招生，20世纪80年代初期一些中型城市举办短期职业大学，形成了"高等职业教育"这个概念，经过了曲折的自主探索之路，确实带有"中国特色"[③]。中等职业教育在多年的发展过程中积累了丰富的办学经验，尤其是技工学校和中专去依托行业企业部门办学，校企结合自然顺畅。而高等职业教育是职业教育和高等教育综合改革、协同发展的新生事物，不能是中等职业教育的自动升级，也不能照搬普通高等教育的经验，在高层次技能人才培养模式上还需要进行前所未有的探索。

"双高计划"是荣誉，要破除职业教育"低人一等"的传统观念，破除蓝领"头脑简单只会操作"的偏见；改革任务是重担，要探索出培养大批大国工匠的育人模式。因此，"双高计划"是落实《国家职业教育改革实施方案》的重要举措和职业教育"下好一盘大棋"的重要支柱，关系到我国职业教育往何处走、办成什么样、发挥什么作用的大问题。"双高计划"学校要强化创新驱动，深化办学模式、人才培养模式和管理机制的全方位变革，积累可复制、可借鉴的改革经验和模式，做改革的先行者。"双高计划"舞动改革龙头，建设单位没有前路可循，也没有多少国际经验，必须大胆探索、深化改革，成为新时代职业教育改革发展的先行者、引领者，做第一个"吃螃蟹的人"。注重内涵发展、创新发展，聚焦"1个加强""4个打造""5个提升"十项改革发展任务，全面深化教育教学改革，形成一批有效支撑职业教育高质量发展的政策、制度、标准，积累可复制、可借鉴的改革经验和模式。到2035年，职业教育高质量发展的政策、制度、标准体系更加成熟完善，形成中国特色职业教育发展模式。

---

① 教育部. 2019年教育统计数据[EB/OL].
② 上海市教育科学研究院. 2018年全国高等职业院校适应社会需求能力评估报告（摘登）[N]. 中国教育报，2019-11-28.
③ 从国际上看，其他国家很少会使用"高等职业教育"这一名词，即使有也与我国所理解的内涵不尽一致。如俄罗斯将"职业教育"泛化地理解为除基础教育外的一切专业教育，这样他们的"高等职业教育"就将所有的高等教育均包括在内，而并非我国所指的与普通高等教育相对的那部分教育；更多的国家则狭义地将"职业教育"理解为是专指培养技术工人类人才的特定教育类型，即培养那些不需太多理论知识而主要依靠动作技能和经验技艺在生产、服务第一线从事现场工作的直接操作者的那部分教育（包括培训），并不进入高等教育领域，所以也就不存在什么"高等职业教育"。

(一)办学模式改革

产教融合、校企合作是职业教育区别于普通教育的本质特征,也是职业教育作为一种技能教育类型成熟和发展的标志。高等职业教育如何培养高端技能人才,高职院校在区域教育中如何准确定位,与中职学校、普通高校错位发展,能够有所为有所不为,就必须探索适合自身的办学模式,寻找可供借鉴的鲜活实践成功案例。

近年来,产教融合这一概念已被大众熟知,是政府、高校、产业界等各方致力于推进的工作重心之一,国家连续出台了一系列纲领性文件推进产教融合改革。2019年7月24日,中央深改委审议通过了《国家产教融合建设试点实施方案》,提出深化产教融合,是推动教育优先发展、人才引领发展、产业创新发展的战略性举措。在政府、高校、企业等各方合力推动下,产教融合已初见成效。当前,产教融合已成为社会共识,问题在于如何从融入到融通,从协作到联合,从浅层次的实习实训合作到育人方案和课程教学的深度融合。甚至形成产教一体化,从"你中有我、我中有你"变成"你就是我、我就是你",实现合二为一,融为一体。避免陷入概念改革,找到实施路径,脚踏实地地从概念改革走向行动实施,才能完成其被赋予的重大历史使命。初期的产教融合是职业教育的校企合作,协同育人,紧密对接经济带、城市群、产业链布局,解决职业教育人才培养滞后于新产业技术变革这一紧迫的现实问题,服务"制造强国"等国家战略等;当前转型升级到中级阶段的产教融合,是区域产业集群与学科集群融合,打造区域科技创新体系,与区域经济社会同步发展;而到了高级阶段,产教融合应上升为以职业教育和高等教育为重点的整个教育体系与整个产业系统发展方式的变革,是国家产业结构转型升级、教育改革和人才开发整体制度设计,是国家整个产业系统与整个教育系统融合,成为国家发展战略的有机组成部分[1]。

深化产教融合的关键在于供需对接、资源转化、价值交换和利益共享,在于资源、平台与机制等要素的系统化,这样才能形成教育链、人才链、创新链和产业链的贯通融合,共同推动教育与产业协同发展。一方面,站在产业体系和创新体系建设的角度,它们对于融合发展模式的创新和复合型人才的培养提出了新的需求;另一方面,站在高等教育的角度,其内涵发展的核心是教育内容,是课程、教师、机制、学科等教育全要素的创新,这一切都离不开产教融合人才培养模式和融合发展机制的创新。融合机制能够实现产教融合各方同步规划、同步设计、同步发展,其核心途径是转化资源要素、创造利益共同体和实现价值共享。长期以来我国职业教育产教融合无法深入,归结起来是资源、平台和机制三大关键要素的缺失,无法形成一个产与教叠加贯通、协同联动和集成转化的生态系统。

"双高计划"担负历史使命,将产教融合、校企合作作为主线贯穿始终,十项改革发展任务均体现了产教融合、校企合作的内在要求。这也要求"双高计划"学校深化办学模式和专业建设模式改革,建立健全行业企业等利益相关方共同参与的办学体制机制,形成校企命运共同体。"双高计划"学校既要搭建产教融合平台,创新校企合作方式,又要推动当地

---

[1] 谢笑珍. 产教融合:从概念改革到行动实施[N]. 光明日报,2019-08-13.

政府和学校举办者为深化产教融合、校企合作提供源源不断的政策供给，真正形成企业和社会力量广泛参与的职业教育办学格局。

专栏 6-1　探索"西航"模式

西安航空职业技术学院是全国唯一入选"双高计划"的航空类院校。学校牢牢抓住高职教育改革的重点、难点和关键点，经过"把握方向、明确目标、发展路径"，最终形成学校发展的战略定位和战略目标，深入挖掘学校的特色和亮点，形成学校的"特"——航空特色鲜明，学校的"高"——培养适应国产大飞机维修技术的高端人才。学校分析了全国同类院校各自的专业特色，结合学校办学特色、品牌专业优势以及航空行业发展方向，按照"人无我有，人有我优，人优我特"的思路，确定打造飞机机电设备维修和无人机应用技术两个重点专业群。两个专业群均以全国首开的航空类专业为主打专业，面向军航和民航领域，紧跟航空行业产业转型升级和新技术新要求，通过政军行企校"五方"协同培育航空维修方面的高素质技术技能型人才。在教学改革方面，明确体现学校办学特色的重点专业群，以群建院，实施扁平化管理，实现体制机制创新；在人才培养改革方面，深入开展"三教改革"，从教师、教材、教法入手，大力推动教学改革，提高人才培养质量；在科研和社会服务改革方面，通过实施"三融战略"，持续推进与国家航空产业基地、航空龙头企业的深度融合，在技术服务、员工培训、师资互聘等方面开展广泛合作，真正体现"当地离不开、业内都认同"。

——资料来源：9万字"双高"建设方案诞生记，央广网，2019-12-20.

（二）人才培养模式改革

产教融合、校企合作是职业教育的基本办学模式，是办好职业教育的关键所在，也是"双高计划"的基本原则，核心是创新高等职业教育与产业融合发展的运行模式，为加快建设现代产业体系，增强产业核心竞争力提供有力支撑。"从做中学""手脑并用"一向是中职教育的传统，这对于培养有一技之长的初高级技能人才比较适用，但对于在"人工智能＋互联网"技术环境下培养复合型高端技能人才就不够了，必然要求抬高职业教育发展重心，使高等职业教育成为职业教育体系的主体部分。因此，"双高"学校要树立全方位为地方经济社会发展服务的办学理念，明确院校人才培养与社会服务的双基定位。"双高"学校要着重体现其核心使命——人才培养、科学研究、社会服务、文化传承、国际合作五大职能，着重体现认知能力、合作能力、创新能力、职业能力四种关键能力的培养，必须强化"理实一体、知行合一"。

《国家职业教育改革实施方案》明确提出，要实现由参照普通教育办学模式向企业社会参与、专业特色鲜明的类型教育转变。教育部《关于职业院校专业人才培养方案制订与实施工作的指导意见》指出，推进国家教学标准落地实施，提升职业教育质量，制订职业院校专业人才培养方案，应体现专业教学标准规定的各要素和人才培养的主要环节要求，包括专业名称及代码、入学要求、修业年限、职业面向、培养目标与培养规格、课程设置、学时安排、教学进程总体安排、实施保障、毕业要求等内容，并附教学进程安排表等。在此基础上，学校可根据区域经济社会发展需求、办学特色和专业实际制订专业人才培养方案。

人才培养模式的改革要推动教师、教材、教法整体改革，把"三教"改革作为提质手段。"三教"改革之中,教师是关键,要瞄准学校教师队伍建设的实际问题,加快人事制度改革,将政策引导与制度保障结合好,激发广大教师主动参与"三教"改革的积极性,建设符合项目式、模块化教学需要的教学创新团队,不断优化教师能力结构。要加强课程建设,健全教材选用制度,及时将新技术、新工艺、新规范等产业先进元素纳入教学标准和教学内容,选用体现新技术、新工艺、新规范等的高质量教材,引入典型生产案例,倡导新型活页式、工作手册式教材并配套信息化资源,确保教学内容体现主流技术。总结推广现代学徒制试点经验,普及项目教学、案例教学、情境教学、模块化教学、理实一体教学等教学方式,广泛运用启发式、探究式、讨论式、参与式等教学方法,推广实时互动、翻转课堂、混合式教学、移动学习等信息化教学模式,推动教育理念更新和模式变革,构建以学习者为中心的全新教育生态。加强课堂教学管理,规范教学秩序,打造优质课堂。探索教师分工协作的模块化教学,开发使用校企"双元"教材、新型活页式教材、工作手册式教材,推动课堂革命。开展"学历证书+若干职业技能等级证书"制度试点,将职业技能等级证书培训内容及要求有机融入人才培养方案。开展德技并修立德树人实验,结合当地自然条件、经济状况和文化积淀,探索体现实效的劳动教育实施路径,以劳树德、以劳增智、以劳强体、以劳育美。

"双高"学校要探索高技能人才培养模式改革,首要任务是培养一批产业急需、技艺高超的高素质技术技能人才,要在促进校企双元育人上下真功夫,按照"工学结合、知行合一、德技并修"的总要求,推动行业企业参与人才培养全过程,真正构建起校企协同育人的体制机制。

专栏6-2　西安航空职业技术学院建设方案彰显育人思路

西安航空职业技术学院制定的"双高"建设方案立足航空产业转型升级,建设航空强国,迈入世界一流的新机遇,以及航空技术快速升级带来的人才培养的新挑战,对学校面临的机遇进行了精准分析、对面临的挑战进行了准确定位。

在顶层设计中,学校"跳出双高建双高",按照航空产业需要什么,学校"双高"建设什么的原则,建设一批补齐航空产业基地生产链,补齐航空设计、制造、试飞、鉴定、教学链的格局,真正实现航空教育链与人才链、产业链和创新链相对接。

在育人目标设计中,瞄准C919航空发动机的制造、维修等航空产业高端,按照"C919飞到哪,航空维修和服务人员跟到哪"的原则,和中航飞机、中国航发等公司合作,做到技术研发和人员培养同频共振。

在育人过程中,突出发挥企业育人主体作用,由政军行企校五方共同完成,产教融合办学特色更加明显。采用现代学徒制、订单班等企业定制班的形式,利用企业的岗位、技术、设备等,为企业自己培养人,解决因军工企业保密等限制,学校教学条件与航空企业最新技术、最新工艺、最新规范无法同步的难题。

(三)管理体制机制改革

我国充分发挥社会主义制度的强大优势,将其转化为巨大的效能,形成了自上而下覆盖全国的职业教育管理体系,成功举办和支撑了世界最大规模的职业教育体系,高效培养了数以亿计的普通劳动者和数千万的技术技能人才，为经济社会高速发展发挥了极其重要的作用。

但现行的职业教育管理体制越来越不适应职业教育融合发展的需要，政府有关部门比照普通学校模式管理职业学校，中职管理体制仿照普通高中，高职管理体制参照普通高校，没有体现类型教育的特点。中职、高职一种办学形态两种管理模式，对职业学校统得过死，而政府应该加以管理的事情，又没有很好地管起来，使职业学校缺乏应有的活力，缺少跨界开放办学的发展空间，缺乏对企业参与办学的强制性约束。必须通过管理制度创新激发创新活力，着力解决师生创新动力不足、行业企业参与办学和专业建设积极性不高等突出难题。

"双高"学校要构建产教融合发展机制，打造校企命运共同体，实现要素全方位融合。健全内部治理体系，建立健全学校、行业、企业、社区等共同参与的办学机制，推进现代学校制度建设，促进治理能力现代化；创新专业群建设和管理机制，探索以专业群建二级院系，实现专业群实体化运作；创新教师队伍建设机制，探索固定编制加周转编制的教师管理制度，探索与能力和贡献相匹配的薪酬制度，吸引行业企业领军人才、技能大师来校任教，健全人才成长机制，建立健全竞争型的人事管理制度，营造优秀人才脱颖而出的良好环境；创新科研和社会服务机制，既搭建产学研协同创新平台，又强化科技成果转化激励机制，调动师生参与技术创新和社会服务的积极性。不仅要形成产教融合、校企合作的体制机制，还要在学校内部以学分制为龙头，在教学运行的体制机制上进行改革与创新，真正形成以学生为本、面向市场的内外部体制机制。以问题为导向，切实解决学校内部可以解决的问题。要找准存在的主要问题，如人才培养理念与专业培养定位、技术能力与技能操作、教师队伍与教学能力、教学质量与就业质量、教育信息化与教学资源条件、教学运行管理与学生服务、科技研发与社会服务等问题，结合自身实际，进行综合性改革、系统化建设，全面提升从学校到专业的能力与水平。在课程改革、课堂教学实施上下功夫，激发学生学习的主观能动性。要实现教学以学生为中心、以培养学习能力为主要目标，内容融入"互联网+"，课程上职业性与人文性并举，针对性与发展性兼顾，实现项目化、综合化、做学教一体化。

二、发挥示范引领作用

榜样的力量是无穷的。"双高"学校是目前职业学校的龙头，不仅对高职学校起示范作用，也对所有职业院校起引领作用。国家集中力量建设一批引领改革、支撑发展、中国特色、世界水平的高职学校和专业群，打造一批高素质技术技能人才培养培训高地和技术技能创新服务平台，能提高高职学校的核心竞争力，为职业教育改革发展和培养千万计的高素质技术技能人才发挥示范引领作用。

(一)打造技术技能人才培养高地

"双高计划"的意义不仅在于要使若干所高职学校和一批专业体现中国特色并达到世界

水平,而且更在于探索中国特色、世界水平的高职教育方案,优化人力资源供给,服务教育强国、人才强国和制造强国战略,使我国成为国际技术技能人才培养培训高地和国际技术技能创新高地。按照产教融合的"三个对接"——专业设置与产业需求对接、课程内容与职业标准对接、教学过程与生产过程对接,完善职业院校设置标准,推动高水平高职学校和专业建设,成为育训结合、德技并修的中国特色职业教育发展典范。

"双高"学校树立社会服务意识,建立紧密对接产业链、创新链的专业体系,围绕产业需求强化实践教学,完善以高素质技术技能人才为主的培养体系。落实立德树人根本任务,将社会主义核心价值观教育贯穿技术技能人才培养全过程。坚持工学结合、知行合一,加强学生认知能力、合作能力、创新能力和职业能力培养。加强劳动教育,以劳树德、以劳增智、以劳强体、以劳育美。培育和传承工匠精神,引导学生养成严谨专注、敬业专业、精益求精和追求卓越的品质。深化复合型技术技能人才培养培训模式改革,率先开展"学历证书+若干职业技能等级证书"制度试点。在全面提高质量的基础上,着力培养一批产业急需、技艺高超的高素质技术技能人才。

> **专栏 6-3 深圳职业技术学院"培养能工巧匠型的大学生,大学生式的能工巧匠"**
>
> 深圳职业技术学院在对接区域经济发展上,适应深圳"国际化的新技术、新产品、新产业策源地"的发展定位,瞄准世界产业发展前沿和深圳经济社会发展需求,联合一批世界一流企业,建设一批特色产业学院,"深圳的经济增长点在哪里,我们的专业就办到哪里",将学校打造成为技术技能积累的重要资源集聚地,与深圳经济社会发展同频共振。在技术技能人才培养上,联合华为、中兴、万科等企业,按照"三对接"的要求,严把教学标准和毕业学生质量标准两个关口,"培养能工巧匠型的大学生,大学生式的能工巧匠",为深圳发展战略性新兴产业、未来产业、现代服务业和优势传统产业"四路纵队"提供人才支持。

(二)打造高水平专业群

专业作为培养人才的教育教学基本单位,是一个具有特定目标、制度、结构、资源(智力资源和物质资源)、传统的组织。在评估、遴选拟立项的高水平专业时,受评估工作的性质、操作习惯等影响,必然会着重关注易观察的客观指标。在今后的建设过程中,高水平专业不仅从经费投入、生师比、就业率、合作企业数、技能大赛获奖人数等客观指标去判断一个专业的水平,更应重点关注高水平专业的三重内涵:一是师生的精神状态和对教育教学、学习的投入度;二是卓有成效的校企合作、产教融合;三是一个成长型、学习型的组织[①]。高水平专业建设高度重视师生的生存状态和发展指数、组织的健康度和成长指数。

对接产业吻合度高,要围绕区域支柱产业和新兴产业,聚焦服务面向,优化资源配置,动态调整专业方向,推动教育链、人才链和产业链、创新链有机衔接;资源整合共享度高,要有机整合课程、教师与实训实习等教学资源,实现资源整合和资源共享最大化,充分发挥集群效应,形成人才培养合力;人才培养产出度高,要培养一大批大国工匠和能

---

① 赵蒙成. 高职高水平专业的三重内涵[N]. 中国教育报,2019-12-17.

工巧匠，形成具有国际竞争力的人才培养高地，为中国产业走向全球产业中高端提供高素质技术技能人才支撑。随着产业转型升级，生产技术和组织模式快速变化，生产过程去分工化、人才结构去分层化、技能操作高端化、生产方式研究化、服务与生产一体化特征越来越明显。高水平专业群要主动适应这一变化，引领高职专业建设和人才培养模式改革，人才培养定位由简单重复的装配者、操作者向更高层次的智能生产系统的规划者、应用者、改造者、调试者、决策者转变；能力培养由单项应用，向系统集成的"交叉""复合""多项"联动转变；服务重点由"单人单岗"，向"技术＋人才"打包供给转变。

适应产业升级，需要重构专业群结构体系。一是结构重构。专业群与产业高度匹配，是改革的内驱力与逻辑起点。服务面向是决定建设水平的关键，一个专业群试图对应一条完整的产业链、解决产业链上的所有问题，是不科学、不现实的。专业群的结构重构，重点在于准确判断产业发展趋势，聚焦产业链的关键节点，明确对应的岗位集群，明晰专业群与岗位群的映射关系，优化专业建设重点和质量要点。二是体系重构。面对高职百万扩招带来的生源变化，专业群承担着在校生和社会人员的学历教育与职业培训，教材体系、课程体系、实践教学体系均需重构，按照育训结合、长短结合、内外结合的要求，开展高质量职业培训。

适应产业升级，也需要优化专业群治理体系。一是校企双带头人负责与多元主体参与的统一。创新专业群治理机制，保证政府、行业、企业人员能够深度参与，探索建立独立法人的专业群指导委员会或职教集团。二是技术管理与文化管理的统一。技术管理主要包括结构化教师团队的重组、实训基地与实验室的精益化管理等，进而让管理制度升华为文化，形成共享开放的建设文化、精益过程的管理文化、标准化特征的职业文化。三是人才培养和社会服务的统一。校企合作成立产业技术研究院等技术技能平台，形成大规模定制化生产和订单化育人的智慧服务平台。

专栏 6-4　唐山工业职业技术学院打造高水平专业群

　　唐山工业职业技术学院以服务中国高铁高端产业和钢铁支柱产业高质量发展为宗旨，将动车组检修技术专业群建成国家高水平专业群，将机电一体化技术专业群建成河北省高水平专业群，成为中国"高铁制造工匠"和"钢铁装备医生"的培养高地；以重点专业群为引领，建成紧密对接产业发展的技术技能创新服务平台，成为区域技术研发和成果转化的技术中心；创新行业、企业、学校、社区等多元治理的办学体制和育人机制，建成一批中国特色、国际认可的高职类型专业教学标准和管理标准，成为引领高职改革的全国标杆；按照中国高铁走向世界、中国钢铁引领世界的战略布局，携手企业"走出去"，建成一批"海外学院"，成为高职服务"一带一路"的全国典范。到 2023 年，学院办学和专业群建设水平将进入全国高水平专业群建设学校第一梯队，高质量支撑区域产业发展和高职教育标准化建设，引领全国高职教育改革发展，成为"高端产业发展的支撑者、高职类型标准的制定者、中国方案的国际推广者"。到 2035 年，学院将成为支撑京津冀协同发展和提高国家竞争力的全国典范，办学和重点专业群发展水平进入国际前列，为世界职业教育提供成熟的高职教育教学标准，引领中国职业教育实现现代化，成为世界职业教育的范本和标杆。

　　（一）成为专业群支撑区域产业发展的全国典范

　　将动车组检修技术（高铁装备制造技术）专业群建成国家高水平专业群，打造全国"高铁制造工匠"

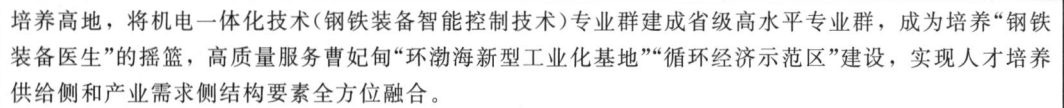

培养高地，将机电一体化技术（钢铁装备智能控制技术）专业群建成省级高水平专业群，成为培养"钢铁装备医生"的摇篮，高质量服务曹妃甸"环渤海新型工业化基地""循环经济示范区"建设，实现人才培养供给侧和产业需求侧结构要素全方位融合。

（二）成为专业群引领教育教学改革的全国标杆

探索制定《专业群高水平发展标准》，为中国职业教育高质量发展提供蓝本；深化专业群复合型人才培养模式改革，参与开发职业技能等级标准和证书10个；编制国际化专业教学标准5个、课程标准50个以上；建成国家级职业教育教师教学创新团队1~2个；国家级高水平专业化产教融合实训基地1~2个；国家"双师型"教师培养培训基地2个；国家级职业教育专业教学资源库2个；国家级职业教育精品在线课程2门；申报国家职业教育规划教材10部。

二、主要举措

（一）对接产业完善专业群建设机制

1. 绘制学院专业群对接产业的"映射图"。精准对接唐山"4+5+4"现代化产业体系，以支撑智能轨道交通、精品钢铁、装备制造等重点支柱产业和战略新兴产业集群发展为宗旨，通过产业链，分析技术链，厘清岗位链，梳理能力链，以动车组检修技术（动车装备制造技术）、机电一体化技术（钢铁智能控制技术）专业群为龙头，引领带动新能源汽车、财经商贸、幼儿教育、绿色建筑化工、现代服务、陶瓷与艺术设计、工业互联网9个专业群协调发展，形成精准对接产业发展需求的"特色鲜明、错位发展、优势互补"专业群布局，使专业群结构与区域重点产业集群的匹配度达100%，推动教育链、产业链、人才链、创新链融合发展。

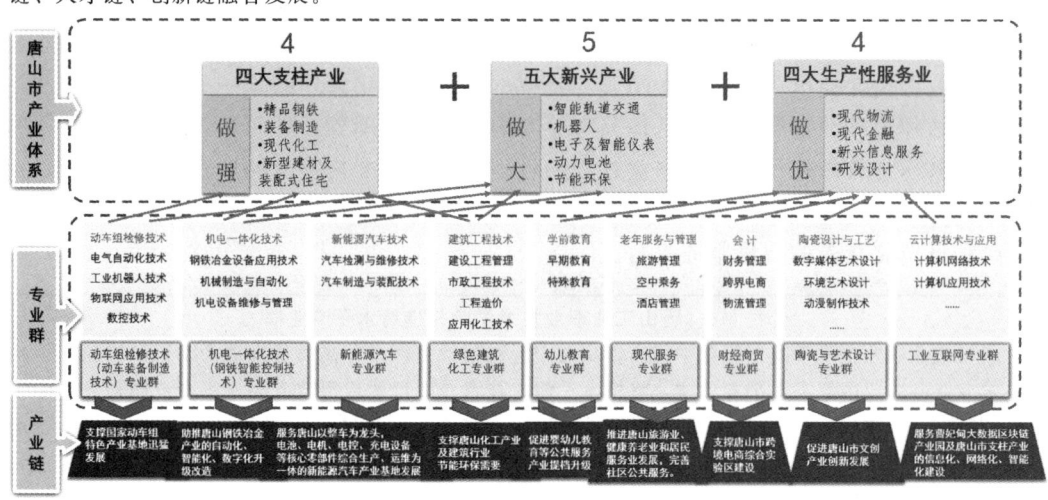

专业群对接唐山市产业体系关系链

2. 健全专业群动态调整机制。健全紧密对接产业、动态调整、自我完善的专业群建设发展机制，制定《专业群对接产业发展动态调整办法》《专业群建设指导意见》《专业群资源共享共建办法》，完善《专业建设标准》《专业动态调整与预警标准》等专业建设与管理制度，适应产业发展和转型升级需要，遵循"稳定性、协同性、灵活性"的基本原则，灵活调整专业组成和专业方向，增强外部适应性，使专业群富有旺盛活力。

按照"重点建设、加快建设、加快培育"三个层级，重点建设动车组检修技术国家级高水平专业群，加快建设机电一体化技术省级高水平专业群，加快培育工业互联网、现代服务、幼儿教育3个院级专业群，形成"国家—省—院"专业群建设梯队；聚焦影响专业群建设质量的关键要素，构建专业群建设绩效评价体系，探索制定《专业群高水平发展标准》，为全国职业教育高质量发展提供支撑。
——资料来源：唐山工业职业技术学院"双高"项目建设方案

（三）打造技术技能创新服务平台

职业教育是开放型教育，职业教育发展离不开内外部资源的共同施力、协同作用。高职院校要以企业需求为指引提供技术服务，为区域产业转型升级提供技术支持。学校与当地政府、产业园区、行业深度合作，建设具有学校特色的、兼具科技攻关、智库咨询、创新创业功能的创新平台，构建区域产业集群与学科集群融合机制，形成区域性科技创新体系。学校立足师生智力成果和咨询服务优势，依托重点专业、重点实训基地和技术研发中心等建设服务平台，服务区域发展、服务企业特别是中小微企业的需求。学校与行业领先企业深度合作，建设兼集产品研发、工艺开发、技术推广、大师培育等功能一体的技术技能创新平台。通过创新合作模式，形成战略协同、组织衔接、利益共享、内容共建的校企命运共同体。

"双高计划"提出打造技术技能创新服务平台，深化产教融合，提升校企协同的人才培养和技术创新水平。一是要提升高端性。合作对象上体现高端性，重点选择区域、行业的领先企业、标杆企业以及产教融合型企业，更好地发挥优质资源集聚优势。目标定位上体现高端性，对接地方产业、企业的国际化战略，与"走出去"企业共同组建校企协作组织，推动产教融合从本土走向国际合作的领域。资源建设上体现高端性，共同开发行业企业标准和教学标准、课程标准，通过企业项目的教学化改造建设优质课程资源，建设专业化的产教融合高端实训基地等。

二是要拓展新路径。适应不同产业的发展形态、需求和不同专业领域的人才培养特点，探索建立职教集团、产业联盟、产业学院等不同形态，共享基地、协同创新、校地合作、资本混合等不同类型的产教融合平台组织，不断创新合作体制机制，创设产教融合各项政策落地、各类个性化模式探索的实施载体，营造产教融合发展的良好环境。

三是要打造共同体。以校企协同的人才培养为核心，建设集人才培养、科技攻关、团队建设、技术服务、智库咨询等功能于一体的产教融合平台，并融入区域产业发展。推动平台从虚拟走向实体化，职业院校以优质办学资源及智力资源参与实体化运作，把合作平台提升到校企命运共同体的新层次，形成产教融合发展、同频共振的良性循环生态圈[①]。

专栏6-5　北京工业职业技术学院建设"六个中心"，搭建技术技能创新服务平台
北京工业职业技术学院着力打造北京市电气安全应用技术创新中心、智能机器人技术应用中心、城市智慧建设协同创新中心、京西人工智能技术应用中心、新型环保材料研发与应用中心和北京西山永定河文化带研究与服务中心。

---

① 成军. 深刻把握"双高计划"建设的关键[N]. 中国教育报，2019-06-04.

> 1. 建设北京市电气安全应用技术创新中心。在北京市应急管理局支持下，2016年联合北京市安全生产科学研究院，成立具有独立法人资质的"北京市电气安全研究所"。将创新运行机制，加大建设力度，根据北京特大城市运行电气安全需要，重点在电气安全技术研究、电气安全法规规范建设、电气安全评价研究、电气安全检验检测等方面，开展研究和服务。建设成为首都电气安全领域不可或缺的电气安全技术研发和服务机构，为北京市电气安全工作提供强有力的技术支撑。
> 2. 建设智能机器人技术应用中心。加快资源整合与共享。发挥学校与中关村双创服务机器人产业联盟(RFC)、北京航空航天大学智能技术与机器人工程研究中心、北京钢铁侠科技有限公司联合建立智能机器人技术应用中心的引领作用。推进与北京工业大学共建"计算智能与智能系统北京市重点实验室"。致力于智能系统研发，力求在计算智能、智能优化控制、智能信息化处理等方面取得成果。在企业产品升级、科技攻关、技术研发等方面取得成效，实现成果共享、人才共育。
> 3. 建设城市智慧建设协同创新中心。发挥刘先林院士智能测绘大师工作室在航空摄影测量生产、智慧城市建设等领域新技术开发的引领作用，与北京市测绘设计研究院共建"城市空间信息工程"北京市重点实验室。与深圳市大疆创新科技公司、广联达科技股份有限公司等行业领先企业深度合作，建设大疆无人机测绘工程师学院、BIM工程师学院。吸纳机电、信息专业教师，跨专业群打造建筑安全监测工程创新中心，与北京城建亚泰集团、中铁建设集团在信息化监测、智慧工地等领域联合研发，实现技术咨询、技术研发与应用的新突破。
> 4. 建设京西人工智能技术应用中心。发挥专业优势，服务新首钢人工智能产业园，聚焦数字智能产业，联合中关村科技园、中关村门头沟人工智能科技园以及相关企业，建设京西人工智能技术应用中心。继续与华为、达内、科大讯飞、星环科技、百度等企业合作，创建人工智能学院。联合开展人工智能、大数据应用创新研究，为人工智能中小企业服务。
> 5. 建设新型环保材料研发与应用中心。联合中国地质大学(北京)、北京依依星科技有限公司、中国粉体技术网、中国绿色建材产业发展联盟，建设新型环保材料研发与应用中心。已与上述单位共建"粉体表面改性技术""新型环境与健康矿物材料"两个研发与应用中心。将聚焦在可见光条件下光催化降解空气和水中污染物、室内抗菌、衣物抗菌、食品保鲜、去除农残等方向，开展技术攻关和应用研究。
> 6. 建设北京西山永定河文化带研究与服务中心。北京市提出以历史文化名城保护为根基，以大运河文化带、长城文化带、西山永定河文化带"三带"为重点，凸显北京历史文化整体价值，加大研究保护力度。学校地处北京西山永定河文化带，与西山永定河文化带的融合发展，已完成"京西文物古迹数字采集存储""法海寺大殿结构及建造工艺研究"等项目。将与永定河文化研究会、石景山和门头沟两区文化旅游局、北京社科院、永定河博物馆等合作，进行北京西山永定河文化带研究与服务。与已实施的长城文化带、大运河文化带协同推进、共同发展。
> ——资料来源：北京工业职业技术学院"双高"项目建设方案

(四)引领区域高职学校协调发展

职业教育面对的是区域经济社会发展的需要，职业院校要针对当地的经济社会发展和居民学习发展的需要来办学[①]。因此，这次的"双高"建设，要更加体现出地域特色。"双高"学校建设发挥引领带动和辐射的作用，要增强利益相关者的"获得感"，形成"双高"建设引领区域高职学校协调发展的格局。

---

① 汪治. 高职"双高"和普惠性建设要并举[N]. 中国教育报，2018-04-24.

专栏 6-6　杭州职业技术学院建设区域特色鲜明的一流高职

杭州职业技术学院聚焦高水平专业群建设，整合优质职教资源，赋能教师专业发展，推进学校内部治理、专业和课程的数字化转型，努力打造与杭州同频共振、区域特色鲜明的中国一流高职学校。

一是聚焦区域主导产业，建设电梯服装等高水平专业群。杭州市正在全力打造"全国数字经济第一城"，实施"新制造业计划"。对接杭州"1+6"重点产业集群，杭职院按照"对接产业，调整布局，以群建院，资源整合，跨院互动，共建共享"的发展思路，重点打造电梯、服装等能引领行业发展、具有世界水平的品牌专业群，建设电子商务、大数据（信息安全）、智能制造、无人机、动漫游戏、休闲旅游等特色专业群。同时聚焦1+X证书制度试点，深化以"三教"为重点的专业群全领域改革，健全可持续发展机制。学校对接高水平专业群，建设公共实训基地、高职科技园、技术成果转化中心等学校发展支撑平台和国家电梯质检中心、全国女装技术教育创新中心等专业发展支撑平台。联合阿里巴巴、eBay、Shopee等行业领军企业，共建全国一流的电商谷；与大疆无人机集团合作共建华东无人机试飞基地；整合西子航空等行业骨干企业资源，共建共享5个国家级水平的产教融合实训基地，共筑高素质技术技能人才培养新高地。与西奥电梯、安恒集团等行业主流企业共建一批协同发展中心，以院士工作站、博士后工作站等为引领，建设一批大师工作站和学生创新中心，联合开发新技术、新工艺、新产品，共筑行业领先的技术创新高地。

二是深耕校企共同体，聚焦区域内主流企业谋求同生共长。学校聚合区域内的主流企业，谋求同生共长，打造校企命运共同体，并以校企命运共同体建设为抓手，全面推进学校内涵建设。学校与教育部职教中心所实行战略合作，集聚知名专家学者、行业企业领军人物，建设国家级智库——校企命运共同体研究院，引领校企共同体高位发展。总结"友嘉模式"和"达利现象"等校企合作成功经验，完善"六大运行机制"——在产学对接上，创新管理共同体领导机制、产学研共同体融合机制和专业共同体建设机制；在工学结合上，创新资源共同体互助机制和文化共同体交融机制；在"双师"共育上，创新师资共同体互补机制。学校围绕产业链、创新链、人才链、教育链的融合，建成多个与杭州主导产业主流企业深度合作的特色产业学院，探索构建校企命运共同体多元发展模式。以友嘉机电学院、达利女装学院为重点，深化校企合作内涵；以杭州动漫游戏学院建设为重点，探索"政行企校"合作模式；以西子航空工业学院、安恒信息学院建设为重点，探索"专企融合"模式；以彩虹鱼康复护理学院建设为重点，探索"企业托管"模式；以特种设备学院建设为重点，探索"行企校合作"模式；以中国童装学院为试点，探索混合所有制办学模式。

三是突出教师个体成长和教学团队建设，为教师发展赋能。学校打破现有教师队伍结构，变"学科联系"为"职业联系"，推进与产业、职业岗位群对接的专业布局改革，以专业群带头人为核心，领衔重构跨专业教学团队；以专业群课程开发为线索，按专业模块课程组、专业群共享课程组、通识课程组等分类分块组建跨专业课程教师团队。学校依托校企同同体，共订专业群规划，实施校企人才共引共享，设立教师企业工作站、技师校内工作站，支持专业教师进企服务、企业技师常驻学校，共建教学科研团队，实现"身份互认、角色互换"，构建多内容、多形式、多途径的立体化教师培养体系。学校以教师发展标准与学校愿景为依据，依托教师教学发展中心线上平台，建立教师个人发展档案，实施教师职业生涯规划，实现线上指导、线上规划、数据跟踪、定期分析反馈的科学化信息化管理，让教师职业生涯规划更便捷，自我评价更科学，提升发展更准确。学校以机构改革为契机，落实能上能下的用人机制，落实二级单位用人自主权。深化改革高职特色职称评聘，推进成果业绩量化评价，细化教师分类评价，提高"双师"素质和下企业锻炼要求，将国际化水平、信息化教学能力列为晋升高级职称的必备条件，试行标志性成果直聘机制。

四是推进内部治理、专业和课程数字化转型。杭职院统一全校数据标准，构建校级全量数据中心，解决"数据孤岛"问题，为实现信息集成提供统一的数据支撑平台。打造公共管理服务平台，构建统一信息门户和一站式网上办事大厅，提供基于大数据分析的综合信息服务，为管理者和师生提供可视化教育教学、管理服务和综合校情分析，打造师生全生命周期服务，形成个人画像和成长指引。促进信息技术在加工制造类专业中的应用，加快信息技术与服务类专业的融合，将新一代信息技术融入专业课程体系中，促进专业紧跟产业实现转型升级。对接数字经济行业发展，开设大数据、人工智能、智能网联汽车、时尚女装定制、智能控制技术、物联网技术、跨境电商、新媒体营销等新兴专业和方向。升级改造学校主持建设的国家级教学资源库平台，应用信息技术改造传统教学，推广以学习者为中心的"泛在、移动、个性化"的学习方式变革。推进在线开放课程建设，实施课程"上云"计划。建设智慧课堂和虚拟工厂(实训室)，倒逼线上线下融合的混合式教学模式改革，最终达成教学决策数据化、评价反馈即时化、交流互动立体化、资源推送智能化的目标。

三、支撑经济高质量发展

培养适应高端产业和产业高端需要的高素质技术技能人才，服务中国产业走向全球产业中高端，为经济社会发展提供强有力的智力支持和人才保障，助力经济社会高质量发展，已成为高职院校的应然之态，也是衡量"双高计划"建设成效的重要标准。到2022年，职业教育将成为支撑国家战略和地方经济社会发展的重要力量；到2035年，职业教育将为促进经济社会发展和提高国家竞争力提供优质人才资源支撑。

(一)为产业发展提供源源不断的高质量技术技能人才

"双高"学校要在建设知识型、技能型、创新型劳动者大军，弘扬劳模精神和工匠精神，营造劳动光荣的社会风尚和精益求精的敬业风气等方面发挥重要作用。"双高"学校应面向区域经济社会发展急需紧缺领域，如培养大批防治新冠病毒的公共卫生专业人才(据调查参加一线防疫的医务工作者70%是职业学校毕业生)，大力开展高技能人才培训；以科技成果推广转化、产品研发、工艺改进、生产技术服务、科技咨询、技能大师培养等为主要内容，深度参与企业技术改造与更新，为行业企业创造新的效益增长点；主动开展技能补偿、拓展教育与培训等服务，提升民族传统工艺的高保真传承和高水平创新能力。

(二)支撑国家重点产业、区域支柱产业发展

"双高"学校要着力打造技术技能创新服务平台，在解决关键共性技术、核心工艺，促进科技成果转化等方面有所作为。以应用技术解决生产生活中的实际问题，切实提高生产效率、产品质量和服务品质，支撑国家重点产业、区域支柱产业发展。"双高"学校应在国家创新驱动战略中发挥重要的创新主体地位，服务"中国制造"和产业升级，为产业迈进中高端提供技术技能人才支撑；服务京津冀协同发展等区域发展战略，促进与区域产业协调发展，推动区域资源共建共享；服务乡村振兴战略，广泛开展面向农业农村的职业教育和培训，积极为扶贫攻坚提供多种形式的资源供给；主动承担高职扩招任务，扩大优质教育资源受益面。

(三)促进中小微企业技术研发和产品升级

为加强新产品开发和技术成果的推广转化，推动中小企业的技术研发和产品升级，促进民族传统工艺、民间技艺传承创新，"双高"学校和专业群应发挥资源集聚效益，提升技术技能人才供给和技术创新服务水平。

首先，面向产业链，以团组融合方式供给技术技能人才。团组融合是根据项目技术模块重组教师团队，教师、企业人员和学生，形成项目团组，共同开展项目教学和生产实践，以培养产业急需技术交叉应用的复合型技术技能人才。团组融合需要明确以下几个问题：一是团组融合的人才培养定位。通过对智能制造典型产线（产业链）的整体认知，培养既熟悉各个相关岗位，又了解整条产线的团组融合型人才，适应未来智能制造产线的改造调试应用。二是团组融合的人才培养路径。专业群根据智能制造项目的技术模块开设基础平台课程和产线综合课程，通过现代学徒制的实施，为企业量身定制个性化人才培养方案。三是团组融合的人才培养方式。师生共同参与企业真实项目开发，在项目开发中提高技术技能，既为企业提供分岗位和产线集成的项目人才，又为中小微企业的技术研发和产品升级提供人才团组的打包服务。

其次，聚焦技术链，以平台方式提供整体方案服务。一是服务的核心功能要准，每个专业群在产业链中的定位应当是聚焦，而不是无限扩散的。例如，一个专业群不可能服务于智能制造全产业链，但如果围绕产品生产全生命周期，服务于智能车间各智能单元和智能总产线的应用，其核心技术、人才培养目标和专业群服务定位，就比较精准。二是聚焦核心技术，搭建专门化平台，提供整体解决方案。建设专门化技术技能平台，将科研院所、先进企业的名家大师请进来，将技术研发和产品升级的成果转化出去，为中小微企业提供整体解决方案。三是围绕核心技术集聚资源，服务企业和社会。根据技术模块，校企共同组建结构化教师团队，将企业案例转换为教学资源，共同进行人才培养和技术研发，纳入"1+X"制度试点，开展学习成果的认定、积累和转换，向退役军人等群体开放教育资源，满足社会和企业的多样化需求。

此外，"双高"学校和专业群还应积极参与国家标准和行业标准开发，争做标准开发的"首创者"。积极提升校本标准、优势领域的经验与范式，为国家标准制定提供及时有效的科学数据和标准参考；率先牵头研制新技术、新专业、新课程领域的相关标准，引领和促进同行发展；实质性参与行业组织活动乃至牵头组建新兴领域的行业组织，牵头或参与制定行业标准，抢占职业教育在行业标准制定中的话语权。

专栏 6-7　常州信息职业技术学院牵头申报项目获国家重点研发计划立项

8 月初，国家科技部公布新一批国重点研发计划。常州信息职业技术学院（以下简称常信院）周勇博士作为项目负责人牵头申报的"综合集成示范、人才培养体系建设与规模化推广应用"项目，获得国家重点研发计划"面向中小企业智能生产线关键技术共享服务平台研发"重点专项立项批复，立项总经费 470 万元。这是常信院继中标工信部国家级工业互联网公共服务平台项目后，2020 年获得的第二个国家级项目。

"十三五"期间，国家科技管理体制实行了重大改革，将科技部管理的国家 973 计划、国家 863 计划、国家支撑计划、国际科技合作与交流专项、国家重大科学仪器设备专项，以及国家发改委、工信部共同管理的产业技术研究与开发资金，农业部、卫计委等 13 个部委管理的公益性行业科研专项等百

"双高"建设引领技能社会

余个科技计划，整合成为"国家重点研发计划"，划归科技部统一管理。

常信院刚刚获得的该项科技部国家重点研发计划，主要围绕中小企业技术资源利用效率低、技术共享不畅、专业人才匮乏等问题，开展智能生产线关键技术共享服务平台落地实施与应用推广工作。该研究适用于人才培养体系建设与规模化应用推广的智能生产线 RFID 信息采集、虚拟实训、移动自主学习等技术，并解决不同行业个性化需求的资源精准匹配问题；以应用型专业技术人才需求为导向，构建面向智能生产线的人才培养课程体系，基于线上线下融合(O2O)专业人才培养机制开发移动自主学习实训平台，在上海、广州、常州等地，依托职业院校及企业建设 10 个示范基地；联合中国机电一体化技术应用协会职业教育分会，构建关键技术共享及服务网络，通过核心企业和核心院校带动产业链，产业链带动产业集群，产业集群带动区域推广，推进智能生产线关键技术共享服务平台在中小企业中规模化应用推广。

近几年来，常信院专注工业互联网，主攻新一代信息技术与制造业深度融合，服务江苏制造业高质量发展、服务长三角产业协同转型升级、服务国家工业互联网应用型人才需求，培育"生产设备数字化、生产车间智能化、生产要素网络化、企业管理智慧化"的工业四化应用型人才。

——资料来源：唐传虎．常信院再获国家级项目 牵头申报项目获国家重点研发计划立项 [EB/OL].

四、对标世界先进水平

我国建成了世界最大规模的职业教育体系，走出了一条中国特色的职业教育发展道路，是最早提出高等职业教育概念的国家。技术技能人才培养、"双师"队伍建设和校企合作水平是衡量其质量高低的基本要素。其中，高水平技术技能人才应具备一定的国际化素养，方能满足经济全球化和"一带一路"建设的需求。"双师"队伍建设应以是否具有行业权威和国际影响、是否能够承担国际化项目作为重要依据，要求教师具有国际化意识和国际化能力。校企合作需要把握全球产业发展机遇，伴随中国产业走向全球产业中高端，拓展合作伙伴和合作领域。选择世界职业教育发达国家和有关国际教育组织，实施强强合作，提升国际化水平。到 2022 年，职业教育国际影响显著提升；到 2035 年，一批高职学校和专业群达到国际先进水平。

(一)深化国际交流与合作

职业教育的技能学习特点使得国际借鉴性强、交流合作范围广、语言障碍少。我国职业教育就是在国际交流合作中发展壮大的，早期学习借鉴欧美，中华人民共和国成立初期学习苏联模式(中专、技工学校)。为了与中国的改革开放相适应，我国职业教育积极向职业教育发达国家学习先进教育理念和办学经验，先后学习和引进了国际劳工组织的 MES 模式[①]、

[①] MES(Modules of Employable Skills，模块式技能培训)，是 20 世纪 70 年代初由国际劳工组织研究开发出来的以现场教学为主，以技能培训为核心的一种教学模式。它是以岗位任务为依据确定模块，以从事某种职业的实际岗位工作的完成程序为主线，可称之为"任务模块"。MES 课程模式强调"以学员为中心、以学习站为中心、以技能为中心"，取代了传统课程"以教师为中心、教室为中心、教材为中心"的模式。已被 20 多个国家采用，1987 年引入我国。

北美的 CBE 模式①、德国的双元制模式②、澳大利亚的 TAFE 模式③、英国的 BTEC 教学模式④以及近年来德国的理实一体化课程⑤和行动导向的教学方法⑥等。从职业教育国际化的模式看，无论是德国的双元制，还是北美的 CBE 模式、澳大利亚的 TAFE 模式，都是在支持本国经济社会发展的过程中，逐步形成理论化、系统化、标准化的职业教育特色模式，伴随其产业变迁与转移进程，推动职业教育的国际化进程。经过 40 多年的学习和借鉴，我国职业教育的国际化发展已经走过了单纯借鉴引进、学习了解国外职业教育理念和教学经验模式的初级阶段，步入了迈向高水平国际交流与合作的新阶段。

(二)共同开发职业教育国际标准

"双高计划"将率先推动标准的国际化，争做中国标准输出的"先行者"。将本土标准的

---

① CBE 模式是"以能力为基础的教育(Competency based education)"，产生于第二次世界大战后。属于"宽专多能型"，注重各种职业发展方向，重视学生以后的发展，学习更多的广泛的基础知识，能适应很多职业，打破了以传统的公共课、基础课为主导的教学模式，强调以岗位群所需职业能力的培养为核心，保证了职业能力培养目标的顺利实现。实施机构主要是综合高中和社区学院。

② 整个培训过程是在工厂企业和国家的职业学校(Berufsbildenden Schule，BBS)进行，并且这种教育模式又以企业培训为主，企业中的实践和在职业学校中的理论教学密切结合。学制为 2~3.5 年(大部分需要 3 年学制，一小部分专业为 2 年和 3.5 年学制)，一般主体为中学毕业生，其智力特征以形象思维为主，培养目标为技术管理人员。教学分别在企业和职业学校里交替进行，60%~70%时间在企业，40%~30%时间在学校。在培训的组织方式上，由企业进行实际操作方面的培训，培训学校完成相应的理论知识的培训，企业与职业学校两方面共同完成对职业学校学生的培训工作。双元制模式的本质在于，向年轻人提供职业培训，使其掌握职业能力，而不是简单地提供岗位培训。双元制模式不仅注重基本从业能力、社会能力而且特别强调综合职业能力的培养，更加注重的是综合职业能力。

③ TAFE(Technical And Further Education)是澳大利亚职业教育培训模式，为新型的现代学徒制度。主要特色是终身教育、认证体系、行业主导、就业导向、能力本位，核心是"以职业能力为本位"，学员 80%的时间是在工作场所进行工作本位的学习，只有 20%的时间在 TAFE 进行学校本位学习。针对性强，实用性强，是 TAFE 的显著特点。突破了传统一次性教育的局限，建立了"学习—工作—再学习—再工作"的多循环的终身教育模式。采用职业资格框架将普通教育和职业教育结合起来，实行学分制，依靠学分的多少发给相应的结业证书、资格证书或文凭。国家资格框架将职业资格分为从一级证书到高级文凭三个层次六个级别，在全国统一的学历文凭体制中形成了完全有别于普通教育的职业文凭系统。

④ BTEC(Business & Technology Education Council)即英国商业与技术教育委员会的简称，是英国最大的考试认证机构——英国爱德思国家学历及职业资格考试委员会(Edexcel)的品牌教育产品。在英国有 400 多所学院和大学开设 BTEC 课程，在全世界共有 120 多个国家，7000 多个中心实施 BTEC 成功的课程、教学、培训模式。BTEC 既是学历文凭，又是职业资格证书，由一套完整的职业教育体系组成，这套体系包括证书体系、课程体系、教学体系和评估体系；国际认可学历、统一标准课程、国际标准资格。这些体系表现出 BTEC 教育项目具有如下职教属性：注重关键能力培养，教学目标具有综合性；市场需求分析课程具有职业性；教学过程以学生为中心，教学具有现代性；质量评估与审核体系完整、严格，具有高效性；BTEC 证书与其他类教育证书相互沟通，具有衔接性。

⑤ 源于双元制的复合型教学模式，将专业理论教学和实践教学融为一体，突破以往理论与实践相脱节的现象，教学环节相对集中。它强调充分发挥教师的主导作用，通过设定教学任务和教学目标，让师生双方边教、边学、边做，全程构建素质和技能培养框架，丰富课堂教学和实践教学环节，提高教学质量。在整个教学环节中，理论和实践交替进行，直观和抽象交错出现，没有固定的先实后理或先理后实，而是理中有实，实中有理。这是突出学生动手能力和专业技能的培养，充分调动和激发学生学习兴趣的一种教学方法。

⑥ 行为导向(Handlungsorientierung)，有不同的翻译法，如活动导向、行动导向、实践导向等，是一种基于实际工作的教学方法，是以活动为导向，以人的发展为本位的全面提高学生的综合能力的职业教学方法。该方法由英国的瑞恩斯教授在 20 世纪 60 年代首先提出，随后在世界各国得到广泛的推广和应用。行为导向的教学方法有利于提高学习效率，同时也是一种有效的处理复杂问题的方法。

国际化及输出作为"双高计划"建设的重要指标，率先将传统优势产业和新兴技术领域的专业教学、优质课程、职业技能评价等标准实现国际通用，并通过国际开放办学充分运用到留学生培养、境外办学和国际培训中，面向世界职业教育提供"中国标准"。参与制订职业教育国际标准、国际通用的专业标准和课程体系，师资队伍、专业建设、课程开发和人才培养必须对接国际标准。

> **专栏6-8　"中餐烹饪技术"正式进入英国学历教育**
>
> 　　2017年9月，英方学历资格认证体系专家一行来津，最终确定了中英双方合作的"中餐烹饪技术"项目符合英国教学质量体系，并颁发了国家学历资格认证证书，这标志着"中餐烹饪技术"正式进入英国学历教育。获得认证后，"中餐烹饪技术"于2018年4月在英国国家职业教育框架中正式上架。学生获得的相关文凭证书将有"鲁班"二字标识，名称为鲁班中餐烹调师三级学历。由于英国国家职业教育资格体系存在于欧洲学历资格体系中，因此本学历将自动获得欧洲诸国的承认。
> 　　——资料来源：曲璐琳."中餐烹饪技术"正式进入英国学历教育[EB/OL].

（三）打造中国职业教育国际品牌

"双高"学校应成为国际职教标准的参与者、中国方案的提供者、企业"走出去"的协同者。深圳职业技术学院在国际影响品牌打造上，打造一流国际化平台，成立"丝路学院"，为深圳企业"走出去"培育"种子"人才；成立中国职业教育"一带一路"联盟，推进海外分校和汉语语言文化与职业技能培训中心，为构建"引进来、走出去、再提升"的职业教育国际化发展体系贡献"深圳方案"[1]，为我国企业开发海外市场提供先行服务，为中国职业教育迈向世界舞台中央提供了宝贵经验，率先建成有中国特色和世界水平的高水平高职学校。

打造中国职业教育国际品牌，首先要向"一带一路"国家输出中国品牌。积极参与、主导职业教育国际规则与标准的研究制定，推出一批具有国际影响的高质量专业标准、课程标准、教学资源，提升我国职业教育国际话语权；积极参与"一带一路"建设和国际产能合作，培养国际化技术技能人才；形成与企业和产品"走出去"相配套的发展模式，开展国（境）外办学，与"走出去"企业共建培养培训基地，面向当地员工开展技术技能培训和学历职业教育；增强跨境产教协同能力，探索援助发展中国家职业教育的渠道和模式，吸引"一带一路"沿线国家学生来华留学[2]。发出中国声音、展示中国形象，输出中国模式；贡献中国元素、中国智慧、中国方案。在创建中国品牌的过程中，大幅提升人才培养水平，为学生就业有优势、创业有本领、升学有渠道、全面终身发展创造良好的环境。中国高职教育要达到世界水平，高水平专业群就必须先成为国际品牌，成为国际事务的参与者、国际标准的建设者、国际资源的提供者和中国企业国际化的协同者。

其次，师生要登上国际舞台，彰显国际影响力。一是专业群积极参与国际事务，通过与"走出去"企业合作，培养国际化技术技能人才或承接企业海外员工教育培训等方式，参与到国际事务中。二是牵头参加或组织国际专业技能竞赛，将学生推到国际舞台的中央。

---

[1] 杨欣斌．为国际职教发展贡献"中国方案"[N]．中国教育报，2019-05-14．
[2] 董刚．把握"双高计划"建设的三个关键[N]．中国教育报，2019-04-16．

三是组织职业教育国际会议，开展国际职业教育交流，促进中外人文交流和专业文化交流。

最后，资源要实现国际共享，展现国际对话能力。一是课程资源的共享，将教学资源库、精品在线课程、网络学习空间等学习资源对外开放，对外发行与推广双语教材。二是产教融合资源的共享，以"走出去"企业为媒介，将专业群技术资源通过技术服务、成果转化等，对外开放并共享。三是技术人才的共享，通过专业技术人员走出去和请进来两种方式，形成国际职教工匠和职教大师的人才优势[1]。

"双高"学校需通过对标世界水平，力争实现一流优质高职院校的"10个高水平"，即毕业生竞争力高水平、科研成果转化高水平、服务地方行业高水平、办学条件高水平、"双师型"师资队伍建设高水平、学生能得到高水平的个性化关注和指导、知名企业参与专业教学高水平、协同创新高水平、国际交流合作高水平、社会认可高水平。

专栏 6-9　江苏海事职业技术学院对标世界先进水平

江苏海事职业技术学院初创于 1951 年，是中华人民共和国成立后，由中央人民政府交通部和中国海员总工会联合举办的第一所培养远洋船员的专门学校，被誉为"新中国优秀航运人才的摇篮"。学校办学注重国际化，国际影响不断扩大，被评为全国职业院校"国际影响力 50 强"。学校是全国第一批履行国际海事组织 STCW78/95 公约、第一批引入 ISO9000 质量体系的海事类院校，全国首批通过国家海事局课程确认的航海院校，是亚丁湾护航船长的首批选派单位。与美国哈特兰德社区学院、英国普利茅斯大学、澳大利亚塔斯马尼亚大学、新加坡酒店协会酒店与旅游管理学院等 27 所国（境）外院校建立了长期合作关系，开办 30 余项国际合作项目；与巴拿马、孟加拉、缅甸等国家有关政府部门建立了合作关系，平均每年招收海外非学历留学生 80 余名。学校与国际知名企业丹麦马士基成立了首家马士基（中国）培训中心，积极服务国家发展战略，成立"一带一路"应用型海事人才研究院，成功举办"一带一路"与海员发展国际论坛，已面向"一带一路"沿线国家招收留学生 200 余名。学校建立了"几内亚江苏海院韦立船员学院""江苏海院－泰华（缅甸）船员学院"2 所海外分校。

——资料来源：江苏海事职业技术学院. 江苏海事职业技术学院简介[EB/OL].

---

[1] 温贻芳. 把准高水平专业群建设方向[N]. 中国教育报，2019-07-09.

第七章 "双高"建设发展路径

"双高"建设引领技能社会

走进新时代，高职院校迎来多重发展机遇。国家战略任务实施，对高职院校人才培养模式提出新期待；职业教育重大改革，对高职院校转型发展提出新希望；新科技催生新业态，对高职院校专业升级提出新思路；新时代国家管理方式的革命性变革，对创新学校治理模式、提高学校治理能力提出新要求。

"双高"正式进入建设阶段，如何找到"双高"的本质特征，找到精准发力点，探索出实施路径，是入围院校面临的重要问题。"双高"学校建设要努力"下一盘大棋"，"打一场翻身仗"，从"施工图"到"成品"，既要遵循一流职业学校的发展规律，做好必修课，练好基本功，也要准确领会政策文件精神，精准描绘学校发展蓝图。紧抓产教融合发展主线，构建校企"命运共同体"；创新人才培养模式，优化人才培养方案，重构人才培养体系；坚持新科技赋能新职教，积极探索智慧教育新形态；"不拘一格降人才"，倾力打造"一体化"教师团队；循序渐进，久久为功，也必须因地制宜，八仙过海各显神通，探索适合自身的发展道路，实现跨越式发展。"双高"学校在发展路径上，要坚持目标导向和问题导向相结合，立足全国第一方阵的办学基础上，在继承中发展，在改革中创新，高处着眼，紧紧咬住"高、特、新"三个关键词，短处着手，实处着力，点面结合，内外兼顾，长短结合，扬长避短，自力更生与借用外力外脑相结合，借力发力，综合施策，走特色办学之路，以质图强，实现学校变轨发展、持续发展，扎实推动学校高水平专业群建设，壮大综合实力，增强核心竞争力，促进学校上台阶，实现高水平发展。

一、强基础

"基础不牢，地动山摇。"职业教育强调理论结合实践，投入高于同级的普通教育是一个常识，不能认为高职教育是一种廉价的教育，要加大投入，这样才能使它培养的人才是一线的、优秀的、实践能力强的人才[1]。我国高职教育发展仅有20来年的历史，专科学校的历史相对较长[2]。新建学校办学条件不足、基础能力薄弱是必然现象，也是普遍现象，"在黑板上开机床，在练习本上编工艺"现象并不罕见，过硬的本领必须在真刀真枪的生产性实训中培养出来，在连续扩招的背景下，夯实基础条件显得更加重要。

追溯职业教育的投入状况可知，职业学校的办学主体四面八方，经费来源多元，保障能力各不相同。2006—2013年，全国职业教育经费总投入由1141亿元增长到3450亿元，年均增长17.1%，财政性职业教育经费已达2543亿元，并带动地方和社会投入近300亿元。但近年来，在全国教育经费投入连年增长的形势下，职业教育各项经费支出占全国教

---

[1] 何东昌. 何东昌论教育[M]. 北京：人民教育出版社，2009：445.

[2] 根据教育部相关规定，从20世纪末起，非师范、非医学、非公安类专科层次全日制普通高等学校应逐步规范校名为"职业技术学院"，而师范、医学、公安类专科层次全日制普通高等学校则应规范校名为"高等专科学校"。"职业技术学院"作为高等职业院校的特有校名后缀。为响应教育部构建现代职业教育体系的规划，部分国家示范性高等职业院校从2012年起开始试办本科层次的专业。在我国，高等职业教育包括本科和专科两个学历教育层次；而其他国家的高等职业教育体系则完整地囊括了专科、本科、硕士、博士等层次的学历教育。

育经费总支出的比例却呈下降趋势，从2013年的占总经费的11.34%下降到2016年的10.44%，并且东西部地区之间、不同部门之间、政府办学和企业学校之间、公民办学校之间、示范校和普通校之间差距明显，并有持续拉大的趋势。

加强职业教育基础能力建设，是促进职业教育发展的重要基础。近年来，国家不断强化对高职教育的财政制度性保障。2015年，教育部颁布了《高等职业教育创新发展行动计划（2015—2018年）》（以下简称《行动计划》），布局实施了65项任务和22个项目，以高职率先改革来引领整个职业教育的发展。此次《行动计划》的理解和落实，出现了几个明显特点：一是地方政府主动建设积极性高。各地承接任务1306项、项目12272个，预估投入经费204.12亿元，平均承接54.22项，承接的项目总数达到原定计划数的1.5倍。同时，各地还根据区域高职教育现状和发展需求创新设立了符合区域特色的任务和项目。二是内涵建设重点瞄准桩基性项目。各地在优质学校、骨干专业以及生产性实训基地建设方面积极性高，预估投资总额达到162.42亿元，其中骨干专业建设3770个，投入67.81亿元；优质专科高等职业院校建设313所，投入63.65亿元；校企共建的生产性实训基地1653个，投入30.96亿元。三是教育信息化重在提升学习成效。各地在信息化建设上投入预估支持金额达12.27亿元，其中建设省级高职教育专业教学资源库297个，投入4.39亿元；省级高职教育精品在线开放课程3332个，投入4.83亿元；建设职业能力培养虚拟仿真实训中心192个，投入3.04亿元。顺应"互联网+"的发展趋势，通过各类资源网、数字图书馆、智慧校园、云服务等信息资源和平台的建设，构建并逐步形成国家、省、学校三级数字教育资源共建共享体系。四是行业指导优势进一步发挥。行指委在现代职业教育体系建设和职业教育改革发展中的指导作用越来越显著，参与的积极性也很高，从公开的信息来看，46个行指委共承接任务324项、项目1774个，预估投入经费23.12亿元[1]。《行动计划》的实施以高职学校骨干专业等重点项目为引领，推进任务项目整体落实，全国一共启动建设优质学校456所，骨干专业3815个，校企共建生产性实习基地1933个，省级协同创新中心727个，一批优质教育资源集中呈现，职业教育大规模培养技术技能人才的能力不断地增强[2]。

2014年，财政部、教育部就建立完善以改革和绩效为导向的高职院校生均拨款制度发布《关于建立完善以改革和绩效为导向的生均拨款制度加快发展现代高等职业教育的意见》，提出中央财政引导各地建立完善公办高职院校生均拨款制度，明确了从2014年起，中央财政建立"以奖代补"机制，激励和引导各地建立完善高职院校生均拨款制度，提高生均拨款水平，促进高职教育改革发展，规定从2017年起各地高职院校年生均财政拨款水平应当不低于12000元。为此，各地先后建立起政府对高等职业教育投资稳定增长机制，预估投入经费省均达到6.38亿元，其中安徽、广西、广东、北京、山东等地超过10亿元，但也应该清醒地看到少部分地区对于高等职业教育发展投入力度还不够，其中甘肃、

---

[1] 高职创新发展再开新局 山东政府投资已超10亿[EB/OL].
[2] 教育部新闻发布会介绍《高等职业教育创新发展行动计划（2015—2018年）》《职业院校管理水平提升行动计划（2015—2018年）》实施成效及职业教育贯彻落实全国教育大会精神的工作举措文字实录。2018-11-07，来源：教育部。

辽宁、吉林等地预估校均支持经费不足400万元，还需进一步拓展资金来源①。

然而，高职教育投入仍然不同程度地存在一些突出问题：多渠道筹措经费和财政生均拨款稳定投入机制还不够健全，高职院校总体投入水平仍然偏低，区域间差异较大；财政投入激励高职院校改革的导向作用不够明显；高职教育经费绩效管理基础薄弱。办学条件总体比较薄弱，地区间、行业间、部门间、学校间的差距明显，甚至出现"马太效应"，历史欠账较多，学校连续扩招与办学条件薄弱的矛盾越来越突出。2018年的《教育督导报告》显示，公办高等职业院校办学经费投入总体不足、不均衡现象依然存在。11个省份年生均财政拨款水平低于4000元的公办院校数相比2015年增多；超过170所民办院校举办者当年投入不足100万元，年生均财政性经费投入的中位数仅为400元，近七成民办院校年生均财政性经费低于1000元；专任教师总量不足，生师比不达标，近70%的院校生师比超过18：1，近30%的院校生师比超过23：1，专任教师数量不足70人的院校有30多所，专任教师不足两人的专业点有1500余个。教师队伍结构不合理，"双师"型教师比例偏低，一批院校"双师"型教师占比还不足10%。高等职业院校教师中具有高级职称的比例仅为30.1%，有12个省份该比例甚至低于当地的普通高中；部分院校基本办学条件薄弱，90多所院校在校生数低于2000人设置标准，其中公办院校占四成；一半左右的院校生均教学及辅助、行政办公用房面积小于合格标准，其中公办院校占七成；80余所院校的生均教学仪器设备值小于合格标准，公办院校、民办院校各占一半；100余所院校生均校内实践教学工位数小于0.2个②。对于突出技能训练的职业学校而言，缺乏"硬核"的办学基础能力，学校的服务贡献能力也就无从谈起。

首批197所"双高"学校是全国1400多所高职学校的佼佼者，基础条件均处于全国中上水平，有的甚至办学条件不亚于普通高校的"双一流"学校。但"双高"学校在学生素质、"双师"素质型教师、师生比、实训实习实验条件等方面相对较弱，地区间、行业间、部门间、学校间的差距明显。调查中发现，"双高"学校之间最大的差距不是条件的差距，而是质量的差距，更多体现在师资水平、实训实习实验条件和学校治理能力等软件方面。加强"双高"学校基础能力建设势在必行，但却非一日之功，缩小学校办学条件差距更需要久久为功。在2019年高职扩招100万，以及连续扩招的情况下，尤其需要加强"双高"学校的基础条件建设，发挥优质职业教育资源的优势，实现质量型扩招，引领职业教育高质量发展。

没有钱是一个问题，筹钱是一个硬活，如何花钱是一门学问，把钱花在刀刃上更是一门科学③。山东在高职院校建设方面，下达6.5亿元，重点支持入选中国特色高水平高职学校和专业（群）建设计划的14所高职院校；下达1.2亿元，对全省所有55所公办高职给

---

① 高职创新发展再开新局 山东政府投资已超10亿[EB/OL].
② 上海市教育科学研究院.2018年全国高等职业院校适应社会需求能力评估报告（摘登）[N].中国教育报，2019-11-28.
③ 2019年4月，教育部职业教育与成人教育司组织开展贯彻落实《国家职业教育改革实施方案》专题培训班，各省份的教育、发改、财政、人社等部门150余位相关负责人参加了专题培训，围绕如何把财政投入转化为办学质量提升、高职扩招100万如何落实、如何发挥"双高计划"的龙头作用等问题展开了研讨。

予生均拨款支持，由学校统筹用于事业发展①。在某种意义上说，政策就是经费投入，是比钱更重要的资源。有些"双高"学校所做的项目规划人、财、事脱节，没有考虑做事和经费、人才的匹配性，没有预测需求与可能的一致性，使项目空转，沦为纸上谈兵。有的"双高"学校项目建设规划做得比较实在，不仅有经费来源的总量和结构，也有预算的数量和结构，细分到二级单位，明确建设重点，区分轻重缓急，操作性强。

专栏 7-1　××学校"双高计划"高水平专业群建设经费筹措与预算结构

　　××学校"双高计划"建设自 2019 年至 2023 年，项目建设期为 5 年。项目计划投入资金共计 40000 万元，其中各级财政投入 21165 万元，占比 52.91%；地方财政投入 10000 万元，占比 25.00%；行业企业投入 3300 万元，占比 8.25%；学院自筹投入 5535 万元，占比 13.84%。

　　经费预算结构：打造技术技能人才培养高地（占比 10.5%）、打造技术技能创新服务平台（占比 7.84%）、打造高水平专业群（占比 32.5%）、打造高水平"双师"队伍（占比 11.69%）、提升校企合作水平（占比 13.08%）、提升服务发展水平（占比 0.78%）、提升学校治理水平（占比 0.58%）、提升信息化水平（占比 13.88%）、提升国际化水平（占比 9.18%）。

　　——资料来源：××学院"双高"项目建设方案

二、抓重点

没有战略就没有方向，没有重点就没有政策。"双高"学校建设的重点是通过自身专业的高水平建设，引领新时代职业教育高质量发展。因此，质量是"双高"学校建设的关键词，工作重点要聚焦学生发展，资源配置要投在专业建设，环境建设要突出质量文化，深刻把握人才培养的水平更高、服务发展的能力更强、重大成果的优势更大三个核心。

"双高"建设要坚持目标导向，深入研究《国家职业教育改革实施方案》和"双高计划"两个重要的政策文件，项目院校要落实好改革、发展和建设任务，需要把握好标准、制度、队伍和平台四个关键，完善学校"双高"建设方案，明确具体建设任务。"双高"项目建设要实施项目管理②，明确项目目标（到 2022 年，列入计划的高职学校和专业群办学水平、服务能力、国际影响显著提升，为职业教育改革发展和培养千万计的高素质技术技能人才发挥示范引领作用，使职业教育成为支撑国家战略和地方经济社会发展的重要力量。形成一批有效支撑职业教育高质量发展的政策、制度、标准。到 2035 年，一批高职学校和专业群达到国际先进水平，引领职业教育实现现代化，为促进经济社会发展和提高国家竞争力提供优质人才资源支撑。职业教育高质量发展的政策、制度、标准体系更加成熟完善，形成中国特色职业教育发展模式），确定项目内容（10 项改革发展任务），在规定期限内（5 年）进行项目绩效评估，必须要区分主次，突出重点建设专业（专业群），兼顾其他专业（专

---

① 山东省下达 10 亿元助力打造职业教育创新发展高地[EB/OL].
② 项目是在限定的资源及限定的时间内需完成的一次性任务。具体可以是一项工程、服务、研究课题及活动等。项目管理是指运用各种相关技能、方法与工具，为满足或超越项目有关各方对项目的要求与期望，所开展的各种计划、组织、领导、控制等方面的活动。项目管理是第二次世界大战后期发展起来的重大新管理技术之一，最早起源于美国。

业群），要平衡巩固优势传统专业和扶持新兴专业的关系，分清轻重缓急（重点建设专业优先），有的放矢。

围绕"如何高、高在哪儿"，要从三个方面系统探索"双高"路径。一要处理好全局与区域、坚守与改变、规模与质量三对关系。实现高水平办学、高质量发展，需要以高职教育发展的全局视野和服务地方的区域理念来明确学校发展方向和办学定位；要在坚守高职教育办学定位、产教融合与校企合作办学主线、学校三大办学特色的同时，主动适应改变、积极推动改变、敢于引领改变；要确保规模、结构、质量和效益的有机统一，强化专业集群、专业管理、专业评价的质量理念。二要夯实好办学条件、招生就业、教学质量三个基础。要从校园环境、实训基地、师资队伍等方面夯实好办学条件，实现优质扩容；从关注政策变化、用好相关政策、做好招就服务等方面，夯实好招生就业基础；进一步推进教学诊改工作，通过强化标准意识、常态意识、协同意识、数据意识、校本意识，夯实好教学质量基础。三要布局好转型升级、成果培育、体系凝练三个推进。从培养目标、培养方式、培养平台等方面推进人才培养的转型升级；从提前布局、精准培育、以点带面、骨干领衔四个方面推进标志性成果的培育；从大思政育人体系、社会服务体系、国际化体系等方面推进办学体系凝练。

三、扬优势

竞争优势是一种特质，这种优势是独特的，必须体现出其独有的先进性，否则就不可能有较强的竞争力。对高职院校而言，特色就是最大优势，是生命力，也是竞争力。"双高"学校能够成功入选，说明都有一定的优势和特色。但"双高"学校也不是每个专业都优秀，个个都拔尖。优势也是比较优势[①]，特色也是相对特色；优势是特色，特色也是优势。"双高"学校利用比较优势，发展特色专业，培养特需人才，才能够提高就业创业竞争力。"双高"建设就是要学校凝聚共同认识、形成合力，把自己的个性建出来，把区域产业特色转化为学校发展特色，把合作伙伴的优势变成自身的优势，把外力外脑的助力变成学校的加速器，通过提质培优，打造一所学校不可替代的发展高峰，形成职业教育高质量发展的新优势。

研读部分推荐院校"高水平专业群"的建设方案，发现确有一些分析得当，逻辑严密，能够"自圆其说"的案例。如山西工程职业技术学院的黑色冶金技术（不锈钢智能化生产）专业群，共包括黑色冶金技术、轧钢生产技术、机电一体化、大数据技术与应用、物联网应用技术五个专业。黑色冶金技术专业对应智能冶炼生产控制单元，是不锈钢智能化生产的

[①] 比较优势论是20世纪70年代中期由日本一桥大学的小岛清（Kiyoshi Kojima）教授在运用国际贸易理论中的赫克歇尔—俄林的资源禀赋差异导致比较成本差异的原理分析日本对外直接投资的基础上所提出来的。概括他的比较优势理论，可突出以下三方面内容：1. 摒弃了"市场不完全竞争"的观点，提出了从投资国的具体情况出发，据以制定切实可行的对外投资策略；2. 摒弃了"垄断优势"的观点，强调了比较优势的原则，继续维护传统的国际分工原理；3. 摒弃了"贸易替代型"的观点，提出了"贸易创造型"的发展战略。

起点，决定产品供给的升级提质；轧钢生产技术专业对应智能轧制生产控制单元，承接智能冶炼生产控制，是产品供给质量的直接体现；机电一体化专业对应设备运维单元，是冶炼与轧制智能化生产的条件保障；大数据技术与应用、物联网应用技术专业对应大规模个性化定制和生产过程质量智能控制，是冶炼与轧制智能化生产的决策遵循。再如深圳信息职业技术学院的软件技术专业群，共包含软件技术、计算机信息管理、移动互联应用技术、嵌入式技术与应用、大数据技术与应用五个专业。软件技术专业面向应用软件，培养应用软件系统开发（含人工智能应用开发）人才；嵌入式技术与应用专业面向嵌入式软件，培养智能终端开发人才；移动互联应用技术专业面向移动应用软件，培养智能终端的 Android 与 iOS APP 开发人才；计算机信息管理专业、大数据技术与应用专业面向基础软件的应用，前者培养（云）数据库开发与运维人才，后者培养大数据处理与分析人才，以支撑人工智能应用开发和系统应用。

有的"双高"学校吸收国外职业教育先进理念推进特色专业建设路径，如《悉尼协议》中"以学生为中心、以成果为导向、注重核心能力提升"等专业建设理念，对制定专业人才培养方案、组建并培训专业建设核心团队、形塑成果导向思维方式具有重要的参考价值。通过以成果为导向修订培养目标与课程，基于实际能力达成逻辑分解能力指标，以反向设计方式进行课程开发，构建形成完整的佐证材料链等措施，推动我国"双高"学校特色专业的建设。

全国职业院校技能大赛是我国职业教育领域的顶级赛事，从比赛结果可以看出"双高"学校的实力和优势。2008 年以来，该赛事已连续举办了 12 届。"普通教育有高考，职业教育有大赛"。作为国家职业教育重大制度的创新与设计，大赛的体系机构和办赛机制逐步完善，有力地促进了职业教育产教融合、校企合作，引领了专业建设和教学改革，推动了人才培养与产业发展紧密结合。

从获奖学校地域分布情况看，东部获奖总数明显高于中西部。2008 年至 2019 年，东部、中部、西部获奖总数分别为 7033 项、4616 项、3183 项，东部获奖总数约为中部的 1.5 倍，西部的 2.2 倍。一等奖获奖总数差异更加明显，东部、中部、西部一等奖获奖总数分别为 1635 项、639 项、288 项，东部一等奖获奖总数约为中部的 2.6 倍，西部的 5.7 倍。随着国家层面区域协调发展战略的实施，中部崛起、西部大开发、"一带一路"等战略、倡议协同推进，中西部获奖数量与东部的差距正逐步缩小。从获奖情况分析，金华职业技术学院总获奖数最多，达到了 187 项，位居全国高职院校榜首。长春职业技术学院总获奖数 137 项，位居全国第二位。北京工业职业技术学院总获奖数 130 项，位居全国第三位。总获奖数在 100 项以上的高职院校还有安徽工商职业学院、福建船政交通职业学院、顺德职业技术学院、柳州铁道职业技术学院、北京电子科技职业学院、福建信息职业技术学院、重庆工业职业技术学院、陕西工业职业技术学院、天津职业大学、漳州职业技术学院和河南职业技术学院，共有 14 所院校，其中只有安徽工商职业学院和柳州铁道职业技术学院为非"双高"学校。获奖总数排行榜前 200 名中，"双高"学校占 126 所。

> **专栏 7-2　金华职业技术学院高居大赛榜首的奥秘**
>
> 　　金华职业技术学院前身是创办于 1994 年的民办金华理工学院，1998 年改为民办金华职业技术学院，2003 年 1 月 14 日调整为公办普通高等学校。学校继承了金华师范学校、金华卫生学校、金华农业学校、义乌师范学校、金华贸易经济学校、浙江农业机械学校 6 所国家和省部级重点中专的职业教育传统，具有 110 多年的办学历史。学校占地 2346 亩，建筑面积近 70 万平方米，固定资产 17.3 亿元；教仪设备总值 3.442 亿元，各类藏书 330 多万册；教职工 1500 余人，其中教师 1000 余人，有正高职称 110 余人、副高职称 330 余人，双师素质占 90.17%；有享受国务院政府特殊津贴等国家级人才 4 人、全国模范教师 1 人，省突出贡献中青年专家 2 人、省"万人计划"教学名师 2 人、省"151 人才工程"培养人选 9 名，省高校教学名师 4 人、省高校优秀教师 9 人、省首席技师 2 人、省"百千万"高技能领军人才 5 人、省宣传文化系统"五个一批"人才 1 人、省高职（高专）专业带头人 28 人，国家级教师教学创新团队 1 个、省级教学团队 4 个；聘请兼职教师 1000 余人。学校面向全国 14 个省（区）招生，全日制在校生 2.3 万余人。
>
> 　　——资料来源：金华职业技术学院．学校简介［EB/OL］．

四、补短板

在管理学中有一个著名的"木桶效应"，一只木桶能装多少水，不取决于最高的木板有多高，而取决于最短的木板有多短。因此，在"双高"建设过程中，如何弥补学校当前的短板，对于提升学校综合实力和行业竞争力就尤为重要。学校的每一块资源都要围绕一个核心，每一个部门都要围绕这个核心目标而用力。作为学校领导层来说，偏颇任何一个部门都会对水桶的最后储水量带来影响。

由于历史的原因，许多高职院校都或多或少照搬基础教育学校或普通本科院校的管理模式，职业特色不突出，并存在"失灵"的情况。学校内部组织管理结构不清晰，行政权力泛化、学术权力和民主监督权力边缘化，管理效能低下；学校专业设置老化，课程教学陈旧；利益相关者参与学校管理不足，干部、教师干事创业的积极性不高，难以适应现代产业发展变化下的多元化人才培养需求[1]。"双高"学校在建设过程中，既要看到自身的优势，也要看到自己的不足，既要看到核心专业群的优势和非核心专业群的劣势，还要看到核心专业群的不足和非核心专业群的潜能，不能攻其一点不及其余。目前我国"双高"学校常见的短板是"双师"型教师偏少、实训实验条件不足、科研力量薄弱、治理能力差等问题。"双师"型教师偏少导致技能人才培养缺陷，实训实验条件不足导致学生实践技能偏弱，科研力量薄弱导致学校和教师发展后劲不足，治理能力差导致学校效能低下。

有些专业群建设方案的"组群逻辑"，或者缺少科学描述，或者轻描淡写，匆匆带过。"专业群"之所以成立，前提是对接产业链，而不是专业的简单归并。对学校服务的产业和产业链必须有认真的调研和科学的分析，开展这项工作的人员，应当包含相关产业专家，

---

[1] 李永生，袁蕊，刘亚．论"双高计划"背景下的学校治理水平提升策略［J］．中国职业技术教育，2019（34）：48-52．

而不能仅由学校的教师完成。由于编制建设方案的时间很短，不少院校缺乏具有深厚产业背景的专业群带头人，专业尚未深度融入产业，对"组群逻辑"具有说服力分析的案例不多。"组群逻辑"是高水平专业群建设的逻辑起点，逻辑起点不清晰、不科学、不严密，后续的课程结构、师资队伍、实训基地、质量评价体系等建设工作也就缺少了基本的依据。更加困难的是如何根据"组群逻辑"，对现有的教学组织和课程进行整合和重组，真正建立"跨学科跨专业的教学组织和科研组织"，保证专业群内部的教学资源能够真正实现共建、共享，形成优势互补、协同发展的建设机制。在这个意义上，科学构建"跨学科、跨专业的教学组织"和开发"对接职业标准的课程内容"，将成为高水平专业群建设质量的关键问题。

高职学校虽然普遍设有职业教育科研机构，但研究力量薄弱，不能完全适应"双高"建设的发展需要。在调查中发现，"双高"学校职业教育科研机构存在"公转、自转、空转"三种状况。有的"双高"学校非常重视发挥职教科研机构的作用，也有的"双高"学校职业教育研究所处于边缘化状态，形成"校长不找所长、所长不理校长"的"自转"局面。更有部分"双高"学校职业教育研究所在项目建设中无所事事，处于"空转"状态。"双高"学校建设固然要争取外援，但根本上还要自力更生，充分发挥自身科研机构作用，不断增强"造血"功能，增添内生动力。

"双高"建设要在六个方面下功夫。第一，下决心吸引有企业背景技师从教，有办法支持学校专业教师增强行业企业经验，全面提升"双师"素质型教师占比。第二，下功夫改善实训实习实验条件，在学校兴办"教学车间或教学工厂"，扩大企业实习岗位，充分运用虚拟仿真技术模拟实验。第三，下功夫加强教师科研能力建设，实现教学与科研一体化。第四，下功夫推进"政治家＋教育家"办学，完善现代学校制度建设，加快学校治理体系和能力现代化，形成职责明确、系统完备、科学规范、运行高效的体制机制。第五，下功夫做好高水平专业群建设，第一步要弄清楚"组群逻辑"，第二步则是根据"组群逻辑"，对现有的教学组织进行整合和重构，创新教育组织形态，建立"跨学科跨专业的教学组织和科研组织"，形成优势互补、协同发展的建设机制，这是推进高水平专业群建设的关键问题。第六，在管理服务上下功夫，以柔性化的教育服务替代生硬僵化的刚性管理，以差别化的教学安排满足个性化的深造需求，以相互约定的"受益增量"替代"一刀切"的"毕业标准"，以办学质量口碑替代毕业证书诱惑，以学习内容"个性定制"替代学校"统一安排"教学内容，终会成为高职院校办学的主流特色。

五、增活力

全面深化改革是职业教育发展的根本动力，高水平、高质量已经成为新时代高职教育发展的主旋律。经验表明，职业教育的改革要定位在类型教育上，主要是增强社会适应性,政府要义不容辞地支持职业教育,不能把职业教育全部推向市场[①]。2019 年,高职扩招 100 万,预示着职业教育的一场"大变革"。高职扩招不仅要改革招生制度,还要大力改革办学、教学体制,更要大力改革职业院校的管理体制机制,包括人事制度、工资制度、激励机制等。最关键的是要把职业教育激活。高职院校需要未雨绸缪,在办学体制机制改革、专业结构调整、人才培养模式和评价机制改革等方面进行深入研究,除了高职院校的办学更加自主,招生形式逐步向"自主申请""随时注册"等转变外,人才培养也要从以学校"安排"内容为主,逐步向学生主动"申请"内容转变,让起点各异、目标有别、出路不同的各类学生,都能在具有职教特点的环境中顺利完成学业。

进入"双高计划"对于学校而言是莫大的荣誉,对于学校校舍既是动力,也有压力。在"双高"建设的新背景下,依靠以往的惯性思维和常规动作显然难以胜任,要求各职业院校必须深化改革,调动利益相关者的主动性、积极性和创造性,形成命运共同体。"双高计划"肩负着引领我国职业教育高质量发展、实现现代化的重要使命,机遇前所未有,挑战也是前所未有。墨守成规走老路,按部就班干工作,不可能办出中国特色、世界水平的高职教育。"双高"学校应全面深化改革,率先探索新时代中国特色职业教育发展模式。

结构决定功能[②]。"双高"学校要改变普通学校的制度体系,体现职业教育作为类型教育的特点,跨界开放融通。要改变行政化的管理模式,体现现代学校制度的特性,深化学校内部管理体制改革,优化二级学院运行机制,下放学校管理权力,减少学校管理层级,实行扁平化管理,扩大二级学院办学自主权,发挥基层组织的作用。在明确划分职责的前提下,赋予二级学院相对独立的人财物、教科研等资源配置和管理权,保证二级学院在人才培养、专业建设、课程改革、教师聘用、绩效奖励等方面的自主权。落实二级学院主体责任,实行目标控制、分级管理、自主运行、动态考核的管理运行机制。坚持健全院务公开制度,完善以党政联席会议制度为主体的二级学院决策制度和工作机制。增强学校治理的成本意识,在学校投入和产出上获得最佳的平衡点。

高职院校治理体系建设需要教师全员、全过程、全方位参与。学校教职工分类治理,是在对学校进行科学的预测与规划的基础上,进行人才资源配置、使用、培养与管理,实现教职工分类进行设岗聘任、薪酬管理、职评晋升、考核评价等。针对学校教师岗位交流静滞,人员结构性超编和结构性缺编严重,部分教职员工竞争意识薄弱,思想观念相对封闭等问题,实施岗位任期和全员竞聘改革。将教职员工按照岗位分为教师和科研人员、党政管理人员和兼职教师 4 类,同步推进 4 类人员改革。扩大二级学院和职能部门的教职工岗位聘任自主权,鼓励二级单位结合课程改革和学校发展实际、按照编制对下级部门的组织机构重组再造、对教师的岗位职责进行再设计,同时系统设计学校绩效工资分配方案,允许二级单位依法依规自主聘请兼职教师和确定兼职报酬。在同等条件下对具有相关企业

---

① 王湛. 从教育大国迈向教育强国——21 世纪初中国教育若干重点工作[M]. 北京:人民教育出版社,2008:700.

② 结构与功能是美国帕森斯结构功能主义的两个基本概念。结构指社会行动中由各个单位结合而成的形式,功能指社会系统中的各个构成单位在维持社会均衡整合的运转中所起的不同作用。

或生产经营管理一线工作经历的专业教师优先对待。建立体现德才素质、个人资历、工作实绩的管理人员职级、职称晋升制度，执行岗位评聘和职务（职称）晋升环节师德一票否决制。要改变统一化的运作模式，体现各类职业教育机构的特点。改进学校年度考核和薪酬激励机制，创新教职员工考核评价机制，改革学校年度个人和集体考核办法，以实际贡献和工作成果为评价标准。改革科研工作考核办法，引导教师面向行业技术创新和职业教育改革难点、热点开展研究。改革绩效工资分配办法，合理调节各类人员的收入分配关系，使绩效工资充分体现教职工的工作量和实际业绩。不同于传统的"结构工资制度"，新的岗位绩效工资制度是一种"薪酬迭减机制"，它要求学校在工作岗位设置过程中，尽可能科学穷尽工作职责内容。学校按编设岗，根据岗位职责、工作性质和难易程度等确定新的薪酬发放方案，实现岗位职责与绩效工资的统一。实现以岗定薪、岗变薪变。同时，建立校长绩效奖励基金，推动各单位合理拉开岗位间的校级绩效工资差距，充分发挥绩效工资的激励作用。全面推行新任教师岗前培训制度，骨干教师和专业带头人培养制度，实施专业教师定期到企业或生产服务一线实践、公共基础课教师定期到企业进行考察、调研和学习制度。坚持人才培养与引进并重，探索"教产岗位互通、专兼教师互聘"培养模式，通过校企互派互聘，互助互学，实现"双师双能"。面向社会和企业聘用经营管理人员、专业技术人员、高技能人才等担任兼职教师，对各级技能大赛获奖选手等优秀高职毕业生，突破学历障碍聘请到学校任教。与企业合作建设"双师型"教师培养培训基地。

  专业群建设带来的是课程、教师、实训等资源的全面重组，由此导致的跨院系、跨专业的教学团队重组、再造，这是教学组织结构的一次自我革命。教学是学校的中心工作，专业系（室、所）是组织教学的基本单元。再造的跨专业教学组织既可以是新的实体专业团队，也可以是虚拟教学组织架构，是打破学校传统的专业之间、院系之间、部门之间的壁垒和模式的积极探索。它突破了传统教研室管理模式，构建产学研一体、专兼教师一体的新型基层教学组织，鼓励教师追踪技术发展和市场变化的前沿，聚焦发展方向，使每个方向都有主导的教师，每名教师都有擅长的方向，从而形成各有所长、结构优化的教学团队。它完善团队建设制度，构建矩阵式管理、事业部制等弹性较大的组织形式，可以确保在教学过程中群内专业之间能够渗透和融合。高水平专业群建设更要从教育教学改革的实处着力，要重点推动新时期高水平专业群建设的三项改革：一是深化人才培养改革，从适应育人导向、应对生源变化、着力创新引领三个角度进行全方位改革，加快形成引领新时期高职人才培养改革范式。二是深化"三教"改革，立足抓项目载体、抓活动载体、抓成果载体，重点培养教学专家和培育教学团队，加快推动学校新一轮的教育教学改革。三是深化评价体系改革，从完善标准、综合评价、精准分配三个维度，重点优化专业综合测评及招生指标测算体系；紧扣发展导向、需求导向、成果导向，重点优化以专业内涵建设为核心的年度目标责任制考核体系，加快完善学校办学质量自我考核评价体系，将学校发展成效真正落在专业办学质量上。

  从点上突破走向系统改革，从单兵作战到整体推进，在资源建设、人才培养、社会服务等各层面建立起一套符合职业教育类型特征的标准，引领高职改革发展。例如江苏省

"双高"学校数量最多，发展环境良好，"双高"学校就要深化改革，加强基层创新。山东省推进建设职业教育高地，建构了一系列有利于职业教育发展的新政，创造了"双高"学校发展的有利政策环境，山东的"双高"学校应当用好、用足政策，乘势而上，综合改革。山东省探索实施放管服改革，将过去几十个教育项目经费整合为一项教育发展资金，除定额拨款和学生奖助有明确的政策依据和核算标准外，将资金使用权放给教育厅，基础教育、职业教育、高等教育等资金如何分配，完全由教育部门来定，充分尊重教育发展规律。同时，加大绩效考核力度，对资金使用情况进行考核。在支出方面将由过去更注重经费投入数字，转变为更重视绩效，全面推行预算管理，抓好两端，中间放权给学校配置使用，保证资金项早实施，早见效。在提高服务方面，资金将主要服务于师资培训、学生资助和学生发展。

独木难成林，要强化融合发展，从专业建设走向集群提升，实现高职教育从封闭式、学科导向到开放型、能力本位的转变。在专业群的组建机制、协同机制上取得突破，通过专业与专业之间、专业群与产业链之间的融合发展，更好地适应新技术引发的快速职业迭代，提升职业教育服务产业发展的能力。"产教融合、校企合作、工学结合"这"三合"是职业教育的特有办学模式，对技能人才培养质量至关重要。"三合"的主体不同、层次不同、作用不同、途径不同，归根到底要落实到工学结合上，落实到人才培养上。目前，产教关系走过了联合、协作、合作、融合等发展阶段，校企关系也经历了协作、合作到命运共同体的发展阶段。

六、促提升

我国高等职业教育取得长足进步，在规模扩大、结构调整、质量提升、培养模式创新、学生实践能力提高等方面都取得了突破，服务经济社会发展能力显著增强，满足了经济社会发展对人才供给的需要。站在"双高"五年规划的中间节点再出发，须奋力推进从"以量谋大"向"以质图强"转变。还应清醒地认识到我国高等教育"大"而不"强"的现实，高校数量增加了，但一流学校和一流专业的建设还相对乏力；学校的基础设施条件增强了，但一流的技能大师却凤毛麟角，教师队伍培养和教学质量提升还没有跟上。我国高等职业教育的质量欠账，也应成为未来发展的突破口。高职院校"宽进严出"，在当下环境中不易操作，弄不好就会成"宽进宽出"，使得高职院校成为培训学校。规模与效益、质量是一体的，后两者得不到保证，规模最终也会消失。而开放、创新的顶层设计，能够保障高职有内涵、有品质地进行规模扩大。

总体上看，我国高等职业教育已经完成了规模扩张、学科布局、校区建设的历史任务，质量优先的内涵式发展将成为未来主题。高等职业教育发展需从深化体制机制综合改革、理顺内部关系、释放发展活力等方面下功夫，在师资队伍建设和学科专业建设方面增加扶持，进一步稳定规模、优化结构，以创新为驱动，努力实现"以质图强"，为经济社会发展输送具有综合素质的各类技能人才。

"双高计划"以立德树人为根本、以提升质量为核心、以内涵式发展为主线、以世界水平的高职学校和专业群建设为抓手,从产教融合、师资建设、服务水平等多维度提升高职教育发展质量,有针对性地破解高职教育在发展中的瓶颈问题,以形成中国特色职业教育的发展模式,打造中国职业教育的国际品牌[①]。促提升就是通过增值赋能,实现提质培优,全面提高学校办学水平和服务能力,创造品牌,实现职业学校毕业生更高质量和更充分就业。一是基于标准提高质量,开展测评检验质量,依据督导提高质量,强化条件保障质量。二是集中力量建成技术技能创新服务平台。依托实体平台,从面上合作走向同频共振。要聚焦产教融合这条主线,从单一的基地向整合的平台提升,构建校企命运共同体,实现职业教育与产业发展的同频共振。三是拓展办学职能,积极参与现代职业教育与培训体系建设。要拓宽行业企业所需的技能证书培训,加强学生专业与证书的衔接度,为促进就业和创业服务。从稳就业出发,从实体经济发展急需的技能人才出发,而非简单从应届生源考虑。比如被教育忽略的3大群体:外来务工人员2.87亿、退役军人0.57亿、残疾人0.85亿,三者相加有约4.3亿,他们需要掌握一技之长,稳定就业,国家才能稳定。推动企业参与职业教育的相关法律法规落地,赋予企业承担职业院校学生实习实训和员工培训的责任和义务,而国家应在市场监督、税收等政策上进行激励与约束。

专栏7-3　贵州交通职业技术学院特色鲜明的路桥专业

贵州交通职业技术学院找准了服务产业链的切入点——将人工智能和现代信息技术全程嵌入山区大跨高墩桥的建造管理养护产业链中,为此学校重组知识技能体系,以路桥专业为龙头,以养护专业为骨干,集合地隧、检测两个特色专业,跨界和计算机网络技术融合,组成路桥数字智能化建造特色专业群。学校按照工程课程相同、课程体系相通、共享基础平台、共享教学资源的原则,创新专业群的分阶分层的模块化课程体系。学校研制了先进的培训标准,形成了科学规范、国际可借鉴的18个前沿技术标准和一套高质量的专业标准、课程标准,开发建设了贵州交通百大工程教学资源库。学校与贵州勘测股份上市公司深度合作,共建安全教育与研究基地,将基地打造成既展示行业试新技术,又能面向社区科普,既是两个国家级研发中心,又是重点实验室的综试基地。学校还与贵州桥梁集团共建山区大跨高墩桥梁建造技术研究院,打造成贵州交通技术技能创新服务平台。
——资料来源:翟帆,"双高"元年,高职样板房如何打造,中国教育报,2019-11-26.

"双高计划"不仅是建设一批高职学校和专业,打造技术技能人才培养高地和技术技能创新服务平台,更要立足职业教育整体发展的引领性制度设计,支撑国家重点产业和区域支柱产业发展。"双高计划"立足新时代要求,站在经济社会发展全局的角度,从外部对高职院校内涵建设提出了推动性要求。从内部而言,高职院校在标准构建、质量保障和品牌打造上仍然任重而道远。如何落实"双高计划"的基础性内容,如何通过加强内部治理来推动改革,亟待高职院校在实践中破题。围绕"双高"建设目标,高职院校应从提高政治站位、提升治理能力、明确办学定位、加强教师队伍建设、强化社会服务能力、扩大开放办学等方面精准发力,提高办学质量,增强影响力和竞争力。

---

① 刘斌."双高计划"多维度提升高职教育发展质量[J].现代教育管理,2019(6).

第八章 "双高"建设支持体系

"双高"建设引领技能社会

高等职业教育培养高端技能人才，是我国现代职业教育体系的重要组成部分，是职业教育类型化发展的引领者，是优化高等教育结构和培养大国工匠、能工巧匠的重要途径。"双高计划"是继高职示范校（骨干校）项目之后，面对以人工智能、"互联网＋"、大数据为主的新经济、新技术、新业态的新一轮产业革命挑战下的中国高等职业教育的重要战略部署，对于职业教育向类型教育发展具有重要的历史和战略意义。

中国特色现代职业教育体系的运行需要六条支撑性条件，这是按照从技术技能人才培养的起点到终点，环环相扣而又层层递进的逻辑顺序进行设计的。一是产业人才数据平台。现代职业教育建设需要持续、深入跟踪各行业、职业人才需求数据的专业化研究平台，及时准确发布人才需求报告，引导职业院校专业设置、招生规模与人才培养目标定位，解决目前职业院校无数据可依、所依数据不科学、盲目设置专业和招生规模问题，促进职业教育与产业人才需求更为精准对接与融合。二是专业教学标准。以标准建设为提升人才培养质量的抓手，深度开发以职业能力清单和学习水平为核心内容的专业教学标准，为职业院校人才培养过程建设提供专业依据，为教学质量整体提升与监测提供基本制度保障，使人才培养更为深入地体现职业教育特色。三是产教融合型企业。发挥企业办学主体作用，探索混合所有制办学，建立基于产权制度和利益共享机制的校企合作治理结构与运行机制，为企业参与职业院校人才培养和技术研发提供稳定的制度保障。四是教师专业化培养体系。根据职教教师能力形成规律，建立大学培养与在职教师教育齐头并进的双轨制职业教育教师专业化培养体系，使职业院校有稳定的途径获得高质量教师，使每位希望进入职业教育体系的未来教师清楚地知道每个阶段应完成的学习任务和要达到的要求。五是教育教学质量监控体系。确立全面质量管理理念，建立健全全员参与、全程控制、全面管理的质量保证体系；完善由学校、行业、企业和社会机构等共同参与的质量评价、反馈与改进机制；完善职业教育质量年度报告制度，加强人才培养状态数据采集与分析，充分发挥数据平台在质量监控中的重要作用。六是公平的升学与就业制度。通过制度设计确保职业教育轨道学生在升学、求职、工作待遇、职务晋升等方面享有与普通教育轨道学生平等的机会，并通过制度实践使人们普遍形成技术技能人才与学术人才、工程人才之间的差别是类型的而不是等级的观念[①]。"双高"学校建设既要充分发挥自身的主动性、积极性、创造性，真抓实干，还要有外力支持和良好的社会环境。要完善促进体系有效运行的支撑条件，内因和外因相结合，才能取得突破性进展，重在建设方案，实在行动逻辑，贵在职教特色，难在革故鼎新，亮在引领示范。"双高计划"高质量发展是核心追求，深化改革是主要担当，协同推进是必要生态。

一、激励政策连续支持

国家对发展职业教育高度重视。高等职业教育是教育改革发展过程中出现的高等教育

---

① 陈子季. 用制度体系促进职业教育高质量发展[N]. 中国教育报, 2019-12-10.

新类型，由中央及地方政府主导，通过职业大学改制、"三改一补"、独立设置等形式得以诞生，在原国家教委发布实施的《核定普通高等学校招生规模办学条件标准》《"红""黄"牌高等学校办学条件标准》(1996年)，教育部发布的《普通高等学校基本办学条件指标（试行)》(2004年)等行政文件约束下逐步成型。近期以来，国家陆续颁布《国务院关于大力推进职业教育改革与发展的决定》《国务院关于大力发展职业教育的决定》《国务院关于加快发展现代职业教育的决定》，以国家力量连续推进高等职业教育发展，并依次施行全面开展高职高专院校人才培养工作水平评估、择优建设国家示范（骨干)性高等职业院校、建立职业院校教学工作诊断与改进制度，对高等职业教育发展层层推进。受此多重利好因素影响，我国高等职业教育从举旗起步发展至今，在培养技术技能人才、服务区域经济发展、服务国家发展战略等多方面取得不俗成就，已成为我国高等教育的重要组成部分，正在世界范围内逐渐形成具有中国特色的职教新模式。

习近平总书记多次强调，职业教育发展前景广阔、大有可为，是国民教育体系和人力资源开发的重要组成部分，是广大青年打开通往成功成才大门的重要途径，肩负着培养多样化人才、传承技术技能、促进就业创业的重要职责，必须高度重视、加快发展。2019年3月，国务院总理李克强在作政府工作报告时说，加快发展现代职业教育，既有利于缓解当前就业压力，也是解决高技能人才短缺的战略之举。高职教育逐渐成为现代职业教育体系的主体，《国家职业教育改革实施方案》明确"职业教育与普通教育是两种不同教育类型，具有同等重要地位"，提出国家有关部门、地方政府实施"双高计划"的职责，这意味着高职院校规模将继续增长。职业教育地位的崛起和特色优势的凸显，将使职业教育与普通教育在未来平分秋色。

(一)高职持续扩招

高职发展适合社会对高素质技能人才的需求。1999年扩招使我国高等教育加速步入了大众化的"门槛"，2019年高职院校扩招成为迈入高等教育普及化的"临门一脚"。2019年高职大规模扩招100万人（实际扩招116万人)，鼓励更多应届高中毕业生和退役军人、下岗职工、外来务工人员等报考，圆了大学梦，扩大了高职院校的校均规模，体现出高职教育的重要性。2020年中高职持续扩招，展现出良好的发展态势。高职教育的持续扩招，对中国高等教育从精英教育阶段进入大众化阶段，进而跨入普及化阶段发挥了决定性作用，帮助千万家庭实现了高等教育学历"零"的突破，圆了几代人的"大学梦"，能够在自己的"家门口"读书，而且"上得起、能就业"，成为贴近基层服务一线的主力军，有力地促进了传统学历社会向学习型社会、技能社会的历史性转变。

(二)投入经费持续增长

高职教育发展既是经济社会进步的现实需要，也适应了人们渴望接受高等教育的价值诉求，因此政府、企业和学习者不同程度地分担了办学经费。《国家职业教育改革实施方案》明确要求各级政府要建立与办学规模、培养成本、办学质量等相适应的财政投入制度，地方政府要按规定制定并落实职业院校生均经费标准或公用经费标准。在保障教育合理投入的同时，优化教育支出结构，新增教育经费要向职业教育倾斜。中央财政大幅增加对高职院校的投入,地方财政也在加强支持,在生均财政性经费12000元的基础上持续提升,"双高"项目经费获得连续支持。通过分析"双高"学校经费的来源结构和投入机制,将其分为不同典型模式,有教育行政部门、其他行政部门和行业企业,并结合案例对各模式的总体特征和形成原因进行了深入探讨,认为经费投入模式的差异根源于高职教育办学体制和办学主体的不同。国家在高职教育发展投入过程中,形成了相对丰富的社会服务形式、健全的财政拨款机制,促进了企业经费的稳定增长和政府经费的有效利用。除中央财政转移支付和国家层面实行的大项目资金之外,高等职业院校办学所获取的财政性经费,均来自于省级(含地市级)财政。因此,省级人民政府对本省高等职业的统筹能力(主要体现为政策和资金)强弱,既在一定程度上决定了本省整体高等职业教育在全国是"高峰"还是"高原"抑或是"平原"地位,也决定了本省内高等职业院校之间是均衡同步发展还是"局部做强、全局做优"。

> 专栏8-1　OECD国家高职教育宏观投入的影响因素
>
> 　　通过对1997—2012年OECD国家高职教育宏观投入数据进行计量回归分析发现:宏观投入主要影响因素为高职院校入学率。进一步分析其变动路径显示:高职教育是高等教育大众化、普及化的重要组成部分,高职总投入随高等教育毛入学率的增加而缓慢增长;人均GDP超过24800美元后,高职教育办学规模呈现缩减趋势。随着经济增长,各国高职总投入并未呈现明显的规律性;高职教育的萎缩和消失主要是由经济发展需求所致。教育系统功能将从教授工人技能,使其适应新技术转变为让他们创新工艺和开发新产品。

(三)推行高技能高收入政策

弘扬劳动光荣、技能宝贵、创造伟大的良好社会风尚。党的十九届四中全会在论述收入分配制度时,进一步提出坚持按劳分配为主体、多种分配方式并存的社会主义基本经济制度,这一制度既体现了社会主义制度优越性,又同我国社会主义初级阶段社会生产力发展水平相适应,是党和人民的伟大创造。这是首次把收入分配制度列入社会主义基本经济制度的范畴,是中国特色社会主义制度的重大理论创新。会议还提出要鼓励勤劳致富,增加劳动者特别是一线劳动者劳动报酬,尤其是要保护合法劳动收入所得。着重保护劳动所得,提高劳动报酬在初次分配中的比重。《国家职业教育改革实施方案》指出,要完善技术技能人才保障政策,支持技术技能人才凭技能提升待遇,鼓励企业职务职级晋升和工资分配向关键岗位、生产一线岗位和紧缺急需的高层次、高技能人才倾斜。积极推动职业院校毕业生在落户、就业、参加机关事业单位招聘、职称评审、职级晋升等方面与普通高校毕业生享受同等待遇。逐步提高技术技能人才特别是技术工人收入水平和地位。

中共中央办公厅、国务院办公厅印发的《关于提高技术工人待遇的意见》,明确了要实现"技高者多得、多劳者多得",以为国家作出突出贡献的高技能领军人才为重点支持对象,着力提高技术工人收入水平,完善工资正常增长机制,拓宽收入渠道,加大培养培训力度,强化评价使用激励,优化社会环境,全面改善技术工人待遇水平。突出"高精尖缺"导向,大力提高高技能领军人才的政治待遇、经济待遇和社会待遇。实施工资激励计划,提高技术工人收入水平，完善符合技术工人特点的企业工资分配制度。指导企业深化工资分配制度改革，建立基于岗位价值、能力素质、业绩贡献的工资分配机制，强化工资收入分配的技能价值激励导向。建立企业技术工人工资正常增长机制。国有企业工资总额分配要向高技能人才倾斜。探索技术工人长效激励机制。构建技能形成与提升体系，支持技术工人凭技能提高待遇。深入实施高技能人才振兴计划。

二、高质量发展持续推动

高职教育要与经济社会发展同频共振。我国经济由高速增长转向高质量发展阶段，工业化、信息化、市场化、城镇化、国际化进程加速，对职业教育高质量发展的要求更迫切更紧要。"没有职业教育现代化就没有教育现代化"，无论是1999年还是2019年的扩招，都与经济增长放缓、就业需求不足、稳定社会就业有直接关系，也间接反映了未来经济发展对大量高层次人才的需求。2019年3月，《政府工作报告》将高职院校扩招作为"创新和完善宏观调控，确保经济运行在合理区间"的政策工具之一，这实际是针对经济平稳运行以及稳定和扩大就业而言的。

(一)着力发展实体经济

实体经济是建设现代化经济体系的基石。党的十九大报告指出，"建设现代化经济体系，必须把发展经济的着力点放在实体经济上，把提高供给体系质量作为主攻方向，显著增强我国经济质量优势"。加快建设现代化经济体系，必须大力推动实体经济高质量发展。做强实体经济、推动高质量发展、创造高品质生活，离不开职业教育，需要职业教育不断向实体经济输送专业技术人才。高职教育与经济发展之间的联系更为密切，对人才市场的需求更为敏感。从这个意义上说，高职院校扩招不仅是调控宏观经济的政策工具，也是促进实体经济转型升级，推动经济高质量发展的动力源。高职扩招是应对经济环境不确定性、稳定经济增长预期的调控手段，是政府实现经济发展任务的政策工具。高职扩招既是经济任务，也是政治任务，既是政府行政意志的体现，也是教育行政部门以及高职院校必须完成的任务。政府扩招政策是高职扩招的外部推手，内在动因是经济社会发展对高技能型人才的旺盛需求。从总体态势来看，我国经济已从高速增长阶段转向高质量发展阶段，正处于经济结构转型升级、发展动能转换的关键阶段，具体表现为资金投入和劳动密集型产业转向科技和创新驱动型发展形态，新经济、新业态蓬勃发展，以大数据、物联网、智能制造为核心的高端制造业、新型服务业占比持续增长，中国产业不断向全球价值链中高端攀升。在这种背景下，低端劳动力需求日趋减少，高素质技术技能型人才需求旺盛。但目前高职教育高技能人才的供给能力薄弱，教育能力仍滞后于经济发展新需求。

人力资源和社会保障部的数据显示，2018年我国技能劳动者超过1.65亿人，占就业人员总量的21.3%，但其中高技能人才只有4791万人，仅占就业人员总量的6.2%，距离国务院《职业技能提升行动方案(2019—2021年)》中提出的"到2021年底技能劳动者占就业人员总量的比例达到25%以上、高技能人才占技能劳动者的比例达到30%以上"的目标还有相当差距。从市场供需来看,近年来技能劳动者的求人倍率(岗位数与求职人数的比)一直在1.5∶1以上,高级技工的求人倍率甚至达到2∶1以上,供需矛盾十分突出,高技能人才匮乏已经成为制约经济结构转型升级的最大障碍。高职扩招可以为新经济产业,以及现代制造业、现代服务业、现代农业等产业一线提供更多的高素质技能型人才,促进职业教育的供给侧结构性改革,缓解劳动力市场的结构性失业。经济发展的区域性决定了高职教育的区域性。这种区域性不仅表现在办学主体的区域性,也表现在服务面向的区域性,高职教育与区域经济发展具有很强的共生关系。

(二)更高水平和更充分就业

就业是最大的民生,是民生之本。从世界就业发展动向看,20世纪以来劳动力市场呈现出三大趋势:一是产业变动进程加快,服务业逐步成为就业主体。二是灵活就业比重不断上升,就业模式日趋多样化。三是工作岗位的创造与消失速度加快,就业稳定性下降。随着社会经济的发展,就业经历了一个从依靠市场机制自动调节,到政府干预促进就业,再到劳动力供需两方面综合治理的轨迹[①]。各国的经验表明,劳动者的素质是他们在市场就业中竞争和发展的决定性因素,技术进步、知识经济和经济全球化的发展,使劳动者素质和能力成为就业竞争力的核心,职业教育和培训成为培养和提高劳动者的职业技能的重要途径,人力资源能力建设成为各国就业战略的重要支柱。

党的十九大报告中强调"就业优先战略和积极就业政策",要在经济转型升级、保持中高速迈向中高端的过程中,始终把促进就业作为经济社会发展的优先目标,不断丰富和完善更加积极的就业政策,实现扩大就业与宏观经济政策协同联动。提高就业质量,意味着今后就业要注重"质"与"量"齐头并进、协同发展,把安置性就业转变为发展性就业,这样才能实现"更高质量和更充分就业"。近年来,结构性矛盾上升为就业的主要矛盾,但就业的总量矛盾仍然存在,促进劳动者充分就业仍然面临着较大的现实压力。就业质量高不高,先要看就业机会的获得,如果多数劳动者得不到就业机会,即使少数人就业状况很好,整个社会的就业质量也不能说好。

提高就业质量,首先还是要扩大就业规模,在此基础上提升质量。体能只能保障简单就业,技能促进就业,高技能带动高就业。经济转型发展和产业结构调整快速变化,而高技能人才的培养是一个"慢变量"。大规模开展职业技能教育和培训,是化解结构性就业矛盾的基础性措施。要扩大培训规模,提高教育培训针对性、实效性,提升劳动者素质,同时鼓励创业带动就业,发挥创业带动就业的倍增效应,提升全体劳动者的就业竞争力,从源头上减少失业,推动我国技能人才队伍质量实现整体跃升,解决就业结构性矛盾,促进经济社会持续健康发展,在更高水平上实现更充分的就业。

高职教育的特点决定了将培养目标定位于"高技能的应用型人才",把传统学术型高等教育以外的青年群体带入了新的成长空间,呈现出"低进高出、人尽其才"的局面,把促进就业和促进"体面劳动"联系起来,在安全和有尊严的前提下获得富有成效的就业和"体面

---

① 中国就业促进会. 中国就业走向世界之路(研究篇)[M]. 北京:中国劳动社会保障出版社,2016:31.

劳动"，实现对就业质量的进一步提升。新技术通常需要更高水平的技能，新信息技术的引进使高科技劳动者的需求增加，信息技术是"对高端劳动者的补充，对中端劳动者的替代"，而对于那些处于收入阶梯低端的劳动者而言几乎没有任何关系[①]。随着信息网络技术加速向智能化方向发展，外来务工人员、中低技能劳动者的就业难度在增大。提供高质量的教育，消除熟练劳动力供需之间存在的这种差距，不仅会提高大部分劳动者的工资，也可以降低就业市场上现有熟练劳动力的成本。收入差距之所以扩大，是因为对高素质劳动者和其他熟练劳动力的需求在增长，熟练劳动已经成为抵抗低工资竞争的一个关键性的障碍。就业不仅是劳动者的谋生手段，也成为劳动者施展才华、谋求发展的有效途径。针对这一培养目标，在教学中应突出技能型培养和"订单式"教育，"高技能＋高素质＝高就业率"。

三、科研引领破解发展难题

创新服务平台是补齐短板的有效途径，需要科研引领，创新驱动，为改革引路，深化办学模式、人才培养模式和管理机制的全方位变革，积累可复制、可借鉴的改革经验和模式，做改革的先行者。技术创新和服务能力是高职学校的核心竞争力，但目前高职学校技术创新能力普遍较弱，弱在科研支撑能力不足，校企合作多，院所合作研究少。因此，"双高计划"把打造人才培养高地和创新服务平台并列为两大支点，就是要引导高职学校补齐科研短板。科研是高校教师专业能力发展的重要因素，也是促进学校教学质量提高的关键支撑点。教师的专业发展是教育成功和学生发展的前提，科学研究是不断推进教师专业发展和提高教学质量的重要基础。调查发现，科研管理存在重量轻质，重过程轻结果，教师科技创新意识不强、科研能力较弱，是制约教师专业发展、影响高职院校人才培养质量的重要因素[②]。因此，要充分认识科学研究在教师专业发展中的推动作用，科学定位优势研究领域与研究方向，合理搭建研究平台。

（一）教育科研支撑发展

职教强国和一流强校的经验表明，科学的职业教育管理与教学不能建立在主观意愿和经验基础上，必须要以事实和数据为依据，需要有效的政策支持工具，以及开发这种工具所依据的科学模型。"双高计划"聚焦我国职业教育改革发展的热点、难点问题，引导学校既扎根中国又放眼世界，既立足实际又面向未来，鼓励学校"跳起来摘桃子""撸起袖子加油干"，特别是在重大改革问题上支持学校先行先试，大胆试、大胆闯，产出有示范引领作用的改革成果。

打造创新服务平台，要抓好三个融入，即融入产业发展、融入行业企业发展、融入人才培养过程，以创新型人才培养为目标，以技术技能积累为纽带，以体制机制创新为重

---

① ［英］菲利普·布朗，休·劳德，戴维·艾什顿. 全球拍卖：我们要接受怎样的教育以适应未来生活的发展[M]. 长沙：湖南科技出版社，2014：174.
② 孙小娅，向敏. 科学研究对高职院校教师专业发展影响的调查研究[J]. 教育与职业，2012(29)：63-64.

点、搭平台、建机制、定制度，一系列举措相互配套，确保人才培养、团队建设、技术服务有机结合、协同推进、整体提升，实现"教学出题目、科研做文章、成果进课堂"。项目是载体，投入需产出，结果看绩效。学校办学定位、专业群建设目标与经济社会需求之间要有高符合度，人才培养、技术研发、社会服务、文化传承对国家和区域要有高支撑度，培养方案、教学运行、培养质量与"三全"质量管理要有高契合度，师资队伍、设备设施、实践基地、教学资源等供给要有高保障度，学生、用人单位、政府对教育教学质量要有高满意度，在业内、社会、国内、国际上要有高知名度，产教融合、校企合作、人才培养与培训模式、"双师型"教师队伍、"1＋X"证书制度、职业培训与技术技能积累等，要有职业教育类型的高辨识度。创建新时代"中国特色、世界水平"的职教品牌，"双高计划"建设单位责无旁贷。

在扩招学生来源多元化的条件下，教育部办公厅于2019年12月25日发布《关于做好扩招后高职教育教学管理工作的指导意见》，要求高职院校充分考虑不同生源在成长背景、从业经历、学习基础、年龄阶段、认知特点、发展愿景等方面的差异性，通过问卷调查、座谈、访谈等形式，对学生学业水平、技术技能基础、信息技术应用能力、学习目的和心理预期等深入调研，开展有关测评，形成学情分析报告，提出有针对性的培养策略，充分挖掘扩招生源特长潜质，实施扬长教育，同时补齐短板。依据学情分析报告，结合实际，分类制订专业人才培养方案，科学合理确定人才培养目标、人才规格、课程设置、学时安排、教学进程、考核方式和毕业要求等，统筹配置师资队伍、设施设备和教学资源。结合课程特点和实际条件组织实施竞赛活动、技能抽查、学业水平测试、综合素质评价和毕业生质量跟踪调查等。不断完善内部质量保证体系和运行机制，做好各类生源学生的学习状态数据采集，根据反馈实时诊断、及时改进。要全面考察学生的职业道德、职业素养、技术技能水平、创新创业能力，并把实现高质量就业作为检验人才培养质量的重要标准，做好毕业生的就业质量跟踪调查。系统开展教情调研，推动教师转变观念、创新模式、改革方法与手段，增强适应和解决教学、管理、服务过程中的新情况、新要求的胜任能力。要做到底数清、情况明、问题准、措施实，就需要有力的科研支撑，充分发挥科研兴校、科研强校的作用。

（二）应用技术研究突破瓶颈

中国特色高水平高职学校要明确不同于普通大学以基础性、原理性研究的科研创新定位，聚焦于中小微企业生产工艺等应用性研究，探索符合自身特色的技术创新模式，成为区域产业优化升级的重要创新源、技术源和人才源，使技术创新成为高职学校内在基因，探索技术创新与教育教学的有机互动模式，以技术创新反哺教学，实现技能人才与技术创新的集成供给，形成"技术创新、人才培养、社会服务、文化传承"有机互动的职业院校办学模式。

高职超越中职，不仅是在学习内容上的扩大和学习难度上的提高，重要的是加大科研的成分，实训实习＋实验，体能技能＋智能，其科研重点关注的是结合专业的技术发明应用研究，不同于普通高校的以探索科学原理的原创性学术研究。"双高计划"背景下推动高职应用技术研究，对现阶段高职专业高水平发展具有重要意义，既能提升高职专业建设的内涵，也能提升高职院校服务产业变革与经济发展的能力。只有加强高职应用技术研究，才能突破高职专业建设的瓶颈，才能充分发挥高职专业的竞争优势。

> **专栏 8-2　九江职业技术学院获批江西省高校科技成果转化和技术转移基地认定**
>
> 　　近日，江西省教育厅公布了《关于 2020 年江西省高校科技成果转化和技术转移基地认定结果的公示》，九江职业技术学院是 8 所入选高校中唯一一所高职院校。
> 　　近年来，九江职业技术学院积极响应并贯彻落实《教育部 科技部关于加强高等学校科技成果转移转化工作的若干意见》要求，以服务国家海洋强国、江西工业强省等重大发展战略，区域中小企业发展、产业转型升级和地方经济发展为目标，着力健全科技成果转移转化体制机制，成立专门工作领导小组和技术转化专门机构，大力推进科技成果转化工作，先后修订出台《科技成果转化管理办法》《关于鼓励科技人员创新创业实施办法》《科研工作量化与奖励办法》等制度文件；着力加强科技创新平台建设，夯实科技成果转移转化基础载体，逐步形成了由大学科技园、科技企业孵化器和创新创业孵化基地、25 个多类型技术研究中心和协同创新中心组成的"1+2+N"科技创新和科技成果转移转化平台体系，构建了学校"一园、双擎、多极"的科技成果转移转化全新工作格局；着力推进科技成果转化，培育科技创新团队，强化校企合作产教融合，依托平台开展纵向科技项目研究、横向应用技术研发等，年完成科技成果转移转化项目百余项。
> 　　此次获批省级基地认定，既是对学校前期在技术转移体系建设、管理运行成效、模式特色示范等方面工作的肯定，也对下一步技术转移工作提出了更高要求。学校将以获批省级基地为新起点，紧紧围绕学校总体办学目标，紧密结合"双高计划"建设任务，不断完善学校促进科技成果转化顶层设计，加强科技平台和科研团队建设，提升科技成果转移转化和社会服务能力，探索并形成可持续发展的有效机制，为助力地方经济发展和产业转型升级做出更大贡献。
> 　　——资料来源：九江职业技术学院获批江西省高校科技成果转化和技术转移基地认定[EB/OL].

四、质量文化促进提质培优

邓小平同志说过："质量问题反映了一个民族的素质。"质量之内涵，既通民之命脉，又系国之危重。质量发展是兴国之道、强国之策。加快建设质量强国，显著增强我国经济质量优势，是推动高质量发展、促进我国经济由大向强转变的关键举措。在高等职业院校良性发展的惯性带动和不进则退忧患发展的大环境背景下，质量文化建设就显得非常必要。随着我国高等职业教育领域质量意识苏醒和质量文化氛围渐浓，越来越多的省份在其质量年报中带着问题意识和忧患意识去分析发展过程中的挑战，并且提出具体对策和举措。

（一）标准意识

《国务院关于印发质量发展纲要（2011—2020 年）的通知》指出，把以质取胜作为质量发展的核心理念，推动实施重大质量改进和技术改造项目，培育形成以技术、标准、品牌、服务为核心的质量新优势。通过质量知识普及教育、职业教育和专业人才培养等措施，提升全民质量素养。实施标准分类管理，加强强制性标准管理。缩短标准制修订周

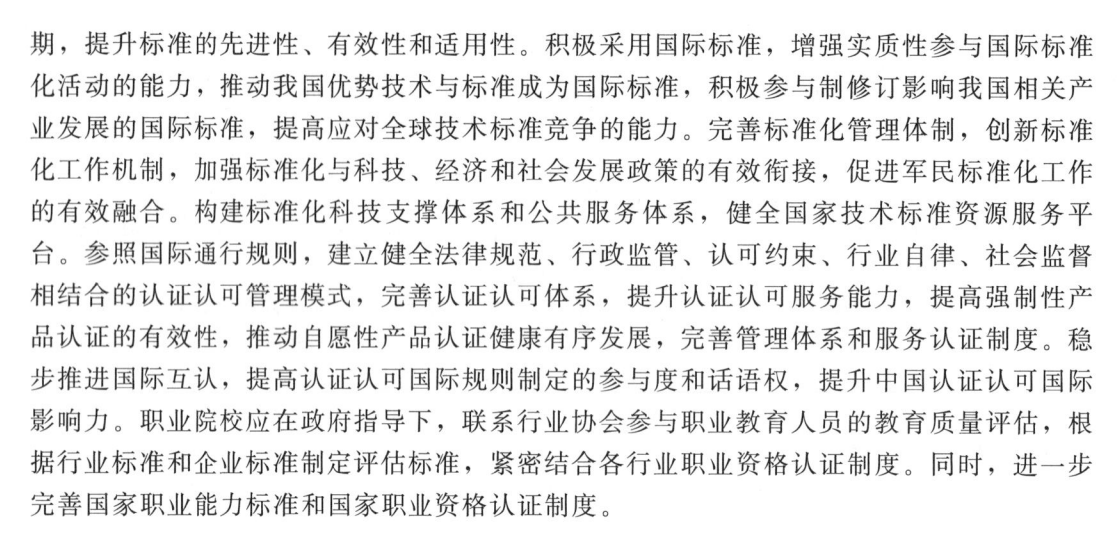

期，提升标准的先进性、有效性和适用性。积极采用国际标准，增强实质性参与国际标准化活动的能力，推动我国优势技术与标准成为国际标准，积极参与制修订影响我国相关产业发展的国际标准，提高应对全球技术标准竞争的能力。完善标准化管理体制，创新标准化工作机制，加强标准化与科技、经济和社会发展政策的有效衔接，促进军民标准化工作的有效融合。构建标准化科技支撑体系和公共服务体系，健全国家技术标准资源服务平台。参照国际通行规则，建立健全法律规范、行政监管、认可约束、行业自律、社会监督相结合的认证认可管理模式，完善认证认可体系，提升认证认可服务能力，提高强制性产品认证的有效性，推动自愿性产品认证健康有序发展，完善管理体系和服务认证制度。稳步推进国际互认，提高认证认可国际规则制定的参与度和话语权，提升中国认证认可国际影响力。职业院校应在政府指导下，联系行业协会参与职业教育人员的教育质量评估，根据行业标准和企业标准制定评估标准，紧密结合各行业职业资格认证制度。同时，进一步完善国家职业能力标准和国家职业资格认证制度。

(二)精品理念

2015年12月30日，教育部在全国推行《高等职业院校内部质量保证体系诊断与改进指导方案(试行)》，强调高等职业院校要建立内部质量文化。质量文化是学校形象的集中体现。质量文化是指学校在生产经营活动中所形成的质量意识、质量精神、质量行为、质量价值观、质量形象以及学校所提供的产品或服务质量等的总和。质量文化是组织文化的核心，而学校文化又是社会文化的重要组成部分。质量文化的形成和发展反映了学校文化乃至社会文化的成熟程度。质量文化的培育和建设是个艰难的、长期的过程，需要从社会、文化、法律、社会心理等多角度去努力研究和探索。

质量文化的功能包括导向功能、激励功能、凝聚功能、约束功能和辐射功能。质量文化分为物质、行为、制度及道德四个层面的内容，质量文化就是企业在长期生产经营实践中，由企业管理层特别是主要领导倡导、职工普遍认同的逐步形成并相对固化的群体质量意识、质量价值观、质量方针、质量目标、采标原则、检测手段、检验方法、质量奖惩制度的总和。质量文化的维度分析包括两项基本的分析内容，即质量文化的主维度分析与质量文化的次维度分析。其中，质量文化的主维度包括公共性私人性维度、继承性变革性维度和开放性封闭性维度；次维度包括民族性维度、区域性维度与均衡性维度。

质量文化是企业的灵魂，不断地推动企业的发展。例如，海尔从日本借鉴了6S现场管理法，从摩托罗拉公司借鉴了6个希格玛质量管理办法。6S管理法的内容包括六项：SEIRI(整理)、SEITON(整顿)、SEISO(清扫)、SEIKETSU(清洁)、SHITSUKE(素养)、SAFETY(安全)。6个希格玛质量管理办法是运用统计数据测量产品的质量情况，看其接近质量目标的程度，通过减少和消除缺陷来降低成本，提高顾客满意度。希格玛即标准差，它前面的数字表示达到的等级。具体来说，1个希格玛代表68%的产品达到了要求；3个希格玛代表99.7%的产品达到了要求；6个希格玛代表99.999997%的产品达到了要求，可以说是一种完美状态，它意味着每100万件产品中只有3.4件次品。

> **专栏 8-3　长春汽车工业高等专科学校借鉴丰田精益管理**
>
> 精益管理主要是指丰田生产方式(TPS)，要求企业的各项活动都必须运用"精益思维"。"精益思维"的核心就是以最小资源投入，包括人力、设备、资金、材料、时间和空间，创造出尽可能多的价值，为顾客提供新产品和及时的服务，通过提高顾客满意度、降低成本、提高质量、加快流程速度和改善资本投入，实现低成本、高效率、高质量生产目标，使组织社会性的价值实现最大化。主要内容一是准时化，二是人员自动化，基于改善基础之上，推行最常见方式建立看板体系。学校汽车装调实训基地借鉴的就是日本丰田看板式管理，按班组组建学习小组，实施车间式教学。
>
> ——资料来源：全国职业院校实习管理50强案例报告之长春汽车工业高等专科学校

(三)内控质量

高等职业教育作为一个先天不足的高等教育类型，需要增强忧患发展意识，要实现高质量发展需要不断内省与反思，采取监测办学质量指标亮"红黄牌"、开展人才培养工作水平评估、申报质量工程项目等措施，建立规范、自觉开展质量保障与评估，发挥"主体"责任进行教学诊断与改进，与经济产业积极互动。

目前，省级年报制度已经成为政府和高校履职和履责的一种重要途径和方式，年报制度通过以学校为责任主体构建学校内部质量保证体系。过去一段时期，对高职院校进行建设成效评价多采用绩效指标以及资源分配相关联的等级评分规则，一定程度上强化了学校间的相互模仿，弱化了多样化发展。作为人才培养的第一责任主体，优质院校必须以实现质量自治为目标，建立健全内部质量保证制度体系，切实推进教学工作诊断与改进制度建设，建立常态化的院校自主保证人才培养质量的机制，通过质量生成过程的分析，寻找教育教学质量的关键控制点(环节)，通过制度规范、程序支持、文化自觉等，实现质量持续改进和提高[1]。首先，由教育部及省级教育行政部门等行政力量主导编制的省级年报，可视为一种政府公文公报，这种由政府公信力背书的省级年报具有行政约束力。其次，质量年报已经成为社会管窥高等职业教育业绩与思路的一个重要窗口。事实上，绝大多数省级年报都能把发展成绩说够，存在问题说透，并且能找准制约发展的原因，提出精当的改进举措。再次，各省基本建成以状态数据平台、质量年度报告为"两纵"，校级、省级队伍为"两横"的"两纵两横"省级高等职业教育质量监测体系[2]，在此体系中，质量年报是基于并高于状态数据的质量监测手段。从时间轴线进行分析，2012—2017年，在各省级年报的"挑战与展望"章节中的挑战部分，出现的十大高频词(问题)依次有：体制机制不完善、经费投入不足、发展不均衡、教师队伍结构不科学、管理理念不适应、企业参与不积极、现代职教体系不完整、国际化水平有待提高、质量保障体系不完善、招生制度需改革[3]等。

---

[1] 任占营.优质高等职业院校建设的思考[J].国家教育行政学院学报，2018(7)：47-52.

[2] 刘任熊，陈海艳，尚维来.质量文化与省级统筹：构建高等职业教育质量监测体系的路径与策略——基于江苏省构建"两纵两横"质量监测体系案例分析[J].中国职业技术教育，2018(3)：53-93.

[3] 刘任熊.高等职业教育高质量发展的区域响应：问题表征及优化策略——基于192份省级《高等职业教育质量年度报告》的文本分析[J].中国职业技术教育，2019(13)：80-88.

建立内控质量,要使注重内涵、彰显特色、提升服务成为"双高"学校的自觉行动。从发展方式上看,要从过去粗放式发展,转成稳定规模、整合资源、夯实基础、优化结构、提高质量的内涵发展方式。要使利益相关方认可程度成为优质院校的价值取向。政府、行业(企业)、教师、学生等利益相关方认同程度,是学校办学质量的直接体现。从政府视角看,学校人才培养契合地方经济社会发展需要,服务"调结构""转方式"大局,利于农村劳动力转移,服务新型城镇化建设,促进劳动力高水平就业和再就业,实现"地方离不开";从行业视角看,毕业生的知识技能结构与生产企业岗位无缝对接,来校招聘的企业多、档次高,合作企业对学校依赖性强,实现"业内都认可";从教师视角看,学校对高水平师资的吸引力大,能够提供更多专业发展机会,有价值认同和情感归属,实现"教师愿意教";从学生视角看,学校生源好,尊重职业教育发展规律和人才成长规律,能够满足学生个性化、多样化学习需求,帮助提高职业技能、促进生涯发展,获得较高就业竞争力,实现"学生乐意学";从国际视角看,对接国际标准,深入开展国际合作与交流,能向世界提供中国职教智慧和职教方案,实现"国际能交流"①。

五、良好环境协同推进增值赋能

职业教育已经在中国发展了很长时间,有坚实的历史基础,又有急迫的现实需求。我国制造业的快速发展,需要提供两个公共产品,一个是在全社会通过职业教育能够弘扬工匠精神,另一个是提供大量的大国工匠。目前,我国职业教育领域已采取措施,力争实现这些目标。第一,发布制造业人才规划指南,加快人才培养。第二,发布脱贫攻坚规划,让每一个贫困家庭培养一个人,掌握一门技能。第三,促进产校融合,把专业建在产业链上,把学校建在开发区里。只有把专业建在产业链上,才能了解产业发展的现状。建在开发区里,才知道开发区人才需求的动向,知道需求,才能提供供给。第四,促进校企合作。企业的技术人员可以到学校去当老师,学校的老师可以到企业去工作一段时间,建立一种"旋转门"机制。第五,加强师资队伍的建设,即"双师型"队伍,既可以操作又可以教学,有的教师来自工厂,有的来自学校,他们是"双师型"的人才,对于提高教育教学质量非常重要。第六,作出制度安排,修订《职业教育法》,引导整个社会转变观念,对职业教育高看一眼,厚爱一分,把职业教育看成孩子人生发展的一个非常有前途的选择和途径。第七,在制度上解决现在职业教育和普通教育相分离的状况,建起"立交桥",在职业学校就学的,想上普通学校可以转过去,二者可以在一定的节点上实现转换。

(一)摒弃职业教育"低人一等"的舆论宣传

媒体热衷报道"高考状元",冷落技能高手,喜欢热捧艺体明星,忽视科学家和大国工匠,扭曲了社会对职业教育的正常认知,加深了社会偏见,认为职业教育是低层次的代名

---

① 任占营. 优质高等职业院校建设的思考[J]. 国家教育行政学院学报, 2018(7): 47-52.

词,是教育选择的下策,形成了不利于职业教育发展的"刻板印象"。

时至今日,高等职业教育的社会地位仍然较低,高等职业教育的品牌影响力有逐年下降趋势。多数行业,乃至教育行业甚至高等职业教育内部,都在一定程度上存在高等职业教育是末端教育的观点,就职业教育在经济社会发展中的特殊地位、对培养多元化人才的重要作用宣传不够,成才观念尚未转换到位,职业教育发展的良好环境尚未形成,高等职业教育至少不是在多数时候都能"香起来"①。这也将衍生出高职院校毕业生身份问题,高职院校毕业生以大专学历毕业后进入就业市场,在很大程度上受到就业歧视,导致高等职业教育永远是"别人家孩子的教育",这也一定程度上加重高职院校的生源危机。研究发现,人们普遍重视教育的价值,并且重视教育的内在价值胜过外在工具价值;人们更愿意选择普通教育而非职业教育,愿意为子女选择职业教育的家长占比不足15%;人们越重视教育,就越倾向于选择普通教育,而且受教育水平在教育价值需求与教育类型选择意愿之间起调节作用,受教育水平越高,两者的关系越强②。为此,职业教育实现从等级分层到等位分类的跨越,既要提升教育质量,也要彰显功能与价值,超越社会再生产和安全网的低层次定位,还要扩大宣传以引导人们的基于教育价值需求的理性选择,尤其是加大对受教育水平不高人群的宣传力度。

加强政策引导,着力改变技能人才社会地位偏低现状,促进广大职业院校学生爱岗敬业;坚持长期稳定支持,不断营造良好社会氛围,让全体技术技能人才焕发劳动热情,释放创造潜能,创造更加美好的生活。只有动员各方力量支持"双高"项目建设,才有利于形成全社会共同支持中国特色高水平高职学校和专业建设的良好环境。

(二)推动企业高水平参与职业教育

习近平总书记强调,要引导社会各界特别是行业企业积极支持职业教育,努力建设中国特色职业教育体系。目前,我国尚未形成校企合作的深度融合,主要原因是在政府主导的办学模式下,没有充分调动企业的积极性,尤其是调动企业对参与教育的需求,职业教育和产业发展还是两层皮。从政府的角度出发,应该调整办学体制,从顶层设计上解决管理体制上的障碍,为企业办学提供良好的外部环境。让学生、家长、社会接受职业教育,关注的不是学生获得一纸文凭而是掌握过硬技能。

《国家职业教育改革实施方案》明确,要"厚植企业承担职业教育责任的社会环境,推动职业院校和行业企业形成命运共同体"。我国以学校为主体的职业教育体系,决定了产教融合、校企合作质量对职业教育标准构建起着决定性作用。这需要中国特色高水平高职学校不断创新深化产教融合、校企合作,吸引社会力量多种形式举办和参与职业院校办学,积极打造学校与社会、科研生产与教学、内部资源与外部资源互为交融的开放式无边界组织模式,不断优化和完善治理结构和机制,加强院校自身能力建设,推动企业高水平

---

① 陈宝生.在新的起点上加快推进职业教育现代化[EB/OL].
② 余秀兰.普通教育抑或职业教育:教育价值观视域下的选择[J].高等教育研究,2020,41(1):68-76.

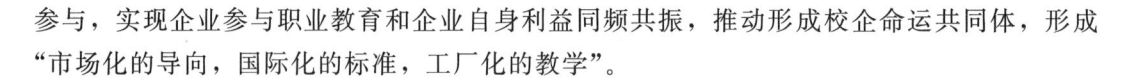

(三)清除歧视性的评价机制

针对目前普遍存在的对于职业教育的歧视,首先要破除唯学历论的人才评价体系。2014年,我国提出推进600所地方本科院校转型为职业教育,建设现代职业教育体系的战略,有利于提升我国职业教育的地位。对于地方本科院校转型为职业教育,不少舆论将其解读为这些本科院校"降格"。这是对职业教育的完全误读,但这怪不得舆论,因为包括这些本科院校在内,也没有安于职业教育的定位,把职业教育视为低于普通教育一等的教育[1]。我国社会之所以存在职业教育低人一等的观念,是因为技能人才相比于高学历人才也低人一等,被设置了"天花板",这一评价体系不变,职业教育的地位会始终低于同层次的普通教育。

要改变现行的考试制度,目前普通高校先录取,然后职业学校再录取,好像职业学校低人一等,要改变这种局面,就要从制度上做出安排[2]。国务院人力资源社会保障行政部门会同有关部门,适时组织清理调整对技术技能人才的歧视政策,推动形成人人皆可成才、人人尽展其才的良好环境。

(四)清理各种非科学的排行榜

大学排名起源于美国。1983年,《美国新闻与世界报道》杂志率先推出每两年一次的全美大学排名。中国教育三十人论坛日前发布的专题研究报告《大学排名的风险》揭示:目前,世界上已公开的大学排行榜有50多种,世界大学排名机构有10多个。除了学术机构推出的排行榜之外,还有商业机构的排行榜,排名的种类极其丰富。大学排行对高校发展战略的制定、资源分配和资金募集,以及学生择校等方面存在影响,对"双高"建设利弊互见。有研究系统地总结出应用大学排名对高等教育产生的消极影响、积极影响、有争议的影响三个类别10种具体影响。消极影响主要表现在高校内部管理的挑战、高校根本任务和价值的偏离,以及教学与科研之间的不平衡等方面。积极影响主要体现在高等教育质量的提升、高校外部关系的改善,以及排名方法的完善等方面。有争议的影响主要体现在高等教育资源的配置、招生与择校、学生的学习经历,以及高校的排名名次等方面[3]。"双高"学校要客观看待排行榜,虽然不能按排名建"双高"评"双高",而应当将其作为参考,但对于排名、评估折射出的问题,应当将其解决和改正。

政府管理部门要清理商业化炒作的排行榜,支持公益、公正、权威、专业的排行榜,为"双高"学校建设提供专业支持。如麦克思研究院自2007年起连续发布《中国大学生就业报告》(就业蓝皮书),上海教育科学研究院和麦可思研究院编著《2012中国高等职业教育

---

[1] 冰启. "职业大学"如何提高职业教育地位[N]. 北京青年报,2019-06-04.
[2] 陈宝生. 七大措施让职业教育不再"低人一等"[EB/OL].
[3] 刘念才,苗耘. 应用大学排名对高等教育产生的影响[J]. 复旦教育论坛,2017,15(4):17-24.

人才培养质量年度报告》，首次由第三方机构向社会公开发布，从最早的记分卡逐步发展到资源表、服务贡献表、落实政策表、国际影响表、育人成效表。按照《高等职业院校适应社会需求能力评估暂行办法》要求，上海教育科学研究院首次发布了《2017年全国高等职业院校适应社会需求能力评估报告》，包含学生成长成才、学校办学实力、发展环境、国际影响力和服务贡献力五大要素，呈现了我国职业院校办学整体状况，分析了职业院校办学基础条件、师资队伍、校企合作、人才培养、学生发展和社会服务能力等方面的情况，指出了当前存在的主要问题。2018年开展第二轮全国职业院校评估，共采集到全国1300余所高职院校的数据信息和抽样调查问卷，经过数据复核、建立评估模型和专家评议，形成评估报告。教学状态数据，国外很重视，已经成为保障高职教育质量的通行做法。它能帮助地方政府、学校和企业形成有公信力的《质量年报》，进一步提高《质量报告》的质量，侧重软件（人才培养模式）淡化硬件，强化动态（人才培养过程）弱化静态，重视学生成长成才，辅助教师发展，但数据要独立、原始、即时、动态、公开。自2013年起，由4家第三方教育评价机构，以及杭州电子科技大学中国科教评价研究院、浙江高等教育研究院、武汉大学中国科学评价研究中心、中国科教评价网等单位，每年对全国高职高专院校办学综合实力进行系统、客观、公正的动态研究评价，其连续7年发布的《中国高职高专院校竞争力排行榜》，明确告诉全国高职高专院校哪家强等信息，这对历年高考学生在志愿填报选择专科院校时起到了一定的参考和指导作用。

六、有利国际环境促进对外开放

现代职业教育不仅要有中国特色，而且要具有世界水平。在对外开放的背景下，职业教育发展迅速；在闭关锁国的情况下，职业教育举步维艰。改革开放以来，我国职业教育的国际交流合作走过了不同的历程：从打开眼界、学习借鉴到合作交流、为我所有用，再到创新发展、融合提升。《中共中央 国务院关于新时代加快完善社会主义市场经济体制的意见》明确提出，实行更加积极主动的开放战略，全面对接国际高标准市场规则体系，实施更大范围、更宽领域、更深层次的全面开放。

《国家职业教育改革实施方案》启动实施中国特色高水平高等职业学校和专业建设计划，要建设一批引领改革、支撑发展、中国特色、世界水平的高等职业学校和骨干专业（群），建成覆盖大部分行业领域、具有国际先进水平的中国职业教育标准体系，积极推动中国职业教育与世界各国分享理念、经验和模式，共同探索在发展中国家发展职业教育，服务经济社会发展的路径。

(一)就业全球性流动

国际劳务输出①是实现劳动力资源合理利用的重要形式,对解决乡村富余劳动力的出路,满足劳动力不足地区的需要,加速基本建设的进程和经济全面发展,以及加强国内外交流等具有重要意义。

自20世纪90年代以来,在中央"走出去"战略的指引下,我国劳务输出事业取得了更快的发展,成为我国开展对外服务贸易的一个重要组成部分和国际劳务市场上的一支重要力量。大力发展劳务输出已成为必然趋势,但与世界上许多劳务输出大国相比,我国的劳务输出仍很落后,总量偏低、规模偏小、层次不高、附加值低,与我国的国际经济地位和人口规模极不相称。输出的劳务人员占国际劳务市场的份额微乎其微,甚至远不及一些和中国发展程度相同甚至更低的发展中国家。据国际劳工组织估计,2010年全球每年的流动劳务为3000万~3500万人,我国劳务输出总量仅占其中的1.5%左右。我国的劳务输出规模远远没有发挥我国劳动力数量优势,并且创汇能力也远低于其他一些发展中国家。普通劳务依然是外派劳务大军的主力,但在少数省份已有改观。最新的统计数字显示,从事制造业、建筑业和农林牧渔业的外派劳务人员仍然占据劳工大军的绝大多数,约为75%。其中,又以制造业工人最多,占外派劳务总数的40%左右,建筑业也是劳工较集中从事的行业,比重超过10%。与之形成巨大反差的是,科教文卫、设计咨询和IT服务业所占比重均不足1%。在有些发达省份如上海市的海外高级劳务发展较快,软件工程师、高级厨师、医师这"三师"在海外劳务市场走俏,外派高级劳务量已超过全市每年外派劳务总量的30%。目前发达国家是这种劳务的主要提供者。我国的劳务输出发展较快,但与世界其他国家相比,差距很大。我国劳务输出规模较小,而且层次不高,基本上还处于单纯赚取劳务费的水平。国际劳务合作、劳动力输出对我国经济发展的作用较大,主要表现在增加外汇收入、改善就业状况、带动商品出口、学习先进技术以及增进我国与其他国家人民互相了解和友谊。因此要重视劳务输出业,积极发展高水平国际化的高等职业教育,培养高素质复合型技能、管理和服务人才,不仅可以增加劳动者收入,而且可以通过互相学习、竞争提高劳动力素质。

(二)互利共赢,国际合作

职业教育是中外教育合作中成果非常丰富的一个领域,配合国家"一带一路"倡议,职业教育对外交流与合作成果显著,在政策对话、校际交流、技术培训、学校建设、科学研

---

① 亦称劳务出口。通常是指具有某种劳动能力或特长的劳动力人口,以活劳动的形式为外国或外国经济组织提供某种效用并获取相应报酬的一种社会经济活动。大规模的劳务输出产生于第二次世界大战以后。我国的对外劳务合作有着悠久的历史,最早可以上溯至秦汉时期。我国近代的劳务输出,在鸦片战争(1840年)之后即有雏形。自20世纪80年代以来开始国际劳务输出,但迄今输出量甚少,且大多是劳动密集型行业的劳务(建房、筑路等)。国内劳务输出规模较大,种类多样,有工程性劳务(建筑等)、技术性劳务和城市服务性劳务(包括家庭服务、环境卫生、园林、搬运等),以工程性劳务居多。劳务输入地区主要是大规模开展基本建设的地区;劳动强度大、劳动条件差的工矿区;技术力量不足地区(广大乡村乡镇企业),以及结构性劳力不足的大城市。劳务输出的地区主要是广大乡村劳动力富余地区和贫困地区(边远山区和灾区)。

究等领域取得了实质性进展。

中国高等职业教育要融入世界职业教育话语体系,必须构建高等职业教育国际化人才培养标准;中国高等职业教育要确立在世界职业教育体系中的身份地位,必须形成具有中国特色的国际化职业品牌。因此,需要结合"引进来""走出去""再提升"的国际化办学三部曲,全面服务国家"走出去"战略,积累高等职业教育国际化的"中国经验",打造"中国方案"。学校除了"引进来",更要围绕"一带一路"建设和国际产能合作,推动高等职业教育和企业协同"走出去",在吸收借鉴国际优秀经验的同时展示中国特色并提供中国经验,成为国际事务的参与者、国际标准的建设者、国际资源的提供者和中国企业国际化的协同者[1]。

国家、省、校均对国际化提出要求,但现在高等职业教育国际化亮点不多,可能会存在如下四种阶段:一是"办酒请客"阶段。在招收留学生来华时,采取减免部分甚至全部学杂费的方式,优质办学资源一定程度上向海外留学生倾斜。在境外办理办学分支机构时,相关经费全部或大部分由己方承担。这在一定程度上影响了国内学生的利益,类似于草创时期的野蛮成长。二是"AA制"阶段。既体现在来华留学事项上,也体现在境外开办分支机构上,办学者与求学者(合作办学者)采用一定比例和形式,分摊人才培养成本。三是"食客买单"阶段。这符合事物发展的规律,由计划向市场阶段迈进。一方面,办学主体在积累办学经验过程中,根据优胜劣汰法则,已经日渐变少;另一方面,办学主体实力日益强大,已经形成一定的品牌力和吸引力,不再需要通过免费或优惠方式去创设品牌、铺占市场。受教育者自己选择性价比高的教育产品。四是"申请审核"阶段。此阶段潜在入学者必须符合举办者设定的一系列条件方可入学,这些条件有可能是综合性的,比如品德、语言等,也有可能是专业性的,比如专业类别、学业水平等[2]。

(三)积极参与全球职业教育治理体系变革

中央政府层面,通过积极承办世界性职业教育会议,为交流合作搭建平台;在区域层面,通过举办中国—东盟职业教育国际论坛等活动,服务东盟职业教育发展,推动共建共享。目前,中国已经与30多个国家、10多个国际组织开展了交流合作,与德国、英国、荷兰、澳大利亚等国签署了职业教育协议[3]。

地方政府也积极开展职教对外合作,如北京、上海、江苏、浙江、广东等地均有职业院校开展了海外办学。其中,天津市教委支持渤海职业技术学院在泰国大城技术学院建立"鲁班工坊",是我国在海外设立的首个职业教育领域"孔子学院"。此外,在院校层面,国(境)外办学,留学生、校际交流等活动也相继展开。

依托共建"一带一路"倡议及联合国、上海合作组织、金砖国家、二十国集团、亚太经

---

[1] 任占营. 优质高等职业院校建设的思考[J]. 国家教育行政学院学报,2018(7):47-52.
[2] 刘任熊,薛茂云. 中国高等职业教育国际化:实践样态与现实反思——基于2016年32省份高等职业教育质量年度报告分析[J]. 中国职业技术教育,2017(36):10-16.
[3] 董鲁皖龙. 建设中国特色世界水平的现代职教体系——写在国际职业技术教育大会召开之际[N]. 中国教育报,2017-07-05.

"双高"建设引领技能社会

合组织等多边和区域次区域合作机制，我国积极参与全球职业教育治理和公共产品供给，构建全球互联互通伙伴关系，加强与相关国家、国际组织的职业教育发展倡议、规划和标准的对接，积极参与国际职业教育政策沟通协调及国际职业教育治理体系改革和建设，提出更多中国倡议、中国方案。

当前，我国职业教育正处于改革发展"深水期"的关键时期，"双高计划"正在成为职业教育向类型教育发展的引领者，带动中国特色、世界水平职业教育体系的发展与完善，从"一头独大"的学历教育转向"三足鼎立"的学历教育、社会培训和技术服务，最终达到"五位一体"的学历教育、社会培训、技术服务、社区教育和老年教育，建成一批具有世界一流实力、水平、声誉和品牌的职业院校和骨干专业，通过市场竞争、优势比较、选择分化，形成高尚品质、时代标志、自成流派和引领产业的质量品格，有国际水平的能力担当，形成中国职业教育参与世界竞争的制高点，建成中国高等职业院校的旗帜和标杆。

第九章 "双高"学校办学能力评价

"双高"建设引领技能社会

在示范校、骨干校、优质校之后,国家又启动了"双高计划",不仅对入选的高职院校加大了人、财、物各方面的投入,还要求对"双高"学校的办学进行评价。我国高等职业教育评价体系是在普通高等教育评价的基础上发展起来的。1985年《中共中央关于教育体制改革的决定》颁布之后,《普通高等学校教育评估暂行规定》为我国高等职业院校的评价工作奠定了基础①。在经历了从零开始到占据高等教育体系"半壁江山"的起步探索阶段、从"示范"到"优质"的高职院校质量建设发展阶段和从"层次"到"类型"的新时代跨越阶段之后②,高等职业院校的评价也进入了新的阶段。2019年4月教育部财政部联合下发《关于实施中国特色高水平高职学校和专业建设计划的意见》,提出要"集中力量建设50所左右高水平高等职业学校和150个左右高水平专业群"③。为顺利推进"双高计划",中央财政每年引导资金20余亿元,有关部门和行业企业以共建、共培等方式积极参与项目建设,项目学校积极筹集社会资源④。因此,加强对"双高"学校的办学能力评价和绩效引导十分必要。

一、我国高职院校的评价制度

我国高职院校评价工作的历史不长,在近三十年里经历了起步、探索、协同和深化阶段,不同阶段呈现出了不同内容,在评价主体、评价目的、评价手段与评价内容上均发生了一系列的改革与发展。

(一)高职院校评价工作的历史沿革

1. 模仿普通高等教育的起步阶段(1990—1999)

党的十一届三中全会后,职业技术师范学院、职业大学、技术专科学校等一批高等职业教育层次的学校已初步建立起来。1985年,《中共中央关于教育体制改革的决定》提出积极发展高等职业技术院校⑤。但由于缺乏可直接借鉴的经验,当时我国高等职业院校的发展主要起步于模仿高等普通教育并逐步探索符合职业教育的类型特色。对于高等职业院校的评价体系便是在普通高等院校评价的基础上发展起来的。

1990年,原国家教委在总结我国高等教育评价工作经验的基础上发布了《普通高等学校教育评估暂行规定》,从评价内容、评价主体、评价流程等方面对普通高等学校教育评价进行了宏观层面的规范。同时文件也指出"本规定适用于普通高等学校。其他高等学校教育评估可参照实施"⑥,为我国高等职业院校评价标准的制定奠定了基础。1991年,《国

---

① 马良军. 我国高等职业教育评估政策的演变与展望[J]. 职教论坛,2018(2):28-33.
② 李鹏. "双高计划"的治理逻辑、问题争论与行动路径[J]. 高等工程教育研究,2020(3):126-131.
③ 教育部,财政部. 关于实施中国特色高水平高职学校和专业建设计划的意见[EB/OL].
④ 中华人民共和国教育部. 中央引导、地方为主,中央财政每年引导资金二十余亿元 职业教育"双高计划"建设名单公布[N]. 中国教育报,2019-12-19(1).
⑤ 中国共产党中央委员会. 中共中央关于教育体制改革的决定[Z]. 1985-05-27.
⑥ 国家教育委员会. 普通高等学校教育评估暂行规定[Z]. 1990-10-03.

务院关于大力发展职业技术教育的决定》指出"要制定各类职业技术学校的设置标准和评估标准,逐步建立职业技术教育的评估制度"[1]。1993年,国务院发布《中国教育改革和发展纲要》,指出"对职业技术教育和高等教育,要采取领导、专业和用人部分相结合的办法,通过多种形式进行质量评估和检查"[2]。1995年,原国家教委在《关于推动职业大学改革与建设的几点意见》中提出将制定有关高等职业教育的质量要求和评估体系,对现有职业大学的办学条件与办学水平进行评估。

在该阶段我国对于高等职业院校虽然没有开展较为全面的评价工作,但是对于高职院校评价工作的实施已经日益重视,评估指标、评估方式等研究设计已经开始有序进行。同时,该阶段也明确了我国高等职业院校评价是以解决办学问题,改善办学条件作为主要评价目标,而不是进行选优淘汰。在《关于推动职业大学改革与建设的几点意见》中提出"对不合格的学校要责成主管部门制定计划,采取措施,限期改善办学条件……帮助学校解决实际困难和问题,促进职业大学的健康发展"[3]。

2. 试点局部高职院校的探索阶段(2000—2010)

进入21世纪后,随着《面向21世纪教育振兴行动计划》等一系列国家政策文件的出台,开展高职院校评价工作,保障高职院校人才培养质量再一次得到了大力推动。2000年,教育部将"高职高专教育教学质量监控与教学评价体系的研究与实践"列为新世纪高职高专教育人才培养模式和教学内容体系改革与建设项目重要课题之一,开始了我国高职院校人才培养水平评价工作方案、指标等内容的研究。同时,教育部先后发布《关于颁布〈高等职业学校设置标准(暂行)〉的通知》《普通高等学校高职高专教育专业设置管理办法(试行)》等一系列高职院校建设标准文件,为我国高职院校评价工作的开展提供了基线指标的参考。评价研究项目的启动以及高职院校规范化指标的制定开启了我国高职院校逐渐淡化普通高等教育印记,发展具有高等职业教育类型特色的评价制度探索时期。

2003年,教育部发布《关于开展高职高专院校人才培养工作水平评估试点工作的通知》,以"以评促建、以评促改、以评促管、评建结合、重在建设"作为工作方针,通过学院自评和专家评价相结合的方式,对郑州铁路职业技术学院、深圳职业技术学院等28所高职院校开展评估试点工作[4]。次年,教育部在总结实践试点的基础上,正式启动了全面开展高职院校人才培养工作水平评价工作,这也是我国首次面向全体高职院校开展的评价工作。2006年,为贯彻落实《国务院关于大力发展职业教育的决定》,教育部、财政部决定实施国家示范性高等职业院校建设计划。在三年间通过各省推荐、专家评审的方式共分批遴选了100所示范性高职院校。该项目于2009年至2011年依据建设批次以院校总结、省级审核、专家评审的方式逐步对100所示范性高职院校进行项目建设的合格性评价。示范校项目在设立阶段要求各学校分别撰写项目任务书,以学校自身设置的任务进行评价,

---

[1] 国务院. 国务院关于大力发展职业技术教育的决定[Z]. 1991-10-17.
[2] 中国共产党中央委员会,国务院. 中国教育改革和发展纲要[Z]. 1993-02-13.
[3] 国家教育委员会. 关于推动职业大学改革与建设的几点意见[Z]. 1995-10-06.
[4] 教育部. 关于开展高职高专院校人才培养工作水平评估试点工作的通知[Z]. 2003-02-12.

实现了一校一评，提高了评价的针对性。同时，该项目还同时引入了绩效评价制度，借助信息采集与绩效监控系统，开展年度绩效考评工作，实现了项目建设事前充分论证、事中监控管理指导、事后效益监测评价的全过程监控和考核。经过5年的高职院校水平评估与示范校的建设，高职院校办学条件得到了大幅度改善，办学质量显著提升。2008年，教育部启动第二轮高等职业院校人才培养工作评估。在新的一轮评估工作中，教育部明确指出以学校自评为基础、静态评价与动态评价相结合等新评价原则，标志着我国对高职院校评价开始由外延式的规范导向转向内涵式的发展导向。

通过水平评估、示范性高职院校遴选与验收等评价工作的开展，在该阶段我国逐渐探索出符合高职院校发展规律的评价体系。一是通过评价工作的开展指明了高职院校的建设重点，形成了高职院校建设框架，推动了高职院校的规范化发展。二是评价主体开始转变。高职院校的评价由原先以政府主导开始向学校、行业等相关主体转移。三是评价手段注重量化与质性兼顾。在示范性院校建设项目中引入了绩效评价体系，丰富了以专家评审为主的单一评价手段，以量化评价的手段使评价结果更为直观、科学。

3. 重视内外部共评价的协同阶段（2010—2015）

经过10多年的高职院校评价工作的开展，我国高职院校在办学条件、办学规范等方面的水平得到了显著提升。2010年，中共中央、国务院发布《国家中长期教育改革和发展规划纲要（2010—2020年）》，提出"改进教育教学评价。根据培养目标和人才理念，建立科学、多样的评价标准。开展由政府、学校、家长及社会各方面参与的教育质量评价活动。探索促进学生发展的多种评价方式"①。我国对于高职院校的评价工作也由此开始从外部政府为主的督导规范转向激发高职院校内部自省性评价的内外协同评价。

2010年，在示范校建设项目的基础上，教育部启动骨干校建设项目。在遴选评价方式方面依旧采取了地方推荐，专家评审的方式。骨干校建设项目于2013年至2015年分批次完成了对各建设院校项目建设的合格性评价。在延续示范校建设项目评价方式的基础上，骨干校评价的内容引入了更为细致的量化指标，从原先7个评价指标增加为11个评价指标。2011年，教育部规定各地和各高职院校要建立高等职业教育人才培养质量年报发布制度。2012年，上海市教育科学研究院联合麦可思研究院共同发布《中国高等职业教育质量年度报告》。高职院校质量年度报告制度的建立实现了对高职院校从院校层面到省域层面再到国家层面的逐层评价。同时，质量年报制度采用了第三方评级机制，对于评价方式不再局限于院校自评、专家评审，增加了问卷发放、案例收集等方式，使得学生、用人单位等相关利益主体有效参与到评价过程中来。

此外，在该时期我国地方以及社会评价机构对于高职院校的评价也逐渐兴起。辽宁省教育研究院开展区域教育发展战略与政策研究，包括对省属高校绩效评估方案与实施策略的研究，并对2008年至2010年省属36所办公高职院校、2007年至2009年省属33所民办高职院校进行了绩效评估方案制定以及实测结果分析，力图淡化既有存在对高职院校评

---

① 中国共产党中央委员会，国务院. 国家中长期教育改革和发展规划纲要（2010—2020年）[Z]. 2010-07-08.

价结果的影响，集中反映高职院校在资源利用上的主观努力与效果[①]。2013年，杭州电子科技大学中国科教评价研究院、浙江高等教育研究院和高教强省发展战略与评价研究中心、武汉大学中国科学评价研究中心共同发布2013高职院校竞争力排行榜，从综合实力的角度对全国各高职院校进行了水平性评价。这也是我国较为全面、系统的高职院校第三方评价。

该阶段我国对于高职院校的评价已经从重视办学条件等外部规范化内容转向"投入—产出"、办学改革等内涵质量建设内容。一是评价的驱动力开始转变，评价由原先专家评审为主的外部压力驱动转变为由高职院校对标自省为主的内部自发驱动。二是评价手段开始多元化，通过问卷调查、案例收集等方式丰富评价手段，使更多的相关利益主体有效地参与到评价过程中。三是第三方评价的萌芽。一些原先由政府主导的评价工作转由第三方评价机构进行实施，一定程度上提高了评价的客观性。

4. 全面凸显类型特色的深化阶段（2015年至今）

随着我国高职院校评价工作的不断深化，一方面，多元参与内外共评的体系逐渐建立起来；另一方面，多年评价工作积累了大量高职院校人才培养工作状态的数据。2014年国务院在《关于加快发展现代职业教育的决定》中进一步指出，完善职业教育的评估办法，强化督导模式评估，定期开展职业院校办学水平与专业教学评估，实施教育质量年度报告制度[②]。随后在《教育部关于深入推进教育管办评分离促进政府职能转变的若干意见》《高等职业教育创新发展行动计划（2015—2018年）》等一列政策推动下，以数据为基础深化评价工作，发现更多高职院校建设过程中的深水区问题，推动高职院校建设凸显类型特色成为该阶段的主题。

2015年，在经过了两轮水平评估之后，为进一步发现高职院校建设过程中存在的不足，教育部提出按照需求导向，主张高职院校自主开展专业教学诊断评价，引导高职院校建立常态化的内部质量保证体系和可持续的诊断与改进工作机制。为进一步强化职业教育与产业发展紧密相连的类型特色，在评价过程中实行管办评分离的办法，让第三方评价机构能够充分参与，并积极利用网络信息技术形成评价预警机制。此外，国务院教育督导委员会分别在2016年和2018年开展了两轮高等职业院校适应社会需求能力评估工作，通过数据表、调查问卷和数据信息管理分析平台对我国高职院校在办学基础能力、"双师"队伍建设、专业人才培养等五个方面进行综合评估。2019年，《国家职业教育改革实施方案》提出"完善政府、行业、企业、职业院校等共同参与的质量评价机制，积极支持第三方机构开展评估，完善职业教育督导评估办法，建立职业教育定期督导评估和专项督导评估制度"[③]，再一次强调了高职院校评价中管办评分离、多元参与的原则。同年，教育部启动中国特色高水平高职学校和专业建设计划，通过地方推荐、专家评审的方式遴选了56所高水平学院建设单位。同时要求对"双高计划"的建设绩效实行年度评价，绩效评价结果作为调整项目资金支持额度的重要依据，进一步实现资金的动态调整，落实扶优扶强的总体方针。

[①] 吴悦，姜华. 省属高校绩效评估的方案与实施策略研究[M]. 沈阳：辽宁人民出版社，2014：3-4.
[②] 国务院. 关于加快发展现代职业教育的决定[Z]. 2014-05-02.
[③] 国务院. 国家职业教育改革实施方案[Z]. 2019-01-24.

此外，随着高职院校评价制度的深化，各地方政府以及第三方评价组织也日益重视高职院校评价，并开展了一系列创新工作。随着《高等职业教育创新发展行动计划（2015—2018年）》的颁布，全国31个省份逐步启动优质高职院校建设项目，各省结合本省高职院校建设与产业发展情况，遴选了一批地方优质高职院校，并给予重点支持。同时，从2013年开始，武汉大学中国科学评价研究中心联合国内相关研究机构连续8年发布中国高职院校竞争力排行榜（以下简称"中评榜"）。2017年至今，广州日报数据联合数字化研究院（GDI智库）连续三年发布广州日报高职高专排行榜。2019年，武书连发布2019年中国高职高专学科大类排行榜。

该阶段我国高职院校评价工作在一系列政策指引推动下开始在实践过程中逐渐凸显职业教育类型特色。一是评价权力的下放。从原先由政府主导的评价转向由政府引导，各省结合当地经济发展现状因地制宜制定并开展高职院校评价。二是实现动态实时评价。通过多年高职院校评价数据积累，在网络信息技术的支持下，能够基于大数据对高职院校发展现状进行监测，对于滞后发展的院校能够及时发现存在的问题并进行相应的整改。三是评价主体实现多元化。除了通过制定问卷的方式，使教师、企业、学生等多元主体有效参与到高职院校评价，第三方评价机构也开始积极参与到高职院校评价当中。

(二)高职院校评价制度的主要内容

1. 遴选性评价

我国主要于2006年至2019年分别开展了示范性高职院校、骨干高职院校、优质高职院校与高水平高职院校四次遴选性评价（见表9-1）。我国开展高职院校遴选性评价的目的主要是选拔一批办学质量拔尖的高职院校进行重点投入建设，在高职院校中形成建设样板，引导国家高等职业教育高质量发展。遴选性评价通常是由国家层面发起，采取院校自行申请，再由各级教育行政部门与专家进行评审以实现层层筛选。经过多年的探索，现行高职院校遴选性评价主要呈现出以下特点：(1)评价导向突出扶优扶强。从示范校到优质校，高职院校申报条件通常是以是否有违规行为进行限制，而在"双高"校遴选过程中，对于申报条件除了对基本条件做出规定外，更是从相关成效、成果奖项多方面进行了限制，进一步强调了质量为重的评级原则。(2)评价内容逐渐侧重产教融合。示范校遴选的评价内容更多注重在学校内部的建设中，而随着骨干校、优质校、"双高"校遴选工作的逐步探索，对于遴选的评价内容开始逐渐转移到产业发展、国际化等方面，职业教育与产业发展紧密结合的特征逐渐被强调。

表9-1 我国高职院校遴选性评价概况

	示范校	骨干校	优质校	"双高"校
评价时间	2006—2008年	2010—2012年	2015年之后	2019年
评价主体	教育主管部门和评价专家			
评价方式	院校申请，省级推荐，专家评审		各省自行组织	院校申请，省级推荐，专家评审赋分排序

续表

	示范校	骨干校	优质校	"双高"校
评价内容	1. 建设环境 2. 领导能力 3. 综合水平 4. 教育改革 5. 专业建设 6. 社会服务	1. 产学合作 2. 地区发展规划 3. 地区支持高等职业教育改革与发展举措 4. 校企合作办学机制 5. 工学结合人才培养模式改革 6. 社会服务现状	以山东省为例： 1. 体制机制创新 2. 一流专业建设 3. 高水平师资队伍建设 4. 技术技能积累与社会服务 5. 信息化建设与应用 6. 国际合作与交流 7. 质量管理与保证体系建设 8. 特色文化建设	1. 党的建设 2. 技术技能人才培养高地 3. 技术技能创新服务平台 4. 高水平专业群 5. 高水平"双师"队伍 6. 校企合作水平 7. 服务发展水平 8. 学校治理水平 9. 信息化水平 10. 国际化水平

2. 合格性评价

我国主要于2009年至2019年分别开展了示范性高职院校、骨干高职院校、优质高职院校三个建设项目的合格性评价(见表9-2)。我国开展高职院校合格性评价主要是针对承担高职院校改革建设项目的部分院校，其目的一方面是对高职院校进行达标评价，通常是基于各高职院校建设初期所制定的建设任务书进行逐项考核，另一方面是对高职院校进行总结评价，通常在根据各高职院校总结项目建设成效的基础上，评价具有引领推广价值的经验与做法。我国高职院校合格性评价通常由教育行政部门和专家进行主导，同时会通过将学校评价资料公示的方式推动企业、学生家长、媒体等第三方评价主体的参与。评价方式在采取专家综合评价的基础上，还通过高等职业院校人才培养工作状态数据采集平台进行量化数据的收集与分析。现行我国对于高职院校合格性评价主要呈现出以下特点：第一，注重第三方评价主体的参与。通过公示评价材料的方式，推动学生、企业、媒体等相关利益主体的关注以及在评价过程中的参与。第二，量化评价与质性评价相结合。以量化指标作为评价的达标性基线，再以质性评价内容作为合格选优的重要评价依据。第三，动态评价与静态评价相结合。在依据院校总结进行评价之外，通过数据采集平台，能清晰看到高职院校建设过程中的动态变化，将总量与增量同时纳入评价内容中[①]。

表9-2 我国高职院校合格性评价概况

	示范校	骨干校	优质校
评价时间	2009—2011年	2013—2015年	2018年之后
评价主体	教育主管部门、评价专家、企业、学生家长等社会第三方评价主体		
评价方式	年度绩效评价、数据采集平台、专家综合评价、社会公示		各省自行组织

---

① 陆燕飞，陈嵩. 我国高等职业教育评估制度政策发展探析[J]. 上海教育评估研究，2015，4(3)：9-16.

续表

	示范校	骨干校	优质校
评价内容	1. 项目建设基本情况 2. 建设目标完成情况和成效 3. 重点专业建设与人才培养模式改革成效 4. 高等职业教育改革发展及其对区域经济社会发展贡献 5. 示范与辐射成效 6. 专项资金预算执行情况和使用效果 7. 资金管理情况与存在问题	1. 任务进度 2. 政策支持 3. 预算执行 4. 办学环境 5. 校企合作体制机制 6. 教学改革 7. 教学条件 8. 就业质量 9. 社会贡献 10. 辐射带动 11. 特色与创新	以山东省为例： 1. 体制机制建设情况与成效 2. 一流专业群建设情况与成效 3. 高水平师资队伍建设情况与成效 4. 技术技能积累与社会服务建设情况与成效 5. 信息化建设与应用建设情况与成效 6. 国际合作与交流建设情况与成效 7. 质量管理与保证体系建设情况与成效 8. 特色文化建设情况与成效 9. 自选项目建设情况与成效

3. 水平性评价

我国进入21世纪以来主要进行了由国家主导的两轮高等职业院校人才培养工作水平评估，实施了高职院校质量年报制度，发布高职院校50强榜单，由社会第三方评价机构开展的高职院校排行榜，如"中评榜""中国高职高专学科大类排行榜"，以及由各省尝试探索的评价制度，如辽宁省高等职业院校绩效管理考核指标体系（见表9-3）。高职院校水平性评价的目的主要是观察高职院校发展过程中的效益，从国家外部与院校内部共同保障高职院校建设质量。其手段因评价主体的不同而各有差异。现行我国对于高职院校水平性评价主要呈现出以下特点：第一，逐渐注重分类评价。对不同类型的高职院校进行分类评价，评价指标更具有针对性，增加了评价结果的参考价值。第二，多元价值导向的评价环境。除国家主导的评价之外，各省开始大力探索高职院校评价制度的构建以及社会第三方机构对高职院校评价的日益重视，体现不同价值导向的评价体系纷纷构建出来，有助于多视角透视高职院校建设质量。第三，评价方式注重量化数据。评价通过量化数据的收集并转化为相应的评价分数，使不同院校之间具有一定的对比性，同时丰富了高职院校状态数据，有助于高职院校质量的动态监控。

表9-3　我国高职院校水平性评价概况

	第一轮高职院校水平评估	第二轮高职院校水平评估	高职院校质量年报	第三方高职院校排行榜	地方评价工作
评价时间	2004年	2008年	2012年至今	—	—
评价主体	院校自身、教育主管部门、专家（含行业与企业人员）	学校、企业、学生、第三方评价机构等	第三方评价机构	地方行政部门	
评价方式	院校自评、专业评价、数据采集平台	记分卡、数据量表、问卷调查、案例收集	—	—	

续表

	第一轮高职院校水平评估	第二轮高职院校水平评估	高职院校质量年报	第三方高职院校排行榜	地方评价工作
评价内容	1. 办学指导思想 2. 师资队伍建设 3. 教学条件与利用 4. 教学建设与改革 5. 教学管理 6. 教学效果	1. 领导作用 2. 师资队伍 3. 课程建设 4. 实践教学 5. 特色专业建设 6. 教学管理 7. 社会评价	1. 学生发展 2. 教育教学 3. 政府职责 4. 国际合作 5. 服务贡献 6. 面临挑战	以"中评榜"为例： 1. 办学条件 2. 师资力量 3. 科教产出 4. 学校声誉	以辽宁省高等学校绩效评价为例：采用核心关键要素定量指标 1. 人才培养质量 2. 科学研究水平 3. 社会服务能力

4. 内部保障性评价

我国于 2015 年开始以高等职业院校内部质量保证体系诊断与改进工作作为载体开展内部保障性评价（见表 9-4）。高职院校内部保障性评价一方面旨在实现对高职院校办学条件与办学成效的实时监控，另一方面旨在进一步推动以需求为导向的高职院校内涵深化建设。评价方式在借助高职院校人才培养工作状态数据平台的基础上通过院校自评、专家实地考察以及教育行政部门抽查的方式展开。现行高职院校内部保障性评价主要有以下特点：第一，注重量化数据分析。评价基于高职院校人才培养工作状态数据平台对高职院校建设数据的长时间积累，实现高职院校建设的预警功能，同时辅以专家实地考察，有助于更好地发现高职院校建设过程中存在的问题并及时采取整改措施。第二，注重激发院校评价内驱力。评价主要以学校自评为主，在给予院校最大化个性化发展的同时以数据平台规范高职院校建设的共性要求。

表 9-4 我国高职院校内部保障性评价概况

	高等职业院校内部质量保证体系诊断与改进
评价时间	2015 年
评价主体	院校自身、教育行政部门、专家
评价方式	院校自评、专家评价、数据采集平台
评价内容	1. 体系总体架构（质量保证理念、组织架构、制度架构、信息系统） 2. 专业质量保证（专业建设规划、专业诊改、课程质量保证） 3. 师资质量保证（师资队伍建设规划、师资建设诊改工作） 4. 学生全面发展保证（育人体系、成长环境） 5. 体系运行效果（外部环境改进、质量事故管控、质量保证效果、体系特色）

5. 督导性评价

我国于 2016 年、2018 年、2020 年以高等职业院校适应社会需求能力评估为主要载体开展了三次高职院校督导性评价（见表 9-5）。我国开展督导性评价主要目的是全面了解高职院校办学情况，从院校外部及时发现高职院校建设过程中的症结所在，以立德树人为根本，以服务发展为宗旨，以促进就业为导向加大对高职院校的引领，提高高职院校适应社会需求的能力与水平。评价主要由国务院教育督导委员会统筹，通过院校自评、相关教育部门进行全过程监督并由第三方机构进行分析评估的方式进行评价。现行高职院校督导性评价主要有以下特点：第一，切实贯彻管办评分离。评价以政府进行引导与监督，学院填报评价材料并由第三方机构独立开展评价工作，确保了评价的客观性、公正性。第二，评价注重信息技术运用。在评价指标设计上以数据表、问卷数据以及平台数据等客观量化数据作为支持并通过模型进行评价，避免了专家实地评估所带来的日常教学工作干扰、评价带有主观情怀等弊端的发生。

表 9-5　我国高职院校督导性评价概况

	高等职业院校适应社会需求能力评估
评价时间	2016 年、2018 年、2020 年
评价主体	院校、教育行政部门、第三方机构
评价方式	数据表、调查问卷、数据信息管理分析平台
评价内容	1. 办学基础能力：主要考察学校年生均财政拨款水平，教学仪器设备配置，校舍及信息化教学条件 2. "双师"队伍建设：主要考察学校教师结构与"双师型"教师配备 3. 专业人才培养：主要考察学校的专业人才培养模式，课程体系，校内外实践教学及校企合作情况 4. 学生发展：主要考察学校毕业生获得职业资格证书情况和就业情况 5. 社会服务能力：主要考察学校专业设置，向企事业单位提供技术服务和满足政府购买服务情况

(三)高职院校评价制度的发展特点

1. 评价主体由政府主导转向政府引导，多元参与

以往我国对于高职院校评价主要以国家教育行政部门作为主导，协同专家共同展开评价，如 2004 年的第一轮高职院校水平评估工作。这样往往容易导致政府在评价过程中发生越位、缺位、错位的现象，同时也难以激发高职院校自发的办学活力。随着对高职院校评价工作的逐渐重视，国家意识到要让更多的利益相关者参与到评价中，才能让评价结果更为全面地反映出高职院校存在的问题。如在 2008 年第二轮高职高专评估工作中，便明确指出评价成员中必须包括行业企业人员和一线专任教师[①]。在之后的评价工作中，通过公开评价内容、问卷发放等方式使学生、教师、企业用人单位、媒体等利益相关者有效地参与到评价工作中，而此时政府的角色开始从评价主导者逐渐转变为评价引导者。此外，高职院校的蓬勃发展也使得社会对于高职院校的评价愈发关注，社会第三方评价机构也开始纷纷对高职院校办学水平和质量进行评价并形成了各种高职院校排行榜，如中评榜、全国百所示范性高职院校影响力排行榜、《广州日报》高职高专排行榜等。从初期由政府主导

---

① 徐静茹，郭扬. 我国高等职业教育质量评价制度政策发展探析[J]. 职教论坛，2013(25)：21-24.

转变为如今由政府引导,多元主体参与,更有助于推动相关利益主体关注高职院校建设,形成从社会层面对高职院校办学质量的常态化监督氛围。

2. 评价目的由外部问责转向内外共诊,深化建设

我国高等职业教育发展起步较晚,高职院校在建设初期主要重心在于完善学校的办学条件,所以在评价初期主要聚焦在院校投入层面进行外部问责,讲究对一些规范性建设内容是否达到标准进行评价,如2004年的水平评估将评价结论分为优秀、良好、合格、不合格,侧重于鉴定院校办学水平是否达到国家设置标准。但随着我国高职院校办学条件的逐渐改善,高职院校的建设发展开始从量的扩张转向质的提升,评价目标也由外部问责转向激发院校内部建设驱动力,如质量年报制度、高等职业院校内部质量保证体系诊断与改进等评价的开展,政府在评价过程中更多的是鼓励院校自我诊断、自我规范、自我激励和自我发展,总结办学过程中存在的问题,帮助院校形成常态化的评价制度。同时,在贯彻管办评分离的基础上,我国通过高等职业院校适应社会需求能力评估的开展,其目的不在于问责,而是帮助高职院校共同发现办学问题并协同解决。从以政府问责为主的评价转向学院与政府内外协同,以推动学校深化建设为目标,在这一转变过程中,高职院校从被动接受评价转变为主动开展评价,大大提升了高职院校自身推动办学建设的驱动力。

3. 评价手段由传统单一转向借助平台,多措并举

以前对于高职院校的评价主要采取专家评价的方式,通过专家对院校材料的评审以及实地考察相应院校进行现场评价。这种单一的评价方式一方面难以让更多的评价主体参与进来,另一方面在评价过程中专家的主观判断容易影响评价结果的客观性公正性。随着我国高等职业院校人才培养工作状态数据采集平台的运行,高职院校的评价逐渐实现了基于量化数据的评价,如在示范校、骨干校等项目的建设过程中,通过数据的采集,实现了对建设院校的年度绩效评价,同时在项目验收时能够通过平台数据的变化直观看到建设效益。此外,为了更好地让相关利益主体参与到评价工作中,在采取公示评价结果的基础上,进一步丰富了问卷调查、案例收集等方式。经过多年评价数据的积累,现阶段我国高职院校评价形成了以平台数据为中心,多重措施并举的评价方式,实现了动态与静态评价相结合,通过平台数据实现高职院校办学状态的常态化监控,更好地看到建设成效的增量;此外,多种评价手段提供了多元的评价视角,能够更好地发现高职院校建设的问题盲区。

4. 评价内容由统一标准转向分类评价,量质并重

高职院校间的专业结构、服务区域等方面的差异决定了不同高职院校在发展目标、发展进度等方面会有所不同。起初对于高职院校的评价通常采用统一的标准,如示范校、骨干校遴选、两轮水平性评估。这样容易导致部分高职院校因为专业设置等原因处于劣势,不同类型的高职院校之间也没有可比性。随着评价目标向深化高职院校建设的方向引导,为不同类型院校提供适合的评价体系成为必然趋势。一种是根据不同建设重点进行评价,如在高职院校质量年报中根据不同方面的建设优势,评价教学资源50强、国际影响力50强、服务贡献50强、育人成效50强;另一种是根据专业特色进行评价,如中评榜在基于

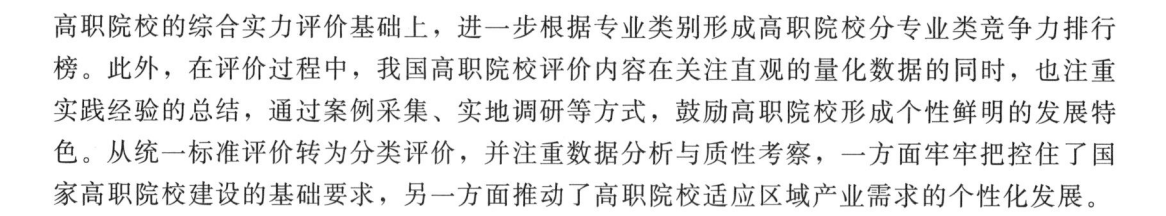

高职院校的综合实力评价基础上，进一步根据专业类别形成高职院校分专业类竞争力排行榜。此外，在评价过程中，我国高职院校评价内容在关注直观的量化数据的同时，也注重实践经验的总结，通过案例采集、实地调研等方式，鼓励高职院校形成个性鲜明的发展特色。从统一标准评价转为分类评价，并注重数据分析与质性考察，一方面牢牢把控住了国家高职院校建设的基础要求，另一方面推动了高职院校适应区域产业需求的个性化发展。

二、"双高"学校绩效评价

"双高"学校的遴选更加强调建设而非"身份"[1]，而"双高"学校的建设的核心则是办学。如今，将绩效评价作为改善高等学校管理、提高学校办学水平的重要举措，成为各国共同的普遍趋势。开展学校的绩效评价，能及时了解资源投入与产出的绩效状况。这一方面有助于帮助学校诊断办学的成效、优点和弱点，促进学校形成和强化成本意识，合理配置投入资源，提高使用效率。另一方面为政府逐步依据学校绩效状况调整财政拨款提供参考，推动学校不断改善内部管理，提高办学效率。"双高"学校的办学水平作为建设实施的地基与起点，对整个"双高计划"的建设与目标的达成度起着重要的基础性作用。因此，在"双高计划"建设实施的初期，有必要对入选"双高计划"的学校开展绩效评价，了解"起点"水平，将绩效评价作为建设策略的起点、标杆与导向，为学校今后明确建设方案与策略打下基础，为教育行政部门指导院校强化优势、补足短板、分类建设提供依据。

(一)评价模型与设计

1. 研究方法与模型

在日渐多元的学校办学绩效评价的方法中，"投入—产出"分析法是最常见、最普遍的评价方法。不过，高职办学是一个多维投入、多维产出的复杂过程，因此，绩效评价指标相对较多，指标内部的关系也较为复杂，无法用简单的评估体系进行计算。数据包络法(Data Envelopment Analysis，DEA)效率评价采用线性规划技术进行非参数分析[2]，引入多个指标在多投入、多产出的模型中进行效率度量。高职学校办学效率的分析要素具有同质性，适合采用 DEA 分析法。因此，本研究拟采用 DEA 模型对 56 所"双高"学校的办学效率进行评估。DEA 效率评价的常用模型有 C^2R、BC^2 等[3]，但是 C^2R、BC^2 模型的有

---

[1] 晋浩天."双高计划"的现在与未来[N]. 光明日报，2019-10-26(4).

[2] 线性规划技术是最常用的一种非参数前沿效率分析方法。以相对效率概念为基础，用于评价具有相同类型的多投入、多产出的决策单元是否有效的一种非参数统计方法。其基本思想是将一个经济系统或一个生产过程看作是一个实体(一个单元)在一定可能的范围内，通过投入一定数量的生产要素并产出一定数量的"产品"的活动，这样的实体(单元)被称为决策单元(Decision Making Units，DMU)，再由众多 DMU 构成被评价群体，通过对投入或产出比率的分析，以 DMU 的各个投入或产出指标的权重为变量进行评价运算，确定有效生产前沿面，并根据各 DMU 与有效生产前沿面的距离状况，确定各 DMU 是否 DEA 有效。

[3] C^2R、BC^2 分别是两个衡量效率的测算模型。其中，C^2R 是指在固定规模报酬情形下，衡量总效率的计算模型；BC^2 是指规模报酬情形下，用来衡量纯技术和规模效率。

效决策单元的效率值均为1,仅能对决策单元做"有效"与"无效"的二维区分[①]。为了弥补这一缺陷,Andersen 和 Petersen 提出了一种超效率模型(super-efficiency,SE-DEA)[②]。SE-DEA 模型对 C^2R、BC^2 模型进行了改进,确保所有决策单元之间能进行效率高低比较,即使部分决策单元的效率值>1,仍为有效的比较单元。因此,SE-DEA 模型使得有效决策单元之间的效率差距得以被显现和衡量[③]。为了避免 C^2R、BC^2 模型的局限,本研究综合采用 C^2R、BC^2、SE-DEA 对 56 所"双高"学校的办学效率进行评价与比较。此外,为了探究"双高"学校办学效率的影响因素,本研究跳出常用的最小二乘法进行回归分析,采用截断数值的 Tobit 分析法[④]。将 DEA 与 Tobit 结合,合成 DEA-Tobit 两步法测算"双高"学校办学效率的影响因素。

2. 评价体系的构建

DEA-Tobit 模型的评价旨在测算投入—产出两个系统的相对效率。投入要素通常分为人力、财力、物力三个方面。在产出指标方面,基于高等职业学校最基本的办学任务,分为教学、产教融合与社会服务三个维度。在遵循实用性、可获得性、鉴别力的指标筛选原则的情况下,整合国内常用的测评指标体系,确定如表9-6所示的"双高"学校绩效评价的初始指标：

表 9-6 "双高"学校绩效指标体系

一级指标	二级指标	三级指标	单位	标记
投入指标	基础性投入	生均占地面积	m^2/人	X1
		生均建筑面积	m^2/人	X2
		生均教学科研及辅助用房面积	m^2/人	X3
		生均实验室、实验场所面积	m^2/人	X4
		生均学生宿舍(公寓)面积	m^2/人	X5
		生均纸质图书册数	册/人	X6
	设施设备投入	生均教学、科研仪器设备值	元/人	X7
		师均教学、科研仪器设备值	元/人	X8
	经费投入	学校年生均财政拨款	元/人	X9
		2018年学校总支出	元	X10

---

① 具体参见：罗杭. 中国理工类"985 工程"大学效率评价[J]. 高等工程教育研究,2017(1)：133-139.

② Per Andersen, Niels Christian Petersen. "A Procedure for Ranking Efficient Units in Data Envelopment Analysis," Management Science 39, No. 10(1993)：1261-1294.

③ Charnes A. Cooper W. W. Rhodes E. "Measuring the Efficiency of Decision Making Units," European Journal of Operational Research 2, No. 6(1978)：429-444.

④ Tobit 模型是指因变量虽然在正值上大致连续分布,但包含一部分以正概率取值为0的观察值的一类模型。参见：William H. Greene. "On the Asymptotic Bias of the Ordinary Least Squares Estimator of the Tobit Model," Econometrica: Journal of the Econometric Society, 42, No. 2(1981)：505-513.

续表

一级指标	二级指标	三级指标	单位	标记
投入指标	人力投入	专业课时总数	学时	X11
		校内专任教师数	人	X12
		"双师"素质专任教师比例	%	X13
		生师比		X14
产出指标	育人成果	学生国家级以上竞赛获奖数	个	Y1
		应届毕业生初次就业率	%	Y2
		国家级教学成果奖数	个	Y3
		国家级职业教育专业教学资源库	个	Y4
	校企合作	校企合作开发课程数	门	Y5
		校企合作开发教材数	册	Y6
	成果转化	企业技术服务人均年收入	元/人	Y7
	国际合作	国(境)外留学生数	人	Y8
	社会培训	非学历培训规模	人/日	Y9

3. 数据来源与说明

本研究的数据分为三类：一是"双高"学校的办学投入与产出数据，来自56所高水平建设高职的《中国特色高水平高职学校和专业建设计划申报书》中获得了相应指标数据。二是第三方评价的排序数据，采用广州日报数据和数字化研究院（GDI智库）发布"2019广州日报高职高专排行榜"的数据；三是外部影响因素的数据，来自《中国统计年鉴2019》的人口、教育、工业、企业、R&D等相关数据。研究对象的基本情况如表9-7所示：

表9-7 56所"双高"学校的基本情况

一级维度	二级指标	样本数量	占比(%)
地区分布	东部	34	60.7
	中部	7	12.5
	西部	13	23.2
	东北	2	3.6
学校类型	综合类	19	33.9
	理工类	25	44.6
	其他类	12	21.4
学校级别	A	10	17.9
	B	20	35.7
	C	26	46.4

4. 评价模型的验证

整合初级评级指标体系与56所抽样学校的数据，通过主成分分析法与相关性检验确定投入与产出的指标。首先，通过 SPSS 21.0 对 14 个投入指标和 9 个产出指标分别进行因素分析，采用主成分分析法对因子进行构造。剔除因子载荷量低于 0.55 的指标以及在多个维度上载荷量都超过 0.55 的指标。投入与产出指标的 KMO 值分别为 0.619 和 0.612（>0.5），巴特利特球形检验显著性均为 0.000（<0.001）。对投入产出指标进行主成分分析提取了 3 个投入因素 IN1(资金设备支持)、IN2(课程相关资源支持)、IN3(人力资源支持)，累计方差贡献率=76.234%；3 个产出因素 OUT1(校企合作成果)、OUT2(教学育人成果)、OUT3(社会服务成果)累计方差贡献率=64.719%。其次，对主成分分析的指标进行无量纲化处理。一是将原始数据进行标准化处理，将每一个指标上的数据都转化为平均值为 0，标准差为 1 的 Z 分数；二是采用阈值法对投入—产出指标进行无量纲化处理。最后，对投入—产出指标进行函数的单调性检验[1]，结果显示各指标之间呈现出正相关，各指标之间的正向关系得到确认。

(二)评价实施与分析

1."双高"院校绩效评价分析

经过指标开发与模型验证，运用 C^2R、BC^2 评估 56 所"双高"院校的基础办学效率。根据 DEA 效率标准，0.8 以上属于效率较高，在 0.5～0.8 之间属于效率中等，在 0.5 以下属于效率较低。[2] 整理 56 所"双高"院校的基础办学效率（表 9-8 所示）发现，整体上来看，56 所"双高"院校办学效率良好，其中，C^2R、BC^2、规模效率[3]等于 1 的院校分别占到了 26.79%、33.93% 和 26.79%；中等效率院校比例依次为 42.86%、37.50% 和 1.79%；低效率的院校占比依次为 1.79%、0% 和 0%。

表 9-8 "双高"院校 C^2R、BC^2 效率分布表

数值分布段	C^2R 学校数	占比(%)	BC^2 学校数	占比(%)	规模效率 学校数	占比(%)
$\theta=1$	15	26.79	19	33.93	15	26.79
$0.8\leq\theta<1.0$	16	28.57	16	28.57	40	71.43
$0.5\leq\theta<0.8$	24	42.86	21	37.50	1	1.79
$\theta<0.5$	1	1.79	0	0.00	0	0.00

在 C^2R、BC^2、规模效率的总体分布之外，参考 $BC^2(\sigma)$、规模效率(Φ)两个指标及其

---

[1] 罗杭，郭珍.2012 年中国"985"大学效率评价——基于 DEA-Tobit 模型的教学—科研效率评价与结构—环境影响分析[J].高等教育研究，2014(12):35-45.
[2] 郭燕芬，柏维春.中国学前教育经费投入效率的 DEA 分析——基于 175 所幼儿园的实证调查[J].教育与经济，2017(6):47-94.
[3] 规模效率是指由于规模因素影响的生产效率。

平均水平（Mean），将 56 所"双高"院校办学效率分为 4 类[①]：第一类（$\sigma>Mean/\Phi>Mean$）、第二类（$\sigma>Mean/\Phi<Mean$）、第三类（$\sigma<Mean/\Phi<Mean$）和第四类（$\sigma<Mean/\Phi>Mean$）。根据两个参数构建绩效分类坐标如图 9-1 所示：

```
                                    σ
                        │
                        │  北京财贸职业学院        温州职业技术学院
                        │  广东轻工职业技术学院    无锡职业技术学院
  北京电子科技职业学院    │  河北工业职业技术学院    芜湖职业技术学院
  北京工业职业技术学院    │  黄河水利职业技术学院    武汉职业技术学院
  海南经贸职业技术学院    │  江苏农牧科技职业学院    西安航空职业技术学院
  宁波职业技术学院        │  金华职业学院            新疆农业职业技术学院
  天津轻工职业技术学院    │  辽宁省交通高等专科学校  长春汽车工业高等专科学校
  天津职业大学            │  山东商业职业技术学院    长沙民政职业技术学院
                        │  山西省财政税务专科学校  浙江金融职业学院
                        │  陕西工业职业技术学院    淄博职业学院
                        │  陕西铁路工程职业技术学院
                        │  上海工艺美术职业学院
                        │  天津医学高等专科学校
                        │                                           Mean
  ──────────────────────┼──────────────────────────────────────── Φ
  滨州职业学院        南宁职业技术学院            常州机电职业技术学院
  常州信息职业技术学院  内蒙古机电职业技术学院      哈尔滨职业技术学院
  福建船政交通职业学院  宁夏职业技术学院            九江职业技术学院
  广州番禺职业技术学院  日照职业技术学院            兰州资源环境职业技术学院
  贵州交通职业技术学院  深圳信息职业技术学院        南京信息职业技术学院
  杭州职业技术学院    深圳职业技术学院            四川工程职业技术学院
  湖南铁道职业技术学院  顺德职业技术学院            浙江机电职业技术学院
  江苏经贸职业技术学院  杨凌职业技术学院
  江苏农牧科技职业学院  重庆电子工程职业学院
  昆明冶金高等专科学校  重庆工业职业技术学院
```

图 9-1 "双高"院校办学效率分类坐标

以 $BC^2(\sigma)$、规模效率（Φ）为横纵坐标，交点为两个指标的平均水平，经过数据运算，得到"双高"院校办学效率分类如图 9-1 所示。其中，第一类，纯技术效率[②]和规模效率都大于平均水平的院校达到 23 所，以金华职业技术学院（$\sigma=1.000$；$\Phi=1.000$）为代表，占比 41.07%；第二类，纯技术效率大于平均水平，但是规模效率小于平均水平的院校有 6 所，以北京电子科技职业学院（$\sigma=0.962$；$\Phi=0.765$）为代表，占比 10.71%；第三类，纯技术效率和规模效率都小于平均水平的院校达到 20 所，以杨凌职业技术学院（$\sigma=0.808$；$\Phi=0.961$）为代表，占比 35.71%；第四类，纯技术效率小于平均水平，但是规模效率大于平均水平的院校有 10 所，以浙江机电职业技术学院（$\sigma=0.655$；$\Phi=0.994$）为代表，占比 12.50%。

因为 C^2R、BC^2、规模效率的区分度不是很好，因此，改进几个基础的效率模型，运用 SE-DEA 模型对 56 所"双高"院校的分类效率评价，按照综合类、理工类和其他类[③]的排序结果如表 9-9 所示。其中，综合类高职以武汉职业技术学院（SE-DEA=2.502）排名最

---

① 此处借鉴了李玲、陶蕾的两类效率分类法。参见：李玲，陶蕾. 我国义务教育资源配置效率评价及分析——基于 DEA-Tobit 模型[J]. 中国教育学刊，2015(4)：53-58.

② 纯技术效率是指由于教育管理和投入资源的使用效率等因素影响的生产效率。

③ 此处借鉴了袁振国、张男星的分类办法。参见：袁振国，张男星，孙继红. 2012 年高校绩效评价研究报告[J]. 教育研究，2013(10)：55-64.

高；理工类高职以黄河水利职业技术学院（SE-DEA＝2.711）排名最高；其他类高职以山西省财政税务专科学校（SE-DEA＝2.804）排名最高。

表 9-9 "双高"院校的 SE-DEA 分类排序

类型	学校	得分	排序	学校	得分	排序
综合类高职	武汉职业技术学院	2.502	1	九江职业技术学院	0.831	10
	金华职业技术学院	1.855	2	广州番禺职业技术学院	0.825	12
	无锡职业技术学院	1.132	3	哈尔滨职业技术学院	0.823	13
	芜湖职业技术学院	1.111	4	杭州职业技术学院	0.765	14
	淄博职业学院	1.076	5	滨州职业学院	0.744	15
	天津职业大学	1.022	6	顺德职业技术学院	0.739	16
	宁波职业技术学院	0.976	7	日照职业技术学院	0.687	17
	深圳职业技术学院	0.873	8	宁夏职业技术学院	0.676	18
	温州职业技术学院	0.872	9	南宁职业技术学院	0.672	19
	杨凌职业技术学院	0.831	10			
理工类高职	黄河水利职业技术学院	2.711	1	四川工程职业技术学院	0.814	14
	长春汽车工业高等专科学校	1.736	2	常州机电职业技术学院	0.806	15
	北京工业职业技术学院	1.323	3	浙江机电职业技术学院	0.664	16
	西安航空职业技术学院	1.236	4	兰州资源环境职业技术学院	0.664	16
	陕西铁路工程职业技术学院	1.030	5	深圳信息职业技术学院	0.659	18
	广东轻工职业技术学院	1.017	6	重庆电子工程职业学院	0.651	19
	河北工业职业技术学院	1.000	7	贵州交通职业技术学院	0.628	20
	辽宁省交通高等专科学校	0.986	8	常州信息职业技术学院	0.620	21
	北京电子科技职业学院	0.971	9	湖南铁道职业技术学院	0.614	22
	天津轻工职业技术学院	0.897	10	重庆工业职业技术学院	0.612	23
	陕西工业职业技术学院	0.857	11	内蒙古机电职业技术学院	0.557	24
	福建船政交通职业学院	0.845	12	昆明冶金高等专科学校	0.481	25
	南京信息职业技术学院	0.840	13			
其他类高职	山西省财政税务专科学校	2.804	1	新疆农业职业技术学院	0.996	7
	北京财贸职业学院	2.025	2	江苏农林职业技术学院	0.974	8
	上海工艺美术职业学院	1.851	3	海南经贸职业技术学院	0.964	9
	长沙民政职业技术学院	1.488	4	天津医学高等专科学校	0.888	10
	山东商业职业技术学院	1.181	5	江苏经贸职业技术学院	0.637	11
	浙江金融职业学院	1.180	6	江苏农牧科技职业学院	0.553	12

2."双高"院校的投入—产出问题分析

DEA-Tobit 模型测算投入—产出的相对效率发现,有 1.79% 的院校 C^2R 办学效率低于 0.5,规模效率达到 1 的"双高"院校仅有 15 所,占比 26.79%。规模效率能够灵敏地反映出"双高"院校的投入—产出问题。若规模效率未达到 1,说明需要调整决策单元的规模[1],根据规模效率加大或缩减投入。通过规模效率检验发现,规模递增的院校有 21 所,在非 DEA 有效的"双高"院校中占比 51.22%,在 56 所"双高"院校中占比 37.50%。这部分院校的产出水平增长比例高于要素投入增长比例,如果所有的投入都增加一倍,产出将增加一倍以上。规模递减的院校有 20 所,在非 DEA 有效的"双高"院校中占比 48.78%,在 56 所"双高"院校中占比 35.71%。这部分院校的产出水平增长比例低于要素投入增长比例,如果所有的投入都增加一倍,产出未必等额增加。

运用松弛变量[2]进一步考察"双高"院校的投入—产出问题。在投入方面,IN1(资金设备支持)投入冗余的院校有 14 所,占比 25%,其中以上海工艺美术职业学院(0.567)为代表,这一类学院小而精,但是经费设备的投入却相当高;IN2(课程相关资源支持)投入冗余的院校有 12 所,占比 21.43%,其中以山西省财政税务专科学校(0.749)为代表,这一类院校从行业院校转过来,专业型师资和兼职师资队伍都比较充盈;IN3(人力资源支持)投入冗余的院校有 10 所,占比 17.86%,其中以武汉职业技术学院(1.561)为代表。在产出方面,OUT1(校企合作成果)产出不足的院校有 45 所,占比 80.36%,其中以辽宁省交通高等专科学校(0.693)为代表;OUT2(教学育人成果)产出不足的院校有 43 所,占比 76.79%,以哈尔滨职业技术学院(0.298)为代表;OUT3(社会服务成果)产出不足的院校有 43 所,占比 76.79%,以顺德职业技术学院(3.820)为代表。因此,根据投入—产出的结构,优化"双高"院校的办学效率和办学能力,依然任重而道远。

3."双高"院校绩效影响因素分析

"双高"院校办学效率受多方面因素的影响。从职业院校办学的制度环境和办学规律出发,办学的区域、院校的类型、院校的级别可能会影响"双高"院校的办学效率。数据分析发现,区域位置对"双高"院校的办学效率有一定的影响。单因素分析发现,各省间 C^2R(F=1.248,p=0.284>0.05)、BC^2(F=1.254,p=0.279)和规模效率(F=0.956,p=0.948)的平均水平差异不显著,超效率(F=4.451,p=0.000)的平均水平差异显著。各省的均值情况如图 9-2 所示。

在学校类型方面,综合类"双高"院校的 C^2R、BC^2、规模效率和超效率平均水平为 0.807、0.847、0.950 和 0.989;理工类"双高"院校的 C^2R、BC^2、规模效率和超效率平均水平为 0.771、0.809、0.951 和 0.924;其他类"双高"院校的 C^2R、BC^2、规模效率和超效率平均水平为 0.889、0.905、0.982 和 1.251。具体如图 9-3 所示。

---

[1] Perelman, Sergio, and Daniel Santín. "How to generate regularly behaved production data? A Monte Carlo experimentation on DEA scale efficiency measurement," European Journal of Operational Research 199, no. 1 (2009): 303-310.

[2] 罗杭,郭珍. 2012 年中国"985"大学效率评价——基于 DEA-Tobit 模型的教学—科研效率评价与结构—环境影响分析[J]. 高等教育研究,2014(12): 35-45.

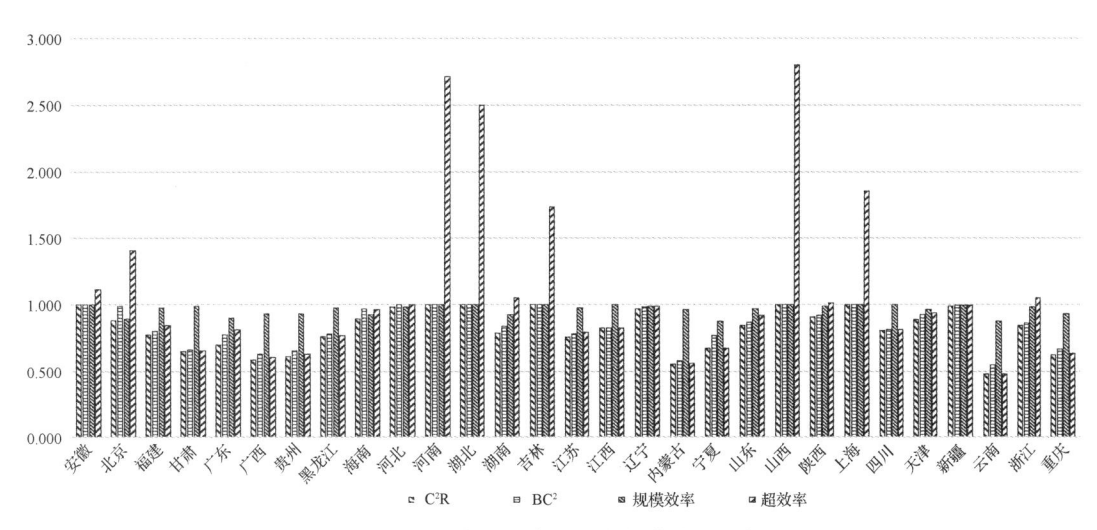

图 9-2 各省份双高院校的办学效率分布

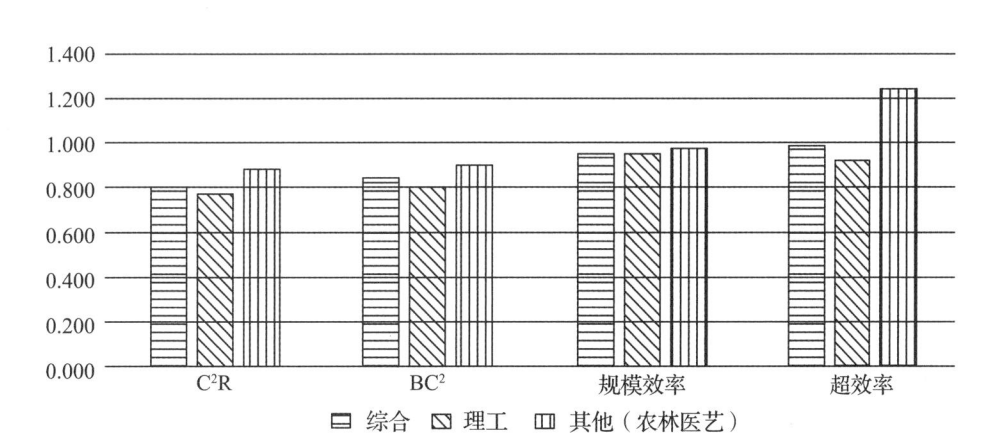

图 9-3 三类"双高"院校的办学效率分布

单因素方差分析发现，综合类、理工类和其他类"双高"院校之间的 C^2R 平均水平 (F=2.274, p=0.113)、BC^2 平均水平(F=1.727, p=0.188)、规模效率平均水平(F=1.902, p=0.159)和超效率平均水平(F=1.880, p=0.163)差异不显著。

在国家"双高计划"的遴选和实施中，"双高"院校划分为了 A、B、C 三类，统计发现，A 类"双高"院校的 C^2R、BC^2、规模效率和超效率平均水平为 0.873、0.929、0.939 和 1.224；B 类"双高"院校的 C^2R、BC^2、规模效率和超效率平均水平为 0.788、0.820、0.958 和 0.878；C 类"双高"院校的 C^2R、BC^2、规模效率和超效率平均水平为 0.809、0.834、0.966 和 1.067。具体如图 9-4 所示。

"双高"建设引领技能社会

[图表：三级"双高"院校的办学效率分布]

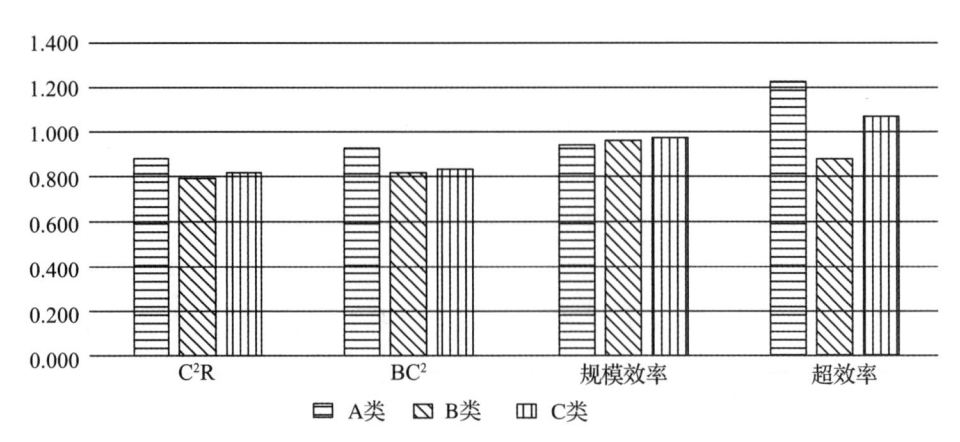

图 9-4 三级"双高"院校的办学效率分布

单因素方差分析发现，A、B、C 类"双高"院校之间的 C^2R 平均水平（$F=0.873$，$p=0.424$）、BC^2 平均水平（$F=1.879$，$p=0.163$）、规模效率平均水平（$F=0.909$，$p=0.409$）和超效率平均水平（$F=1.674$，$p=0.197$）差异不显著。

高职院校的办学效率还可能与办学实力紧密相关。广州日报数据和数字化研究院（GDI 智库）的高职院校年度排行榜在国内比较有影响。根据 GDI 智库的"2019 广州日报高职高专排行榜"数据与 SE-DEA 排行榜进行排位比较，得到结果如图 9-5 所示：

[图表：SE-DEA 排行榜与 GDI 智库的位差比较，包含各院校坐标数据]

SE-DEA

福建船政交通职业学院（31,31,0）

西安航空职业技术学院（9,51,-42）
山西省财政税务专科学校（1,41,-40）
上海工艺美术职业学院（6,45,-39）
陕西铁路工程职业技术学院（16,54,-38）
长春汽车工业高等专科学校（7,44,-37）
河北工业职业技术学院（19,52,-33）
天津轻工职业技术学院（26,56,-30）
天津医学高等专科学校（27,53,-26）
海南经贸职业学院（25,50,-25）
北京财贸职业学院（4,27,-23）
黄河水利职业技术学院（2,24,-22）
武汉职业技术学院（3,22,-19）
杭州职业技术学院（39,55,-16）
天津职业大学（17,32,-15）

北京工业职业技术学院（10,20,-10）
南京信息职业技术学院（32,42,-10）
九江职业技术学院（34,43,-9）
哈尔滨职业技术学院（38,47,-9）
新疆农业职业技术学院（20,28,-8）
温州职业技术学院（29,37,-8）
长沙民政职业技术学院（8,14,-6）
江苏农林职业技术学院（23,29,-6）
宁夏职业技术学院（43,48,-5）
芜湖职业技术学院（14,17,-3）
常州机电职业技术学院（37,39,-2）

宁波职业技术学院（22,9,13）
日照职业技术学院（42,30,12）
淄博职业学院（15,4,11）
深圳信息职业技术学院（45,35,10）
江苏经贸职业技术学院（48,38,10）
无锡职业技术学院（13,5,8）
浙江机电职业技术学院（44,36,8）
内蒙古机电职业技术学院（54,46,8）
山东商业职业技术学院（11,7,4）
广东轻工职业技术学院（18,15,3）
辽宁省交通高等专科学校（21,18,3）
金华职业学院（5,3,2）
浙江金融职业学院（12,11,1）

重庆工业职业技术学院（52,12,40）
顺德职业技术学院（41,8,33）
江苏农牧科技职业学院（55,23,32）
湖南铁道职业技术学院（51,21,30）
广州番禺职业技术学院（35,6,29）
深圳职业技术学院（28,1,27）
重庆电子工程职业学院（46,19,27）
南宁职业技术学院（53,26,27）
杨凌职业技术学院（33,10,23）
四川工程职业技术学院（36,13,23）
北京电子科技职业学院（24,2,22）
常州信息职业技术学院（50,34,16）
昆明冶金高等专科学校（56,40,16）
滨州职业学院（40,25,15）
陕西工业职业技术学院（30,16,14）
兰州资源环境职业技术学院（47,33,14）

贵州交通职业技术学院（49,49,0）

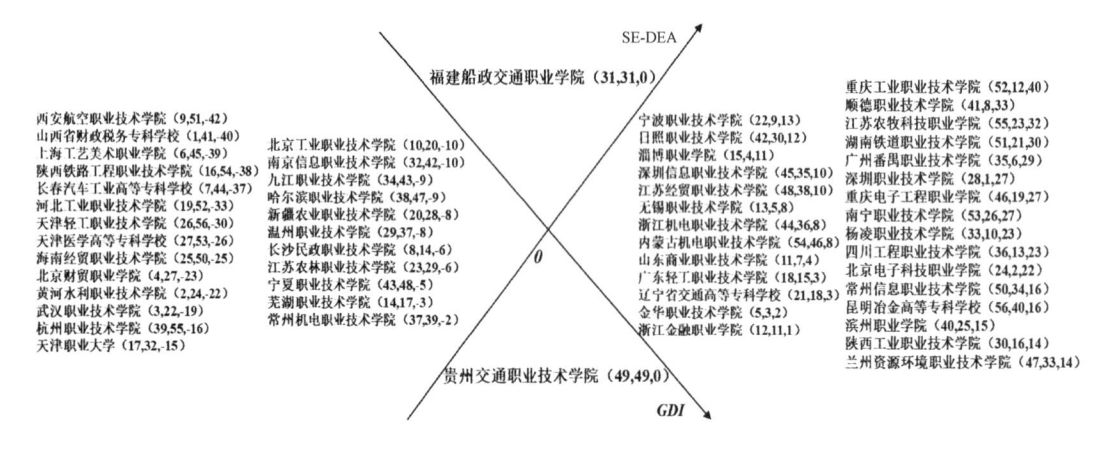

GDI

图 9-5 SE-DEA 排行榜与 GDI 智库的位差比较

（说明：图 9-5 中，SE-DEA 排行榜与 GDI 排行榜形成了一个剪刀差，没有位差的院校在两个排行榜的焦点上；左侧部分是 SE-DEA 排行相对于 GDI 排行靠前的院校；右侧是 SE-DEA 排行相对于 GDI 排行靠后的院校。）

分析发现，SE-DEA 排行榜与 GDI 排行榜之间的相关系数为 0.057，$p=0.677>0.05$，所以，SE-DEA 排行榜与 GDI 排行榜之间并没有高度的正相关。如图 9-5 所示，SE-DEA 排行榜与 GDI 排行榜之间，两个排行榜中没有位差的仅有福建船政交通职业学院和贵州交通职业技术学院，占比 3.57%；SE-DEA 排位相对于 GDI 排位靠后的院校有 29

所，占比51.79%，这类院校以重庆工业职业技术学院为例，在GDI排行第12，但是办学的超效率仅仅排行第52，位差达到40位；SE-DEA排位相对于GDI排位靠前的院校有25所，占比44.64%，这类院校以西安航空职业技术学院为代表，在GDI排行第51，但是办学的超效率排行却在第9，位差达到42位。

除外部因素的影响之外，投入—产出的结构也是影响"双高"院校办学效率的因素。通过截断数值的Tobit分析法发现，OUT1、OUT2、OUT3、IN1、IN2、IN3的系数分别为0.176、0.104、0.136、−0.046、−0.080、−0.135，调整后的R^2为0.454，$\chi^2=38.208$，$p=0.000$，AIC=61.937，BIC=78.140，故而拟合度良好（表9-10）。

表9-10 绩效影响因素的回归分析

score	Coef.	St. Err.	t-value	p-value	[95% Conf	Interval]
OUT1	0.176	0.038	4.66	0.000	0.100	0.252
OUT2	0.104	0.035	2.98	0.004	0.034	0.173
OUT3	0.136	0.043	3.14	0.003	0.049	0.222
IN1	−0.046	0.039	−1.19	0.242	−0.125	0.032
IN2	−0.080	0.031	−2.63	0.011	−0.142	−0.019
IN3	−0.135	0.024	−5.54	0.000	−0.184	−0.086
Constant	0.936	0.260	3.60	0.001	0.414	1.459
var(e.score)	0.133	0.025	.b	.b	0.091	0.194
Mean dependent var		1.028	SD. dependent var			0.518
R-squared		0.454	Number of obs			56.000
Chi-square		38.208	Prob > chi^2			0.000
Akaike crit.(AIC)		61.937	Bayesian crit.(BIC)			78.140

注：*** $p<0.01$，** $p<0.05$，* $p<0.1$。

从产出指标来看，校企合作成果对办学效率的影响最大，并且呈现正向的影响，即校企合作的成果越多，学校的办学效率越高；从投入指标来看，当前情况下，所有投入指标与办学效率之间呈现负相关，即投入越多，绩效越低，其中影响最大的指标是资金设备的投入。

(三) 评价结果与讨论

1. "双高"院校办学效率中等及偏下占比过大，非DEA有效的问题严重

首先，从整体上来看，56所"双高"院校办学效率较高，其中，C^2R、BC^2、规模效率等于1的院校分别占到了26.79%、33.93%和26.79%。中等效率的院校依次达到42.86%、37.50%和1.79%，C^2R效率偏低的院校占1.79%。其次，从各种效率的内部结构来看，56所"双高"院校中纯技术效率和规模效率都小于平均水平的达到17所，占比

30.36%。最后，规模效率分析发现，非DEA的院校有41所，占比达到73.21%。其中，规模递增的院校有21所，在56所"双高"院校中占比37.50%；规模递减的院校有20所，在56所"双高"院校中占比35.71%。出现这种情况的原因有三：一是入选"双高计划"的56所院校全部是国家示范高职院校或国家骨干高职院校单位，国家示范高职院校大约占到了其中的四分之三，前期基础都相当不错[1]，因此，56所"双高"院校的基础办学效率良好。二是国家和社会对"双高"院校投入的产出有一定的时间滞后性[2]，在人财物各方面要素的投入后，需要一定的时间再产生效益，因此，并非所有的投入都会即刻产生效益。三是投入与产出之间需要办学过程的作用，各类要素结构与"双高"院校所处地区、学校特点、规模相互作用后产生效益，因此，出现非DEA有效的情况难以避免。不过非DEA有效的比例过高说明"双高"院校的办学投入与产出决策单元亟待调整。

2. "双高"院校投入冗余产出不足的问题明显，亟待优化内部要素结构

首先，"双高"院校投入转化周期性不足，要素投入与配置效率有待改善。资金设备支持投入冗余的院校有14所，占比25%；课程资源支持投入冗余的院校有12所，占比21.43%；人力资源支持投入冗余的院校有10所，占比17.86%。其次，"双高"院校办学产出效率偏低，产出不足的比例不低。校企合作成果产出不足的院校有45所，占比80.36%；教学育人成果产出不足的院校有43所，占比76.79%；社会服务成果产出不足的院校有43所，占比76.79%。产出不足的根本原因在于"双高"院校自身的办学能力不足。而投入冗余、产出不足的原因大概有三点：一是虽然"双高"院校在高职队伍中处于领先地位，但是在整个高等教育体系中，办学条件、师资队伍、社会服务能力等还是处于低水平状态[3]。二是受制于中国职业教育的发展环境，职业教育的吸引力依旧有限[4]，高职院校在生源获取、社会捐赠等方面获得的支持与帮助都处于劣势。三是在整体投入与支持有限的条件下，"双高"院校陷入了资源稀缺的"两难困境"，一方面，能够获得的资源有限，在投入中没有选择，只能将有限要素尽可能多地投入。另一方面，因为资源稀缺与支持有限，高职院校的基础办学能力相对较差，对资源的消化、吸收和处理能力相对较弱，因而，"双高"院校投入冗余、产出不足的问题明显。

3. "双高"院校办学效率受制于内部要素结构，外部因素影响效用受限

"双高"院校办学效率受多方面因素的影响。首先，截断数值的Tobit分析法发现OUT1（校企合作成果）、OUT2（教学育人成果）、OUT3（社会服务成果）、IN1（资金设备支持）、IN2（课程相关资源支持）、IN3（人力资源支持）的系数分别为0.176、0.104、0.136、−0.046、−0.080、−0.135，调整后的R^2为0.454。可见，"投入—产出"的内

---

[1] 柯婧秋，王亚南. 高水平高职院校的特征及建设路向——基于56所高水平高职院校申报书的文本分析[J]. 中国职业技术教育，2020(10)：25-34.

[2] Robert M. McNab Francois Melese. "Implementing the GPRA：Examing the Prospects for Performance Budgeting in the Federal Government,"Public Budgeting & Finance 23, No.2(2003)：73-95.

[3] 石伟平，李鹏. 中国职业教育发展报告2018[R]. 上海：2019：15-18.

[4] 李鹏，朱德全. 读职校有用吗？——美国职业教育个人收益的元分析与启示[J]. 清华大学教育研究，2018(1)：109-116.

部要素结构很大程度上影响了"双高"院校办学效率。其次，综合类、理工类和其他类"双高"院校之间的 C^2R、BC^2、规模效率和超效率平均水平差异不显著，A、B、C 类"双高"院校之间 C^2R、BC^2、规模效率和超效率的平均水平差异也不显著。最后，办学的区域对"双高"院校办学效率的影响有限，各省间 C^2R（F＝1.248，p＝0.284＞0.05）、BC^2（F＝1.254，p＝0.279）和规模效率（F＝0.956，p＝0.948）的平均水平差异不显著，超效率（F＝4.451，p＝0.000）的平均水平差异显著。SE-DEA 排行榜与 GDI 排行榜之间的相关系数为 0.057，p＝0.677＞0.05，并没有高度的正相关。外部因素对"双高"院校办学效率影响有限的根本原因在于职业教育产教融合的深度有限，"壁炉效应"十分明显。从目前"双高"院校的办学情况来看，以行业企业作为办学主体的"双高"院校较少，校企合作成果产出不足的院校有 45 所，占比 80.36%，因此，在产教融合、校企合作不够深入的情况下，"双高"院校的办学效率基本上还是由教育系统的内部要素结构决定，区域经济、人口等相关因素对"双高"院校的办学效率影响比较有限。

三、以评促改、以评促建

在新的历史机遇期，加强职业教育的评价和督导成为职业教育改革的重要内容。2018 年，全国教育大会提出了反对"五唯"的改革思想。2019 年，《国家职业教育改革实施方案》提出了"加强职业教育办学质量督导评价"的改革思路。2020 年，《深化新时代教育评价改革总体方案》审议通过，确立了新时代中国教育评价的新战略。因此，在新时代的"双高"院校治理中，依托科学的评价促进"双高"院校改革是职业教育现代化治理的重要战略。

基于上文"双高"学校绩效评价的结果，为提高办学效率，落实"双高计划"，政府和"双高"院校要采用"效率优先，兼顾公平"的策略，精准配置要素投入，深化职业院校治理现代改革，提高教学质量，优化社会服务，深化产教融合与校企合作，全面提高办学效益。

(一)优化"双高"院校资源投入，精准分配各类资源，提高资源的使用效率

办学效率的问题在根本上就是资源投入与使用的问题。从"双高"院校办学效率的评价结果来看，"双高"院校办学效率中等及偏下占比过大，非 DEA 有效的问题严重。因此，未来"双高"院校的办学在资源要素的投入和使用上，要坚持"效率优先、兼顾公平"的原则，优化"双高"院校资源投入，精准分配各类资源，提高资源的使用效率。

首先，确保人、财、物各类资源要素投入相对稳定，适当增加高职教育资源要素的投入总量。在国家大力发展职业教育的政策支持下，我国高等职业教育的各类投入显著增加，但是，相较于高等教育、普通教育的资源投入，职业教育的要素投入还是相对较少[1]。"蛋糕足够大，才能分得均匀"是最基本的经济学原理，因此，在常规投入和各类项目投入的基础上，适当增加高等职业教育投入总量是优化投入产出，提高办学效率的重要

---

[1] 成刚. 更多的教育投入能带来更好的教育吗？[J]. 北京师范大学学报(社会科学版)，2019(2)：38-51.

前提。

其次,变革项目制的资源投入与分配机制,按照效率优先的法则分配教育投入。虽然高职院校获得的央财项目个数与院校的学生规模、经费收入和学生就业产出存在显著的正向相关关系。但是,"项目制诱使高职院校偏离市场、向上争取资源,产生一定的效率损失,背离了'社会平衡器'的功能定位"[①]。因此,从"吃老本"的项目制分配方式转向"讲效率"的市场分配方式是新时代双高建设资源配置改革的重要方向。

最后,在效率优先的分配机制上,适当兼顾公平,提高资源的使用效率。虽然"双高计划"坚持效率优先,但是从高职教育的整体生态发展来看,还是要适当兼顾公平。在此基础上,根据资源的总量与院校的实际需求精准分配,优化院校内部治理,提高各类资源使用效率。

(二)深化"双高"院校三教改革,全面提升教学质量,推进院校治理现代化

"双高"院校投入转化周期性不足,要素投入与配置效率有待改善。"双高"院校投入冗余和产出不足问题本质上是由于学校治理能力不够造成的。因此,要提高"双高"院校的办学效率,首先要全面推进院校治理的现代化改革。政府及有关部门和学校要明确高职院校的功能定位,确立其治理目标,根据学校的实际情况进行治理体系机制的改革,对高职院校多元治理主体形式与地位的确定,从顶层设计层面提升行业企业相关利益者参与学校治理的积极性,在促进多元主体利益共赢的前提下,推进院校协同治理。

另外,重点实施"双高"院校的三教改革,有效提升"双高"院校的教学质量。一是提升教师高阶教学能力,以教学方式改革为突破口,关注学生差异,实施差异化教学,提升学生学习效率。二是深化教材改革。特别要与行业企业密切合作,关注行业企业实际的工作知识与发展趋势,保证内容严谨性、实用性、可行性;优化资源配置,完善校内专业资源库的同时与行业企业、相关院校共同加强专业教学资源库建设;健全学校教材管理与使用制度,避免教材选择随意、滥用、无效等问题,根据学生的实际情况与需求,结合行业企业的发展特点选择有针对性的教材。三是深化"双高"院校的教学改革。各"双高"院校根据专业、学生和教师的实际情况,与行业企业共议,适当提高教学内容标准,并通过行业企业共教、校校联合、校内教研等方式,切实将教学内容标准与课程和教学融合,提高专业教学质量。

(三)优化产教融合校企协同,创新育人平台机制,提高"双高"院校办学效益

数据分析发现,外部因素对"双高"院校办学效率影响有限的根本原因在于职业教育产教融合的深度有限,校企合作成果产出不足的院校有45所,占比80.36%。事实上,产教融合、校企合作是职业教育发展的重要支撑,同时也是职业教育的功能所在。面对行业企业在高职教育多元办学主体中地位不高的情况,"双高"院校必须优化产教融合校企协同,创新育人平台机制,提高办学效益。具体来说,一是通过制度变革与顶层设计,优化产教融合校企协同,创新育人平台机制。重点通过"1+X"证书制度让职业院校对接行业企业需

---

① 刘云波,杨钋.项目制下的高职院校分化研究[J].中国高教研究,2020(4):98-104.

求，紧密校企协作，加强行业企业多元主体地位，形成校企、产教协作载体，构建与实际生产更为贴近的产教融合育人平台。二是在国家政府层面，要引导学校专业群与产业链的对接。在专业建设的起点位置就与行业企业共同协作，从制度与标准层面着手，与行业企业共同制定相关的制度与标准，尤其在标准的制定上以行业企业为主，学校为辅，形成切实可行的、与行业企业实际需求相符合的职业技能等级证书标准，以"1+X"证书为抓手，将行业企业的实际生产知识与前沿技术融合到"1+X"证书的课程体系与专业教学之中。三是从院校层面来看，在办学改革与人才培养的过程中要加强与行业企业的沟通交流。在教学内容、教学标准等方面与行业企业密切合作，创新人才培养模式，将行业企业内容充分融入学校教学之中，以"X"为载体，加强行业企业在学校教学中的作用，协同合作，加强校企合作的深度与内涵。

第十章 全面提升中国职业教育国际竞争力

"双高"建设引领技能社会

在经济全球化的背景下,国家竞争力是一个国家参与全球经济治理和提升制度话语权的重要支撑。人才是创新的源泉,是国家硬实力和软实力的根本。教育是国家创新体系的根基,职业教育对于培养技能人才、推动实体经济的发展及提升国际竞争力具有举足轻重的作用。发展高等职业教育,培养高端技能人才是提升国际竞争力的重要举措;发挥优质高等职业教育资源作用,培养优秀技能人才是关键之举。世界上许多发达国家都非常重视职业教育[1]。发达国家的经验证明,没有发达的职业教育,就不可能实现工业化和现代化。提高中国职业教育水平,需要积极引进国外优质职业教育资源,努力拓展职业学校毕业生的海外就业市场[2]。中国职业教育国际化的三大核心目标是:引进人才和输出教育、巩固和拓展国际网络、提升教育体系的国际认可度,以提高我国职业教育发展水平,扩大中国职业教育的国际影响。

一、逐步提升职业教育的国际地位和影响

目前,教育领域的国际竞争越来越激烈,只有那些有经验、有能力、有声望,并能够适应时代需求的学校,才能在国际竞争中立于不败之地。从全球竞争力贡献因素分析,教育尤其是职业教育在其中占有重要分量。有研究表明,竞争力决定了一个经济体生产水平的制度、政策及其他要素的集合,包括数量和质量要素。一级指标包括要素驱动、效率驱动、创新驱动,教育在18项指标中占据2项,分别为基础教育入学率、教育创新力。我国教育在14项教育指标中,有6项严重落后于我国整体竞争力,分别为中等教育入学率(排名第90位)、高等教育入学率(排名第79位)、教育系统的质量(排名57位)、管理院校的质量(排名68位)、专业性质的供应(排名55位)、职工培训(排名45位),我国教育的质量以及职业教育发展水平亟待提高[3]。根据世界经济论坛发布的《2015—2016全球竞争力报告》,排名前10的经济体依次为:瑞士、新加坡、美国、德国、荷兰、日本、中国香港、芬兰、瑞典、英国。瑞士连续7年被评为世界最具竞争力的经济体,新加坡连续5年位居第2,美国连续2年位居第3。中国位居28位,与2014—2015年度持平[4]。中国尚处于效率驱动的发展阶段,未进入创新驱动的发展阶段,技术就绪度、高等教育和培训成为明显的制约因素,并且还会影响其他指标。

我国教育经过多年的快速发展,综合实力已跃居世界中上水平。教育是提升国际竞争力的关键因素,我国仅有基础教育具有竞争优势,其他教育相关指标的表现在国际竞争中

---

[1] 李岚清. 李岚清教育访谈录[M]. 北京:人民教育出版社,2004:424.
[2] 李岚清. 李岚清教育访谈录[M]. 北京:人民教育出版社,2004:424.
[3] 对外经济贸易大学教育与开放经济研究中心课题组. 现代职业教育体系与国家竞争力年度报告(2015年)[M]. 北京:教育科学出版社,2017:477-478.
[4] 对外经济贸易大学教育与开放经济研究中心课题组. 现代职业教育体系与国家竞争力年度报告(2015年)[M]. 北京:教育科学出版社,2017:2.

均处于劣势，部分指标严重落后于中国全球竞争力总排名[①]。这表明教育对中国全球竞争力的影响基本上是负面的，而随着中国经济社会转型升级，教育发展与社会经济不匹配的问题更加凸显，表现在中等教育和高等教育的入学率，以及在职业培训方面的投入不足、质量不高。

联合国工业组织提供的数据表明，我国的劳动技能指数仅居世界第59位[②]。在全球竞争力指标体系的114项指标中，有10项指标与职业教育和培训有关，而我国的这10项指标均排在40位之后，远落后于自身的全球竞争力总排名。因此，我国若要提升全球竞争力，从效率驱动发展到创新驱动，必须补齐职业教育这块短板，使其由中国提升全球竞争力排名的制约因素转变为驱动要素[③]。

二、应对国际高端技能人才竞争

从世界范围看，专科层次的职业教育也占相当的比重。德国的专家认为，高专就是最高层次的职业教育，德国高专的教育内容，基础理论讲得并不深，只讲"必须"和"够用"，要求严格。

学习职业教育发达国家的经验，首先要推动职业教育立法。时任国务院副总理李岚清在参阅国务院特区办公室的内参《国际经济调研》时，认为一篇介绍德国职业教育的文章很好，即批示给当时的国家教委负责同志参阅，希望加速职业教育法的立法进度。随后他又参加了职业教育的国际研讨会，研究了美国教育立法，听取了有关人士对我国教育立法的建议，再次要求国家教委借鉴国外的经验，结合我国的实际，加速职业教育法草案的起草进度[④]。

2004年的全国人才工作会议上，党中央提出了要树立科学人才观和高技能人才的概念。胡锦涛提出高技能人才是推动技术创新和实现科技成果转化的重要力量，高技能人才短缺已成为制约经济持续快速增长的一个重要原因，需要通过学校教育培养、企业岗位培训、个人自学提高等方式，加快高技能人才培养。一是要以制造业为重点加速培养高技能短缺人才；二是要大力培养发展现代服务业需要的高技能人才；三是要高度重视为农业现代化培养高素质人才。

高职教育的发展也参考了国外经验，例如美国的社区学院。据时任国务院副总理李岚清回忆，说到为什么要建立职业教育性质的职业技术学院，当时也参考了一些国家的做法。例如在美国，高等职业教育也是在第二次世界大战以后才加快发展起来的。那时，美

---

① 对外经济贸易大学教育与开放经济研究中心课题组.现代职业教育体系与国家竞争力年度报告（2015年）[M].北京：教育科学出版社，2017：13.
② 周济.办好人民满意教育，建设人力资源强国[M].北京：人民教育出版社，2014：229.
③ 对外经济贸易大学教育与开放经济研究中心课题组.现代职业教育体系与国家竞争力年度报告（2015年）[M].北京：教育科学出版社，2017：16.
④ 李岚清.李岚清教育访谈录[M].北京：人民教育出版社，2004：413.

国有大量的退伍军人,为了解决他们的复员就业问题,就在社区建立了职业教育中心,让他们去学习,主要是培训技能,效果很好。其中一部分转为社区学院,逐渐发展成为可以提供互相结合的三种模式的教育:一是职业教育,二是大学一、二年级的通识教育,三是短期培训。我国的职业技术学院也要建立与普通高校相互沟通、衔接的机制,使高职的毕业生可以进入普通高校继续学习,对于以前的学习,承认其学分[①]。从 1996 年到 2006 年,高等职业院校全日制培养的毕业生累计超过 800 万人,目前在校生已经接近 800 万人,高等职业教育培养了大批高素质高技能专门人才,为经济和社会发展做出了积极贡献。从发展方向和目标来看,我们的高职教育要比美国的社区学院和日本的短期大学更清楚;从针对知识经济的兴起来看,我国的高职教育要比德国的"双元制"和澳大利亚的 TAFE 更胜一筹[②]。

三、开展与一流国际职业教育资源的交流合作

发达国家将国际教育看作经济增长和提升软实力的主要支柱。英国因其卓越的教育品质在全球享有盛誉,在世界范围内是仅次于美国的第二大留学目的地国。英国教育部与国际贸易部日前共同发布一份国际教育战略报告《国际教育战略:全球潜力,全球增长》,设定了两个国际教育发展目标:到 2030 年,每年教育出口值提高到 350 亿英镑,国际学生总数提高到 60 万人。为此实施五个跨领域战略行动,包括委派一名"国际教育先锋"带领海外营销活动的先头部队,开拓国际机会,在新的、完善的市场中构建强有力的国际合作,并帮助应对各种挑战和消除各种障碍;确保国际贸易部发起的营销英国留学的"优质教育在英国"计划向更多国际受众推介英国教育的丰富性与多样性;瞄准四个高价值地理区域,分别是中国、中东和北非地区、拉美国家及东盟各国,这些区域之所以具有高价值和高潜能,是因为它们具有以下共同特征:政府优先投资教育与研究的驱动力,日益扩大的中等收入群体对于获得最好的学习体验的需求,朝着技能知识和服务迈进的日益多元化的经济增长。瑞士近年来不断加大教育出口的力度,持续巩固瑞士教育体系的优势,有众多私营的职业教育培训学校和大专层次的专业教育与培训机构,不断地加大在当地市场的渗透力度,扩大广度,满足当地学生的教育需求。瑞士政府认为,学术型教育和职业教育与培训的体系应该在国家和国际层面获得同样的社会认可度。因此,应充分发挥双轨职业教育与培训模式的作用,不断提升瑞士教育质量的国际认可度。瑞士的海外企业与职业教育机构一道,在海外目标国家教育市场中不断移植和扩充瑞士双轨制职业教育项目,在这些国家不断确立和完善双轨制职业教育培训体系[③]。

职业教育是生产商品化、社会化、现代化的重要支柱。职业教育的发展对一些发达国家的经济发展起了重要作用,已经引起世界各国的普遍关注,成为世界范围内教育改革的

---

① 李岚清. 李岚清教育访谈录[M]. 北京:人民教育出版社,2004:421-422.
② 周济. 办好人民满意教育,建设人力资源强国[M]. 北京:人民教育出版社,2014:238.
③ 骆毅. 瑞士鼓励教育融入世界发展[N]. 中国教育报,2019-11-29.

一项重要内容。我国职业教育从路子和模式上来讲，都是相当不成熟的，理论准备不足，而没有理论指导的实践会成为盲目的实践。因此，急需加强职业教育理论研究，总结实践经验，重视借鉴国外的有益经验，把实践和探索中的感性认识上升到理论高度。

(一)引进一流教学资源

1. 引入德国"双元制"

在 20 世纪 80 年代，我国就已经引入了"双元制"职业教育[①]，纳入到中国正规化的大规模的职业技术教育体系，为我国职业教育的发展提供了许多借鉴与参考。时任国务委员兼国家教委主任李铁映回忆说，他到国家教委工作的时候，主要抓的一件事，就是借鉴德国的"双元制"教育[②]，使我国职业教育逐步走向制度化、规划化。1989 年，李铁映出席中国—德国"双元制"职业技术教育研讨会，并发表题为"加强职业技术教育是教育改革和发展的重点工程"的讲话，提出要共同总结试点经验，进一步发展国际的教育交流与合作，博采各国之长，从中国的实际出发，这对中国和联邦德国在职业技术教育方面的合作与交流起到了推动作用[③]。

1985 年成立的天津中德职业技术学院，是国内第一所从职业技术学院升格为应用技术大学的学校。天津中德职业技术学院暨天津中德培训中心，是中国与德国、西班牙、日本三国政府在职业教育领域最大的合作项目，率先完整引进德国"双元制"职业教育模式和"企业培训师"教育模式，全面引进日本企业管理与经营培训教育模式，建立"中西机床培训中心"。学院与德国柏林工程应用科技大学(TFH)和德国瓦伦跨企业培训中心(UEAZ)建立了校际合作关系，与大火箭、空客、天航、麦格纳(汽车零部件供应商)、德马吉(数控机床)等企业，采用订单培养，引进国际 IHK 标准或行业企业标准，联合培养企业需要的高技能人才。

2009 年 11 月 29 日，"中德职教合作三十周年庆典暨中德职业教育合作发展论坛"召开，中德教育界人士全面地回顾和总结了 30 年来取得的一系列成就和经验。回顾中德职教合作 30 年的经验，其中重要的经验之一就是借鉴"双元制"促进校企合作。20 世纪 90 年代末，中国职业教育行业研究核心小组成立，旨在结合中国行业的实际需要，学习德国行业在"双元制"职业教育上的成功经验，推动职业教育的发展，全国职业院校也开始积极寻求与行业企业合作培养高技能专业人才。德国"双元制"模式是将学校本位模式与企业本位模式合二为一的办学模式，参加职业培训的学生在选定一个具体的培训职业后，一方面在职业学校接受相关职业专业理论和普通文化知识教育，另一方面在企业接受各职业的实际

[①] 双元制教育起源于德国，至今已有几百年历史，它指的是一种企业和职业学校共同为办学主体的职业教育模式，企业内的实训场地又分为专为培训设置的实习车间和实际的生产车间。受训者在企业接受培训的时间约占整个培训时间的 70%。企业培训主要使受训者更好地掌握"怎么做"的问题。职业学校以理论教学为主，主要解决受训者在实训技能操作时"为什么这么做"的问题。教学时间约占整个培训时间的 30%左右。理论学习中，职业专业课与普通文化课的比例大约是 7∶3。以双元制为代表的职业教育被公认为是成就德国世界强国地位和保持富裕水平最为重要的手段。

[②] 李铁映. 中国教育改革发展探索——李铁映论教育(下卷)[M]. 北京：人民教育出版社，2014：5.

[③] 李铁映. 中国教育改革发展探索——李铁映论教育(上卷)[M]. 北京：人民教育出版社，2014：251.

操作技能和专业知识培训。这种职业培训制度充分体现了企业与职业学校紧密结合、实践与理论相互衔接的双元结构特点,被称为战后德国经济腾飞的"秘密武器"①。

德国"双元制"职业教育在中国经过了多年的探索和实践,走出了一条特色发展之路。各地中德构建合作,以"仿创结合"的思路为指导,形成了本土化创新实践的工作模式,"国际化+本土化"成为建设中国特色、世界水准现代职业教育体系的一项重要举措。

专栏 10-1　德国"双元制"职业教育模式在太仓经济开发区

太仓经济开发区创办于 1991 年,1993 年 11 月被省人民政府批准为省级开发区。自 1993 年第一家德国企业——克恩·里伯斯落户以来,随着企业数量的不断增加,德资工业园初具规模,现已成为太仓经济开发区的一大特色。进区的德资项目以精密机械加工和汽车配件制造为主体产业,技术含量高、附加值高、投资规模大、占地面积少,一些公司的产品技术水平居国际同行业领先地位。德资工业园已成为太仓经济开发区的一个招商品牌,成为开发区提高科技含量和优化产业结构的重要阵地,成为德国工商界知名的中国经济开发区之一,使太仓成为全国德资企业最密集的地区之一,也使太仓成为德国企业投资中国的首选地,被寓为"中国的德企之乡"。为进一步增强在太德资企业的发展后劲,2001 年,由江苏省和德国巴符州两地政府共同组建了一个专门为德资企业培训专业员工的培训中心,采用德国"双元制"教学模式,每届容纳 24 名学员,每年定期招生,滚动发展,为越来越多来太仓投资的德资企业提供源源不断的高素质专业员工。太仓经济开发区现拥有健雄职业技术学院、太仓职业技术中心校、太仓德国企业专业工人培训中心、德国巴伐利亚技术工人培训中心、舍弗勒(中国)培训中心等众多院校和培训中心,已成为培养高级"蓝领"的摇篮。德国"双元制"教育、产学研结合、订单式培养等多种先进人才培育模式得到广泛推行,为区内企业源源不断输送人才,堪称"中德合资合作的典范"。

——资料来源:太仓经济开发区[EB/OL].

---

2. 引入澳大利亚 TAFE 模式

2005 年 9 月 27 日,澳大利亚高等职业教育的领头羊北悉尼学院来到重庆,宣布与重庆房地产职业学院合作,将 TAFE 教育引入重庆大学城。重庆房地产职业学院通过全面引进北悉尼学院 TAFE 教育,开创了重庆职业大学发展之先河。学院通过把脉大学生就业难的问题,发现其关键在于学生学习与需求的严重脱节。而引进 TAFE 模式,将是解决这一问题的重要途径。据学院统计,引进 TAFE 模式不到两年,学院毕业生就业率超过 97%,提升立竿见影。其他职业院校纷纷效仿,如重庆电子工程职业学院在总结提炼参与中澳职教项目成果的基础上,提出了继续进行 TAFE 试验的几项工作:进一步树立客户需求为导向的职业教育理念,完善教学资源建设和教育与培训质量标准建设,推进"356"学院核心工程建设,促进中职、高职、应用本科和普通本科"学习通道"的建立,形成国际化的开放性办学格局②。

3. 引入现代学徒制

从世界范围来看,德国、瑞士、英国、日本、澳大利亚、新西兰等国家都广泛开展了

---

① 吴月辉. 中德职教合作 30 年在借鉴交流中推进职教改革[N]. 人民日报(海外版),2009-12-04.
② 吕红,王荣辉. 借鉴澳洲职教经验进一步探索试验 C—TAFE 办学模式[J]. 中国职业技术教育,2007(35):20-21.

现代学徒制。这是一项旨在深化产教融合、校企合作，进一步完善校企合作的育人机制，创新了技术技能人才培养模式。2014年8月，教育部印发《教育部关于开展现代学徒制试点工作的意见》，制订了工作方案。2015年8月5日，教育部遴选165家单位作为首批现代学徒制试点单位和行业试点牵头单位。2017年8月23日，教育部确定第二批203家现代学徒制试点单位。2018年8月2日，教育部公布第三批194个现代学徒制试点单位。现代学徒制是通过学校、企业深度合作，教师、师傅联合传授，对学生以技能培养为主的现代人才培养模式。它的主要特征是：学生双身份，既是学徒又是学生；教学双主体，学校和企业都是教学主体；双师资培育；教学过程双控制；学校和企业双收益。与普通大专班和以往的订单班、冠名班的人才培养模式不同，现代学徒制更加注重技能的传承，由校企共同主导人才培养，设立规范化的企业课程标准、考核方案等，体现了校企合作的深度融合。现代学徒制有利于促进行业、企业参与职业教育人才培养全过程，实现专业设置与产业需求对接，课程内容与职业标准对接，教学过程与生产过程对接，毕业证书与职业资格证书对接，职业教育与终身学习对接，提高人才培养质量和针对性。向老牌制造业强国学习现代学徒制的人才培养模式，是对传统工学结合人才培养模式的递进。

4. 引入国际化专业教学标准

2012年6月，教育部根据《关于借鉴国外先进经验开展职业教育部分专业教学标准开发试点工作的通知》的文件要求，组织上海市和天津市借鉴国外先进经验，分别开展了职业教育50个专业教学标准的开发试点。其中，上海以现代服务业领域的专业为重点，试点主体是中等职业教育；天津以先进制造业领域的专业为重点，试点主体是高等职业教育。在教育部相关文件精神指导下，上海市教委在2012年开发了13个国际水平专业教学标准，2013年又继续开发了39个国际水平专业教学标准，完成了教育部开发50个左右国际水平专业教学标准的任务。52个国际水平专业教学标准在开发过程中，分别借鉴了美国、德国、澳大利亚、英国、日本等9个国家和地区，以及欧盟等国际组织的相关职业能力标准。已开发的教学标准更加注重职业通用能力与职业素养，如岗位操作安全、节能与环保、团队合作、法规等，并有具体要求的描述。上海市教委在2015年继续扩大国际化教学试点实施的专业和学校，在市中职专业教学标准"升级"过程中，合理吸收国际水平专业教学标准开发和试点实施的成果，使上海中职专业教学标准成为与国际水平相接轨的标准。

天津市教委于2012年、2013年分两批先后遴选了50个紧贴先进制造业、战略性新兴产业、现代服务业等重点领域的专业，开展国际化专业教学标准的开发工作。经过3年的开发与实践，天津市已顺利完成了50个国际化专业教学标准的开发任务。通过开展试点工作，加强了职业教育的国际交流，深化了职业教育的中外合作办学，推动了国内外优质职业教育资源的互补与共享。如天津中德职业技术学院基于中外合作办学的需要，分别于第一批、第二批开发了7个国际化专业教学标准。在首先进行试点的汽车检测与维修技术国际化专业教学标准开发项目，邀请德国专家奥尔曼参与其中。国际化专业教学标准基本要素包括：课程标准、教学团队标准、环境（开设条件）标准和评价标准。通过开发国际化专业教学标准，国际水平在课程理念、职业能力标准、课程模式、教学模式、开发技术、开发团队等方面得到了不同程度的体现①。

(二)开展多层次项目合作

除了教学资源的引进,我国还重视搭建高层次国际职业教育交流合作的政策对话平台,在机构建设、师资交流、院校办学等方面开展多层次、宽领域的项目合作。

1990年设立的教育部职业技术教育中心研究所,因德国"双元制"而生,在建设上参考了德国联邦职业教育研究所模式。2011年5月12日,时任我国教育部职业技术教育中心研究所所长、教育部职业教育与成人教育司巡视员王继平与德国联邦职业教育研究所(BIBB)所长代表、国际合作与咨询服务部主任Michael Wiechert在北京签订了合作谅解备忘录。德国联邦职业教育研究所是一个直属于德国教育和科学部的职业教育权威性指导机构,是唯一的一个联邦级的职业教育研究所,成立于1970年,目前坐落在波恩,有固定员工600多人。该研究所扮演德国职业教育系统规划设计师的角色,共设有四个部门,第一个部门是国际合作部,主要是为欧洲部及以外的课题提供研究和咨询。第二个部门是完全开展研究的部门,主要任务一是研究职业培训的质量,二是研究培训师及培训师的激励,三是研究欧洲的资格框架和德国职业框架。第三个部门是项目部,主要开展试点项目的活动,比如联邦政府出资支持义务教育阶段学生(九年级、十年级学生)了解职业教育和培训的项目,联邦政府出资支持手工业协会建立跨企业培训中心的项目等。项目部还对培训师进行培训,搭建企业培训师的平台。第四个部门主要负责职业的现代化、课程研究与课程制订、进修及一些科研项目②。2006年8月25日,教育部办公厅印发《教育部办公厅关于组织实施"中国高等职业教育联合革新计划——高职教师教育与培训"项目的通知》,该项目由教育部向联合国教科文组织职业教育国际中心申请,由教育部高教司、学位管理与研究生教育司和中国联合国全国教科文组织全国委员会秘书处联合组织协调与指导,由项目专家组和参与学校负责落实项目的具体实施工作。项目旨在更好地借鉴国外高等职业教育师资建设的先进经验,加强高职师资的对外交流。2007年9月15日,该项目正式启动,参与单位有天津中德职业技术学院、宁波职业技术学院、天津大学职业技术教育学院、同济大学职业技术教育学院等15家单位③。

2008年,教育部决定设立"高职院校领导海外培训项目",拓宽高职院校管理队伍的国际视野,由中国教育国际交流协会负责组织实施。2009年,首批21所高职院校领导共同完成了针对美国社区学院办学模式的考察培训项目,有效提升了高职学校领导的分析判断能力、科学决策能力和系统设计能力。

2013年11月1日,由中国教育部和荷兰教育、文化与科学部主办,中国教育国际交

---

① 吕景泉.漫谈中德职教[M].北京:高等教育出版社,2015:100.
② 徐红岩.联邦职业教育研究所:德国职业教育系统规划的总设计师[J].职业技术教育,2014,35(30):44-45.
③ 杨金土.30年重大变革——中国1979—2008年职业教育要事概录[M].北京:教育科学出版社,2011:494-495.

流协会与荷兰高等教育国际交流协会承办的中荷职业教育政策对话及合作研讨会在北京召开。来自荷兰20余所应用技术大学和高职院校及相关协会代表，国内40余所中高职院校和应用技术大学及相关教育主管部门代表共计200余人参加。中荷双方教育部和学校代表就双方职业教育体系、职业教育和应用科技类大学国际合作情况，以及未来在职业教育领域合作的前景等话题进行了深入讨论。时任中国教育部副部长鲁昕，荷兰教育、文化与科学部高等教育、职业教育和科研总司长Hans Schutte先生，时任中国教育部职业教育与成人教育司司长葛道凯，时任发展规划司副司长陈锋等出席会议。会议期间，中国教育部与荷兰教育、文化与科学部签署合作意向书，中国教育国际交流协会也与荷兰高等教育国际交流协会续签合作执行协议。本次会议增进了双方对对方国家教育，特别是职业教育和应用技术教育的理解，明确了中荷双方职业教育合作的方向，标志着中荷职业教育双边合作机制的进一步建立。

2019年，应德国联邦政府邀请，国务院副总理孙春兰于6月24日至27日赴德国出席中德职教创新对话论坛，和德国联邦教研部长卡利切克共同出席论坛开幕式并发表主旨讲话。孙春兰表示，希望中德双方合作迈上高水平，共同提高职业教育质量。来自中德两国政府、职教行业、院校、研究机构和企业的代表150余人出席本次论坛，双方围绕两国职教发展的制度设计、政策举措和实践经验等进行了交流。

专栏10-2　中英联手提升职教学生创新创业技能

由中英创新创业教育联盟（北京）牵头组织的首都职教国际青年创新创业技能大赛暨第三届中英"一带一路"国际青年创新创业技能大赛北京赛区比赛在北京财贸职业学院举行，北京17所职业院校46支参赛队伍260名师生参赛。

中英"一带一路"国际青年创新创业技能大赛由英国国家创新创业教育中心（NCEE）主办。北京市教委和英国国家创新创业教育中心自2018年签署合作协议以来，借鉴英国创新创业教育经验，推动双创教育本土化发展。积极构建"专业+课、赛、创"职教双创育人体系，引导学生深入学习创业和商业知识与技能，在实战模拟过程中不断促进创新创业实践。

依托中英双方打造的首都职教赛事平台，北京推动建立国际化双创技能竞赛体系，为职业院校教师提供中英创新创业教育教学实践案例和最新研究成果。北京赛事期间，中英国际合作、师资培训、融合课程建设等成果累累，举办双创师资培训近50期，覆盖30余所院校，培训教师近600人，覆盖学生千人次；共建首批在京"中英创新创业教育示范院校"8所。

（三）举办世界性职教大会

我国历来重视职业教育的国际对话，进入21世纪后，我国频繁举行世界性职教大会，彰显了我国在世界职业教育舞台的重要地位。2007年7月20日，2007年高等职业教育国际研讨会在青岛召开。来自德国、美国、荷兰、加拿大等国家的高职院校和研究机构专家学者，以及国内高等职业教育研究专家、高等职业教育院校负责人和企业界代表200余人参加了会议。论坛本着"交流、合作、发展"的态度，旨在搭建国际高职教育对话平台，围绕经济全球化背景下高等职业教育办学模式的主题，就职业教育的学科建设、教育模式、

"双高"建设引领技能社会

教育体制、教师专业化、工学结合、课程体系、发展趋势等热点、难点问题进行了探讨[①]。

2012年5月14—16日,第三届国际职业技术教育大会在上海举办。117个联合国教科文组织成员和72个国际组织的800多名代表参加了会议。国际职业技术教育大会系联合国教科文组织举办的全球性大会,前两届分别于1987年和1999年在德国柏林和韩国首尔召开。此次会议以"培养工作和生活技能"为主题,重点探讨如何改革和发展职业技术教育,以确保所有参加职业教育的人均能获得工作和生活所需的技能。这次全球对话促成了《上海共识》的诞生。《上海共识》提出了将职业技术教育与培训体系的分析和预期发展成果相联系的构想,同时也为职业技术教育与培训体系改革和政策制定提出了建议。

2013年,经世界职业教育院校联盟(World Federation of Colleges and Polytechnics,WFCP)[②]董事会成员一致同意,中国教育国际交流协会获得"世界职业教育院校联盟2014年世界大会"的承办权。2014年10月24日至26日,第八届"世界职业教育院校联盟(WFCP)2014年世界大会"在北京国家会议中心召开,这是世界职业教育院校联盟世界大会首次在亚洲召开。此次大会是继中国政府与联合国教科文组织联合举办的2012年国际职业技术教育大会之后的又一次国际职教盛会。大会的主题是"全球合作:共建美好未来",聚焦世界职教改革发展的最新趋势和动向,由职教论坛、国际职教展、职教院校合作洽谈会以及青年领袖营等交流活动组成。大会旨在帮助广大职教院校与国际合作伙伴建立联系,相互学习,相互借鉴,加强校际合作,进一步激发职教院校办学活力,促进我国职业教育的国际化发展。时任教育部副部长鲁昕,世界职教院校联盟主席、加拿大应用技术和职业学院协会主席Denise Amyot,教育部原副部长、中国教育国际交流协会会长章新胜等领导出席大会。来自全球55个国家和地区的高等职业院校、应用技术大学、职教机构的代表齐聚北京,分享经验,互动交流。会上,天津中德职业技术学院获得了首届卓越奖的国际合作金奖,这在国内职业院校中尚属首例。

2017年7月4日,国际职业技术教育大会中期推进会在唐山南湖国际会展中心隆重开幕。联合国教科文组织及相关机构代表、各国教育部官员、职业技术教育领域国际机构和非政府组织代表、教育部相关司局和地方教育管理部门、国内外专家学者、学校、教育机构的近500名代表齐聚唐山,共同讨论未来职业教育的发展道路,开启"中国职教·世界视角"的新篇章。本次会议由中国教育部、联合国教科文组织、德国教育部、中国联合国

[①] 杨金土.30年重大变革——中国1979—2008年职业教育要事概录[M].北京:教育科学出版社,2011:494-495.

[②] 世界职业教育院校联盟(World Federation of Colleges and Polytechnics,WFCP)是一个由各国职业院校、大专院校、职业教育机构组成的会员组织,是职业技术教育领域的非政府国际组织,代表世界上42个国家和地区的职教机构。WFCP世界大会每两年举行一次,是世界范围内职业技术教育国际合作与交流的盛会,是大型民间国际职教大会。下属会员主要包括全国性或地区性的职业技术型高等院校联合性组织,如美国社区学院协会(AACC),加拿大社区学院协会(ACCC),澳大利亚技术和继续教育校长委员会(TDA)、英国学院联盟(AOC)等;也有部分院校、教育机构及其他非政府组织和行业组织参加。WFCP会员单位遍布各大洲,其秘书处设在加拿大社区学院协会。2012年,中国教育国际交流协会作为中国职业院校的代表正式加入WFCP,并被推选成为其常务理事单位。

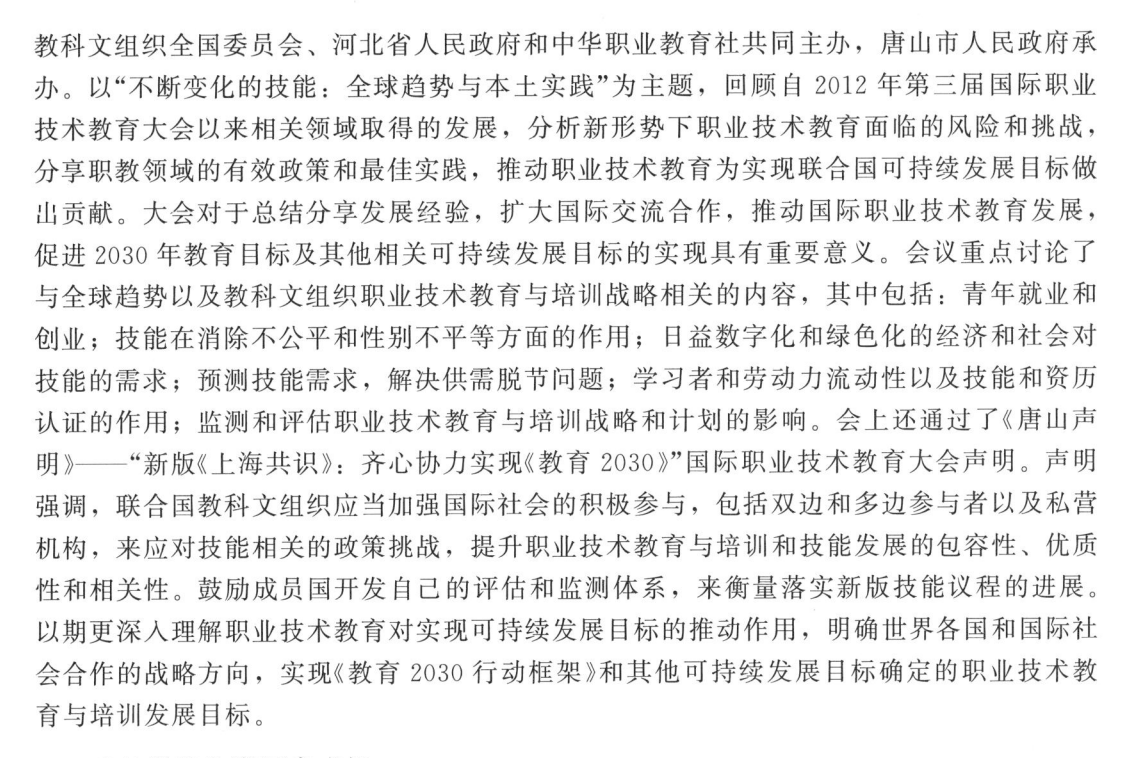

教科文组织全国委员会、河北省人民政府和中华职业教育社共同主办，唐山市人民政府承办。以"不断变化的技能：全球趋势与本土实践"为主题，回顾自 2012 年第三届国际职业技术教育大会以来相关领域取得的发展，分析新形势下职业技术教育面临的风险和挑战，分享职教领域的有效政策和最佳实践，推动职业技术教育为实现联合国可持续发展目标做出贡献。大会对于总结分享发展经验，扩大国际交流合作，推动国际职业技术教育发展，促进 2030 年教育目标及其他相关可持续发展目标的实现具有重要意义。会议重点讨论了与全球趋势以及教科文组织职业技术教育与培训战略相关的内容，其中包括：青年就业和创业；技能在消除不公平和性别不平等方面的作用；日益数字化和绿色化的经济和社会对技能的需求；预测技能需求，解决供需脱节问题；学习者和劳动力流动性以及技能和资历认证的作用；监测和评估职业技术教育与培训战略和计划的影响。会上还通过了《唐山声明》——"新版《上海共识》：齐心协力实现《教育 2030》"国际职业技术教育大会声明。声明强调，联合国教科文组织应当加强国际社会的积极参与，包括双边和多边参与者以及私营机构，来应对技能相关的政策挑战，提升职业技术教育与培训和技能发展的包容性、优质性和相关性。鼓励成员国开发自己的评估和监测体系，来衡量落实新版技能议程的进展。以期更深入理解职业技术教育对实现可持续发展目标的推动作用，明确世界各国和国际社会合作的战略方向，实现《教育 2030 行动框架》和其他可持续发展目标确定的职业技术教育与培训发展目标。

(四)借鉴先进研究成果

职业技术教育与培训（TVET）是促进社会参与、竞争力、社会和平、繁荣及高就业率的关键要素，这一点已成为全球共识。这些内容，特别是基于工作场所的学习，在 2012 年第三届国际职业技术教育大会达成的"上海共识"所提出的各项建议中占据显要位置。"他山之石可以攻玉"。在推进职业教育现代化的进程中，需要学习和借鉴发达国家的先进理念和经验，并努力使之中国化，形成符合我国国情的教育理论体系和模式机制，开展对国外职业教育的系统研究，反映国际职业教育研究的最新成果，推动职业教育理论建设。

时任教育部副部长鲁昕主译的《技能促进增长——英国国家技能战略》，包括《21 世纪的技能——实现英国的潜能》《世界一流技能——英格兰实施里奇技能报告》《技能促进增长——国家技能战略》《技能投资战略》《国家技能战略（2009）——平等影响评估》《国家技能战略——分析性文件》和《2009 年学徒、技能、儿童与学习法案》（第 22 章）7 份英文报告，分别从职业教育政策、国家技能战略、技能与学习法案三个层面，较全面地介绍了英国职业教育的最新变化和发展，所揭示的教育理念、制度机制、管理举措等，对我国教育特别是职业教育的研究和发展有较高的借鉴意义，也可供相关领域的政策制定者和研究人员参考。

2011 年，由华东师范大学石伟平教授主编、外语教学与研究出版社出版的"职业教育经典译丛"，汇集了来自德国、法国、英国、美国、日本、俄罗斯等国的知名专家关于国际职业教育研究领域的关键问题和热点话题，如［英］海伦·瑞恩博德等主编的《情境中的工作场所学习》，［德］克劳斯·贝克著的《职业教育教与学过程》，［德］葛洛曼等主编的《国际视野下的职业教育师资培养》，[英]琳达·克拉克、克里斯托弗·温奇主编的《职业教育：国际策略·发展与制度》，给人以耳目一新的感觉。如《情境中的工作场所学习》切中职业教育学校本位的弊端。还有[澳]杰克·基廷等著，杨蕊竹译的《变革的影响：九国职业教育与培训体系比较研究》一书，第一章阐述了研究目的、研究对象、研究方法、具体的研究变量，以及欧洲、东亚、美洲3个地区的9个国家作为比较研究对象的选取依据和对各国特点的概括性介绍；第二至第四章，分别对欧洲的法国、德国、英国（第二章），东亚的中国、日本、新加坡（第三章），美洲的智利、墨西哥、美国（第四章），共9个国家的教育与培训体系在变革压力下出现的特征及其改革动向，进行了详细阐述。每个国家的分析研究都包括5个方面的基本内容，即经济、教育体系、初次职业教育、继续职业教育以及职业教育与培训体系的发展方向和问题；第五章是总结，作者通过国际比较研究提炼出了一些比较明显的趋势。

除了翻译借鉴引进国外职业教育研究的最新成果，近些年来，我国通过开展更加深入和"精细化"的研究引入国际先进思想、理论模型和测评方案等。如通过引进符合学生认知规律，而且满足职业教育发展规律以及技术标准和社会规范要求的教学诊断工具，帮助我们对职业院校的教育质量及其学生的能力水平进行比较，为职业教育决策提供科学可靠的实证基础，并对职业教育课程教学改革提供方法支持。

专栏 10-3　中德合作开展学生综合职业能力测评

德国"职业能力与职业认同感测评项目"（COMET）是世界上第一次采用严格的心理测评方法，对职业院校学生职业能力、职业承诺和职业认同感发展情况进行的大规模标准化测评（Large-Scale-Diagnostic），其内涵相当于职业教育的 PISA 国际学生评估项目。COMET 能力模型和测评模型的理论基础是设计导向的职业教育思想、行动导向教学、发展性任务、职业成长的逻辑规律和工作过程知识等先进的职业教育理论，它们在国际职业教育研究和实践中已经得到广泛认同。

2008年，德国不莱梅州和黑森州的9所职业学校的700名"能源与楼宇技术和运行技术"方向的电工专业学生首次参加职业能力测评。2009年，COMET项目与北京市职业院校教师素质提升工程（CDP）结成合作伙伴，将北京地区的7所职业院校（如"双高"学校的北京电子科技职业学院）的831名机电类专业学生纳入职业能力测评和研究范围，项目的初步成果受到广泛关注。2010年，教育部人文社会科学课题"高等职业院校工学结合一体化课程的开发和实施"纳入综合职业能力的诊断研究，并在四川和广东等地扩大了实证测量的范围。2017年，职业能力测评被纳入到教育部高等职业院校专业评估的试点工作中。

——资料来源：赵志群，Felix Rauner. COMET 职业能力测评方法手册[M]. 北京：高等教育出版社，2018：1.

附录　中国特色高水平高职学校和高水平专业建设计划建设单位名单

（同一档次内按国务院省级行政区划顺序及校名拼音排序）

第一类：

高水平学校建设单位（A档）

学校名称	专业群名称
北京电子科技职业学院	汽车制造与装配技术、药品生物技术
天津职业大学	眼视光技术、包装工程技术
江苏农林职业技术学院	现代农业技术、园林技术
无锡职业技术学院	数控技术、物联网应用技术
金华职业技术学院	机械制造与自动化、学前教育
浙江机电职业技术学院	机械制造与自动化、智能控制技术
山东商业职业技术学院	市场营销、云计算技术与应用
黄河水利职业技术学院	水利水电建筑工程、测绘地理信息技术
深圳职业技术学院	通信技术、电子信息工程技术
陕西工业职业技术学院	机械制造与自动化、材料成型与控制技术

第二类：

高水平学校建设单位（B档）

学校名称	专业群名称
北京工业职业技术学院	机电一体化技术、工程测量技术
天津医学高等专科学校	护理、药学
河北工业职业技术学院	黑色冶金技术、电气自动化技术
辽宁省交通高等专科学校	道路桥梁工程技术、汽车运用与维修技术
常州信息职业技术学院	软件技术、信息安全与管理
江苏农牧科技职业学院	畜牧兽医、食品药品监督管理
南京信息职业技术学院	通信技术、电子产品质量检测
杭州职业技术学院	电梯工程技术、服装设计与工艺
宁波职业技术学院	应用化工技术、模具设计与制造

续表

学校名称	专业群名称
浙江金融职业学院	金融管理、国际贸易实务
日照职业技术学院	水产养殖技术、建筑工程技术
淄博职业学院	电气自动化技术、新能源汽车技术
长沙民政职业技术学院	现代殡葬技术与管理、老年服务与管理
广东轻工职业技术学院	精细化工技术、产品艺术设计
广州番禺职业技术学院	艺术设计、珠宝首饰技术与管理
深圳信息职业技术学院	软件技术、移动通信技术
顺德职业技术学院	家具设计与制造、制冷与空调技术
重庆电子工程职业学院	物联网应用技术、信息安全与管理
重庆工业职业技术学院	模具设计与制造、汽车检测与维修技术
杨凌职业技术学院	农业生物技术、水利工程

第三类：

高水平学校建设单位(C档)

学校名称	专业群名称
北京财贸职业学院	会计、连锁经营管理
天津轻工职业技术学院	模具设计与制造、光伏发电技术与应用
山西省财政税务专科学校	会计、市场营销
内蒙古机电职业技术学院	电力系统自动化技术、机械制造与自动化
长春汽车工业高等专科学校	汽车制造与装配技术、新能源汽车技术
哈尔滨职业技术学院	机电一体化技术、电子商务
上海工艺美术职业学院	工艺美术品设计、产品艺术设计
常州机电职业技术学院	工业机器人技术、模具设计与制造
江苏经贸职业技术学院	电子商务、老年服务与管理
温州职业技术学院	鞋类设计与工艺、电机与电器技术
芜湖职业技术学院	机电一体化技术、食品营养与检测
福建船政交通职业学院	航海技术、安全技术与管理
九江职业技术学院	船舶工程技术、物联网应用技术
滨州职业学院	护理、机械制造与自动化
武汉船舶职业技术学院	船舶工程技术、轮机工程技术
湖南铁道职业技术学院	铁道机车车辆制造与维护、铁道机车
南宁职业技术学院	建筑室内设计、软件技术
海南经贸职业技术学院	旅游管理、国际经济与贸易
四川工程职业技术学院	数控技术、焊接技术与自动化

附录 中国特色高水平高职学校和高水平专业建设计划建设单位名单

续表

学校名称	专业群名称
贵州交通职业技术学院	道路桥梁工程技术、汽车运用与维修技术
昆明冶金高等专科学校	有色冶金技术、测绘工程技术
陕西铁路工程职业技术学院	高速铁道工程技术、城市轨道交通工程技术
西安航空职业技术学院	飞机机电设备维修、无人机应用技术
兰州资源环境职业技术学院	应用气象技术、金属精密成型技术
宁夏职业技术学院	畜牧兽医、机电一体化技术
新疆农业职业技术学院	种子生产与经营、畜牧兽医

高水平专业群建设单位（A档）

学校名称	专业群名称
北京农业职业学院	园艺技术
北京信息职业技术学院	信息安全与管理
天津电子信息职业技术学院	软件技术
天津现代职业技术学院	无人机应用技术
邢台职业技术学院	汽车检测与维修技术
山西工程职业学院	黑色冶金技术
辽宁农业职业技术学院	园艺技术
长春职业技术学院	计算机网络技术
黑龙江农业经济职业学院	作物生产技术
黑龙江建筑职业技术学院	市政工程技术
江苏建筑职业技术学院	建筑装饰工程技术
浙江建设职业技术学院	工程造价
安徽机电职业技术学院	工业机器人技术
安徽商贸职业技术学院	电子商务
福建信息职业技术学院	物联网应用技术
江西应用技术职业学院	国土资源调查与管理
山东科技职业学院	服装设计与工艺
黄冈职业技术学院	建筑钢结构工程技术
武汉职业技术学院	光电技术应用
湖南工业职业技术学院	数控技术
湖南工艺美术职业学院	刺绣设计与工艺
湖南汽车工程职业学院	汽车智能技术
重庆城市管理职业学院	老年服务与管理
成都航空职业技术学院	飞行器制造技术

续表

学校名称	专业群名称
四川交通职业技术学院	道路桥梁工程技术
兰州石化职业技术学院	石油化工技术

高水平专业群建设单位(B档)

学校名称	专业群名称
北京劳动保障职业学院	老年服务与管理
天津交通职业学院	物流管理
石家庄铁路职业技术学院	铁道工程技术
唐山工业职业技术学院	动车组检修技术
山西机电职业技术学院	数控技术
山西职业技术学院	大数据技术与应用
内蒙古化工职业学院	煤化工技术
黑龙江职业学院	数控技术
黑龙江农业工程职业学院	农业装备应用技术
常州工程职业技术学院	应用化工技术
江苏工程职业技术学院	现代纺织技术
江苏海事职业技术学院	航海技术
江苏食品药品职业技术学院	食品加工技术
南通航运职业技术学院	航海技术
苏州工艺美术职业技术学院	工艺美术品设计
苏州农业职业技术学院	园林工程技术
浙江交通职业技术学院	道路桥梁工程技术
浙江经济职业技术学院	物流管理
浙江经贸职业技术学院	电子商务
浙江旅游职业学院	导游
安徽水利水电职业技术学院	水利水电建筑工程
福州职业技术学院	软件技术
黎明职业大学	高分子材料加工技术
漳州职业技术学院	食品加工技术
江西财经职业学院	会计
江西环境工程职业学院	林业技术
江西交通职业技术学院	道路桥梁工程技术
济南职业学院	机电一体化技术
青岛职业技术学院	服装与服饰设计

附录 中国特色高水平高职学校和高水平专业建设计划建设单位名单

续表

学校名称	专业群名称
山东畜牧兽医职业学院	畜牧兽医
山东交通职业学院	汽车运用与维修技术
威海职业学院	建筑工程技术
潍坊职业学院	电气自动化技术
烟台职业学院	模具设计与制造
河南工业职业技术学院	机电一体化技术
河南农业职业学院	种子生产与经营
河南职业技术学院	数控技术
许昌职业技术学院	机电一体化技术
郑州铁路职业技术学院	铁道机车
武汉铁路职业技术学院	动车组检修技术
襄阳职业技术学院	特殊教育
长沙航空职业技术学院	飞行器维修技术
湖南化工职业技术学院	应用化工技术
广东科学技术职业学院	软件技术
广东水利电力职业技术学院	水利水电建筑工程
广州铁路职业技术学院	铁道供电技术
广西职业技术学院	茶树栽培与茶叶加工
柳州职业技术学院	机电设备维修与管理
重庆电力高等专科学校	发电厂及电力系统
重庆工程职业技术学院	机电一体化技术
重庆工商职业学院	物联网应用技术
成都纺织高等专科学校	服装设计与工艺
成都职业技术学院	软件技术
四川建筑职业技术学院	建筑工程技术
铜仁职业技术学院	畜牧兽医
陕西国防工业职业技术学院	机电一体化技术
陕西职业技术学院	旅游管理
酒泉职业技术学院	风力发电工程技术
宁夏工商职业技术学院	应用化工技术

第四类：

高水平专业群建设单位（C档）

学校名称	专业群名称
北京交通运输职业学院	城市轨道交通运营管理
天津渤海职业技术学院	环境工程技术
沧州医学高等专科学校	临床医学
承德石油高等专科学校	石油工程技术
河北化工医药职业技术学院	药品生产技术
秦皇岛职业技术学院	审计
石家庄邮电职业技术学院	邮政通信管理
石家庄职业技术学院	建筑工程技术
内蒙古建筑职业技术学院	供热通风与空调工程技术
渤海船舶职业学院	船舶工程技术
辽宁机电职业技术学院	工业过程自动化技术
辽宁经济职业技术学院	物流管理
沈阳职业技术学院	机械设计与制造
吉林交通职业技术学院	道路桥梁工程技术
吉林铁道职业技术学院	铁道机车
哈尔滨铁道职业技术学院	城市轨道交通工程技术
南京铁道职业技术学院	铁道交通运营管理
南通职业大学	建筑工程技术
苏州工业职业技术学院	智能控制技术
无锡商业职业技术学院	市场营销
徐州工业职业技术学院	高分子材料工程技术
浙江工贸职业技术学院	光电制造与应用技术
浙江警官职业学院	刑事执行
浙江商业职业技术学院	电子商务
浙江艺术职业学院	戏曲表演
安徽医学高等专科学校	护理
江西外语外贸职业学院	电子商务
东营职业学院	石油化工技术
青岛酒店管理职业技术学院	酒店管理
山东职业学院	城市轨道交通车辆技术
湖北交通职业技术学院	新能源汽车技术
湖北职业技术学院	护理
武汉电力职业技术学院	发电厂及电力系统

附录 中国特色高水平高职学校和高水平专业建设计划建设单位名单

续表

学校名称	专业群名称
长沙商贸旅游职业技术学院	餐饮管理
湖南交通职业技术学院	道路桥梁工程技术
湖南生物机电职业技术学院	种子生产与经营
岳阳职业技术学院	护理
东莞职业技术学院	电子信息工程技术
广东工贸职业技术学院	测绘地理信息技术
广东机电职业技术学院	数控技术
广东食品药品职业学院	中药学
广州民航职业技术学院	飞机机电设备维修
中山火炬职业技术学院	包装策划与设计
广西建设职业技术学院	建筑工程技术
重庆航天职业技术学院	智能控制技术
重庆三峡医药高等专科学校	中药学
重庆三峡职业学院	畜牧兽医
重庆医药高等专科学校	药学
成都农业科技职业学院	休闲农业
四川邮电职业技术学院	通信技术
贵州轻工职业技术学院	大数据技术与应用
昆明工业职业技术学院	物流管理
云南机电职业技术学院	机电一体化技术
陕西能源职业技术学院	煤矿开采技术
咸阳职业技术学院	学前教育
新疆轻工职业技术学院	应用化工技术

后　　记

　　职业教育是一个国家和地区经济社会发展的基石，是其核心竞争力提升的根源。近年来，党中央对职业教育的重视程度之高前所未有，推动职业教育改革发展的力度之大前所未有，中国职业教育迎来的重大发展机遇前所未有，彰显了新时代职业教育的重要地位和作用。作为新时代职业教育改革发展的政策红利，"双高计划"建设的启动，标志着我国高职教育进入了从"点"到"面"，全面推进内涵建设的新阶段。这说明，高职教育的发展不再是"量"的扩张和个别项目的建设，而是全面实现"质"的提升。跨入新时代，"双高"学校该如何紧紧抓住大有可为的历史机遇期，对标要求、凝聚合力、精准施策，深入推进学校、专业高水平建设，践行新时代职业教育改革发展的责任担当，成为社会各界共同关注的话题。

　　本书从"双高"建设的意义、历程出发，立足"双高"学校（专业）的关键特征与精准画像，瞄准建设目标，结合翔实案例，深入解读"双高"建设方案与发展路径，并运用科学的评价方法深度分析"双高"学校的办学起点水平和现实问题，提出改进策略，为"双高"学校夯实基础、突出特色、强化优势、补足短板、分类建设提供依据，为全面推进职业教育提质培优，为学校师生赋能，给产业发展增值，构建适应技能中国建设需要的职业技术教育体系提供智力支撑。

　　本书是教育部职业技术教育中心研究所2020年度公益基金课题"'双高'咨询指导服务研究"成果。本书共有十章内容，各章写作分工如下（除注明者外，作者单位均为教育部职业技术教育中心研究所）：前言、第一章至第八章、第十章由曾天山执笔，第九章由汤霓、刘晓（浙江工业大学）、李鹏（同济大学）执笔。曾天山、汤霓负责全书的统稿工作。郭君为本课题研究搜集资料，参与调研，承担了协调工作。

　　本书站在历史新起点上，以新视角运用新材料，力求对"双高"建设有借鉴作用。但因主客观条件限制，其中或有疏漏和不足，恳请广大读者给予批评指正。

作　　者